民法总论教学案例

严桂珍 著

MINFA ZONGLUN JIAOXUE ANLI

知识产权出版社
全国百佳图书出版单位
——北京——

图书在版编目（CIP）数据

民法总论教学案例 / 严桂珍著 . —北京：知识产权出版社，2020.12
ISBN 978-7-5130-7364-6

Ⅰ.①民… Ⅱ.①严… Ⅲ.①民法—案例—中国 Ⅳ.① D923.05

中国版本图书馆 CIP 数据核字（2020）第 260928 号

责任编辑：宋 云 赵 昱　　责任校对：潘凤越
文字编辑：赵 昱　　　　　　责任印制：刘译文

民法总论教学案例

严桂珍　著

出版发行：	知识产权出版社 有限责任公司	网　址：	http：//www.ipph.cn
社　址：	北京市海淀区气象路 50 号院	邮　编：	100081
责编电话：	010-82000860 转 8388	责编邮箱：	songyun@cnipr.com
发行电话：	010-82000860 转 8101/8102	发行传真：	010-82000893/82005070/82000270
印　刷：	三河市国英印务有限公司	经　销：	各大网上书店、新华书店及相关专业书店
开　本：	720mm×1000mm　1/16	印　张：	21
版　次：	2020 年 12 月第 1 版	印　次：	2020 年 12 月第 1 次印刷
字　数：	333 千字	定　价：	88.00 元
ISBN 978-7-5130-7364-6			

目　录

第一章　民法概述

一、民法的调整对象与概念

【案例一】

原告罗某某与王小某（被告之一）原系邵东县第一中学 2004 届高三某班同学，两人均参加了 2004 年全国统一高考。王小某的高考成绩为 335 分，未达普通高等院校本科（三本）最低控制录取线；罗某某高考成绩为 514 分，过了普通高等院校本科最低控制录取线，但未被普通高等院校录取。王小某之父王某某（被告之一，时任湖南省某县公安局政委）为了使女儿能够上普通高等院校，用罗某某的高考成绩等信息资料，通过其他途径，让王小某冒名顶替罗某某，从而使王小某被贵州师范大学录取。2004 年 10 月，王小某带着王某某伪造的罗某某的户口迁移证及学生学籍档案到贵州师范大学报到，并就读于贵州师范大学。2008 年王小某冒用罗某某的身份办理了毕业证、学士学位证、教师资格证。

2005 年，罗某某再次参加全国高考，被天津师范大学录取。2009 年初，罗某某在申请办理教师资格证时因已注册而遭到拒绝。2009 年 3 月 1 日，罗某某向建设银行鑫茂支行申请办理网上银行业务，被拒绝。经过查询，罗某某得知其姓名、身份证号等信息资料被王小某冒用。于是，罗某某以姓名权、受教育权受侵害为由，将王小某、王某某以及参与造假的几家单位及人员（共八名被告）告上法庭，要求他们承担损害赔偿责任。❶

---

❶ 改编自湖南省邵阳市北塔区人民法院刑事判决书（2009）北刑初字第 46 号。

【案例二】

原告赵 A，1986 年 7 月 18 日出生于江西省鹰潭市，出生时父母用该姓名为其进行了户籍登记。2005 年原告用该姓名进行了第一代身份证登记，被告鹰潭市公安局月湖分局对该姓名予以核准，并于 2005 年 6 月 16 日签发了身份证。

2006 年，被告依据公安部的统一规定进行第二代身份证换发工作。在赵 A 申请换发第二代身份证时，被告依据《公安部关于启用新的常住人口登记表和居民户口簿有关事项的通知》的规定，认定该姓名中的名字是汉语拼音字母，属禁止使用的范畴，拒绝为原告使用该名字换发第二代身份证。

原告认为，《民法通则》第 99 条第 1 款规定，公民享有姓名权，有权决定、使用和依照规定改变自己的姓名，禁止他人干涉、盗用、假冒。被告的行为侵害了原告的姓名决定权。因此，原告以被告强迫其改变名字作为换发身份证条件的行为侵犯了原告的姓名决定权为由，向法院提起诉讼，请求法院判决被告允许原告以"赵 A"为姓名换发第二代居民身份证。❶

问题：上面两个案件所涉的社会关系是否属于民法的调整对象？

【知识要点】

（一）民法的调整对象

人类是社会的动物，人生存于社会，必定会从事各种社会活动，因此需要在人际社会确立各种社会活动的行为规则，这种行为规则，被称为社会生活之行为规范。在人类社会漫长的发展历程中，形成了许许多多的行为规范，如道德规范、礼仪规范、宗教规范、技术规范等，其中由国家制定或者认可，并以国家强制力保证实施的那部分社会规范是法律规范。法律规范发展到现代社会已经形成了庞大的规模。但是不管法律规范的规模多么庞大，其内部总有一个科学的、逻辑的排列体系。在大陆法系国家，法律被分为公法与私法，民法属于私法。

《民法典》总则编第 2 条规定："民法调整平等主体的自然人、法人和非

---

❶ 改编自江西省鹰潭市月湖区人民法院行政判决书（2008）月行初字第 001 号。

法人组织之间的人身关系和财产关系。"

1. 民法调整平等主体之间的社会关系

在法治社会和市场经济条件下，人的生活领域可以被抽象为两个空间：一个空间是公权力管理社会所形成的社会空间，另一个空间是平等主体之间相互往来所形成的社会空间。在第一个社会空间，国家机关基于行使公权力而与社会的人发生关系，这个社会空间在法学上被称为"公权社会"。在这个社会空间里，公权力机构与社会的人之间的法律地位不平等，相互之间是管理与服从的关系，二者之间的法律关系是按照"个人服从公权"的原则建立起来的，调整这个社会空间的法律被称为公法。公法主要规定国籍、选举事务、政府机关的组织和权限、税款征收、犯罪处罚、诉讼程序等事项。

第二个社会空间与国家公权力的行使没有直接关系。在此空间内，人与人之间法律地位平等，不存在管理与服从的关系。这个以平等和自愿为特征的社会空间，法学上称之为"市民社会"，调整这一空间的法律规范被称为私法。私法主要规定买卖、赠与、租赁、借贷、结婚、离婚、亲属、收养、财产继承等事项。受私法调整的社会关系的特点是，一方欲与他方发生某种具有法律意义的联系，须基于各自的意愿，彼此不能强迫对方。即使一方当事人是政府机关，在实施买卖等行为时，其与其他民事主体之间的法律地位平等，二者之间的交易同样需要基于双方自愿。调整这个空间的私法主要就是民法。民法是规制私主体之间社会关系的法律。❶ 换言之，民法是调整平等主体之间社会关系的法律规范。所谓平等主体（即民事主体），包括自然人、法人、非法人组织三种类型。

2. 民法调整的社会关系，包括人身关系和财产关系

民法作为上层建筑的一部分，它的任务是调整"市民社会"的社会关系，使其所管辖的"市民社会"能够按照既定的轨道发展。民法调整的社会关系分为两大类，一类是人身关系，一类是财产关系。

人身关系是与民事主体的人身不可分离，以人身利益为内容的社会关系。人身关系包括人格关系和身份关系。人格关系是基于人格利益而产生的社会关系。人格利益是与民事主体作为法律上的人自身存在与发展相关的利

---

❶ 施启扬.民法总则（修订第八版）[M].北京：中国法制出版社，2010：1.

益。自然人的人格利益包括生命、健康、姓名、肖像、名誉、隐私等利益。法人的人格利益包括名称、名誉、荣誉等利益。身份关系是基于身份利益而产生的社会关系。身份利益是民事主体基于一定的身份而产生的利益，包括亲属、监护等利益。民法通过赋予民事主体人格权和身份权对民事主体之间的人身关系进行调整。所谓人格权，是指以民事主体自身的人格利益为标的的权利，包括自然人的生命权、身体权、健康权、姓名权、肖像权、名誉权、荣誉权、隐私权、婚姻自主权等权利，法人、非法人组织的名称权、名誉权、荣誉权等权利。所谓身份权，是指存在于两个权利主体之间，基于一定身份上的关系而产生的权利，如夫妻之间的身份权、父母与子女之间的身份权，等等。

财产关系是基于财产而形成的以财产利益为内容的社会关系。包括人们因为生产经营、生活消费以及其他活动而占有财产或者转移财产形成的财产所有关系、财产流转关系。财产关系在人际社会中占据极为重要的地位。财产关系是人际社会关系的基础。民法通过赋予民事主体物权、债权、知识产权、继承权、股权等重要的财产权利对民事主体之间的财产关系进行调整。这些财产权利不仅对于每一个自然人、法人、非法人组织的生存与发展起着决定性作用，而且对于整个国家的经济发展有着重大意义。

（二）民法的概念

通过分析民法的调整对象，我们可以总结出民法的概念：民法是调整平等主体之间人身关系和财产关系的法律规范的总称。

民事法律规范的内容非常庞杂，法典化国家往往依据民事主体、权利、权利的变动这三个要素，对民事法律规范进行逻辑编撰。大陆法系国家的民法，有以《法国民法典》为代表的拉丁法系和以《德国民法典》为代表的德意志法系之分，其区别主要体现在法典编撰时对上述三个要素的排列。如《法国民法典》原采用三编结构：第一编人、第二编财产及所有权的各种限制、第三编取得财产的各种方法。2006年修订后的《法国民法典》将第三编中的部分内容单列，作为第四编担保，同时增加了第五编"关于适用于马约特的特别规定"。《德国民法典》采取五编制结构：第一编总则、第二编债务关系法、第三编物权法、第四编亲属法、第五编继承法。

中国在清朝以前没有单独的民法典。"中国自清季以后，遭到东西列强侵略，屡屡战败，被迫接受了治外法权。英美日等国宣称：等中国法律改进到与各该国一致之时，它们便可以放弃该项特权。国人对自己的文化失去了信心因而仓促变法，力求'中外一律'，以收回法权。"❶清王朝于1911年完成了《大清民律草案》，但未及公布，清王朝即灭亡了。《大清民律草案》在结构体系上沿袭德意志法系的模式，即提取公因式的潘德克顿立法模式。中华民国成立后以《大清民律草案》为基础编制民法典，于1924年至1925年完成民律草案，1929年立法院指定五人成立民法起草委员会，民法典的各篇于1929年5月至1930年12月陆续公布，全称《中华民国民法》，结构体系上沿袭德意志法系的立法模式，分为五编：总则、债、物权、亲属、继承。

1949年中华人民共和国成立，废除了民国时期的《六法全书》，长期采取单行法的模式制定民事法律制度。1978年改革开放，国家加快了法制建设的步伐，先后颁布了《民法通则》《民法总则》《物权法》《担保法》《合同法》《侵权责任法》《婚姻法》《收养法》《继承法》《专利法》《商标法》《著作权法》等单行民事法律。立法机构在制定单行法的同时，也在进行《民法典》的编撰工作。《民法典》的编纂，并非仅是对已有法律的汇编，而是将我国已有的民事法律进行整合修订，形成一部体例科学、结构严谨、规范合理、内容完整的法典，对现有法律不合理之处进行删除或者修正，并增加新的内容。2020年5月召开的第十三届全国人民代表大会第三次会议通过了《中华人民共和国民法典》(以下简称《民法典》)。《民法典》在结构上同样采取德意志法系的立法模式，但在体例上分为七编，不设债法总论。具体包括总则、物权、合同、人格权、婚姻家庭、继承、侵权责任。《民法典》于2021年1月1日生效，其中总则部分的内容主要包括：基本规定、自然人、法人、非法人组织、民事权利、民事法律行为、代理、民事责任、诉讼时效、期间计算。

民法可以分为形式意义上的民法与实质意义上的民法。形式意义上的民法是指民法典，如《中华人民共和国民法典》，但不一定非要有"典"字，

---

❶ 施启扬.民法总则（修订第八版）[M].北京：中国法制出版社，2010，序言.

其泛指以民法命名的，按一定逻辑顺序编纂的民事法律规范体系。实质意义上的民法，是指所有调整平等主体之间人身关系和财产关系的民事法律规范，包括各项民事单行法以及习惯法等。

在大陆法系国家立法模式中，有采用民商合一和民商分立两种模式。所谓民商分立，即在民法典外还编有商法典。而民商合一是指不单独制定商法典，民事和商事统一立法，将商事方面的内容编入民法典中，或以单行法的形式出现。从立法体系上看，我们是延续民国时期的民商合一体例，商事法采取单行法的立法模式。

二、民法的基本原则

【案例一】

2000年5月17日，原告王某、李某、陈某三人到被告饭店就餐，发现该店门口的灯箱广告中写明："每位18元，国家公务员每位16元；1.3米以下儿童9元；当天生日者凭身份证免费就餐一次。"三原告每人交纳了18元就餐。事后，三原告以被告的广告中关于"每位18元，国家公务员16元"的规定是对非公务员消费者的歧视，违反了《宪法》第33条关于"中华人民共和国公民在法律面前一律平等"，以及《民法通则》第3条关于"当事人在民事活动中的地位平等"的基本原则，侵犯了公民的平等权，给其心理造成了巨大伤害为由，于2000年6月向成都市青羊区人民法院起诉，要求被告返还多收的人民币6元，撤除广告中对消费者歧视对待的内容，并向原告赔礼道歉。❶

问题：请用民法基本原则中的平等原则分析此案。

【案例二】

原告季某系被告上海市××中学的学生。在2013年9月5日上午的体育课上，老师安排学生先在操场上进行500米跑，随后开始单脚跳练习，四

---

❶ 改编自成都市青羊区人民法院民事判决书（2000）青羊区初字第810号。

人一组轮流跳。原告第二轮跳了 15 米左右时，因脚未支撑住而摔倒在地。当时老师站在边上，看到了原告摔倒的情况，见原告未起身便上前询问，之后让学生扶原告去了医务室，老师则继续上课。到医务室后，学校联系了原告家长，原告则在学校车辆上等候家长。原告家长赶到后在老师陪同下将原告送到上海市浦东新区人民医院治疗。原告被诊断为左侧股骨远端骨折，后转院手术治疗。

原告认为，被告××中学在体育课教学中应针对学生特点安排场地和老师，并对活动事项、安全隐患及如何避免受伤予以提示，但被告未履行安全指导、审慎注意义务，事后亦未作检查，未将原告及时送医，故对原告受伤负有责任。且原告系在被告组织的教学活动中受伤，即便被告不构成侵权赔偿责任，也应从道义上分担原告的损失。

被告××中学辩称，事发体育课上，体育老师组织学生进行过热身和高抬腿练习，安排单脚跳系为提高学生跑步能力，纠正常见跑步错误而设置的跳跃练习，符合教学大纲要求，并告知过注意事项。而且学校教学场地亦符合规范，学生练习时老师站在起跳点指导。事后学校第一时间通知学生家长并将原告送医，防止原告伤情扩大，故被告在教学活动中并无任何过错，不同意赔偿。

因双方协商未果，原告起诉被告，要求被告赔偿医疗费人民币 6.7 万元、住院伙食补助费 340 元、交通费 800 元、护理费 1820 元、营养费 1200 元、律师费 2000 元。

法院认为，当事人对自己提出的诉讼请求所依据的事实或者反驳对方诉讼请求所依据的事实有责任提供证据加以证明。没有证据或者证据不足以证明当事人的事实主张的，由负有举证责任的当事人承担不利后果。本案原告系在体育课上进行单脚跳练习时摔倒受伤，原、被告双方亦确认原告摔倒系自身未支撑住所导致。对此，根据原告自述，并结合原告年龄段学生的体质特点及受教育程度，被告的教学安排（包括课程内容、场地设置等）、组织管理、事后处置等并无不当。原告虽提出被告未尽安全指导、审慎注意及及时救助义务，但均未提供任何证据予以证明，更未能说明存在其他教育管理瑕疵及与原告受伤之间的内在关联。体育运动本身具有一定风险，发生摔倒等意外伤害实属难免，且原告摔倒事发突然，要求原、被告任何一方事前预见并有效避免此一突发状况均显苛刻，亦不现实。鉴于本案原告摔倒受伤系在被告管理的活动场地内参与正常教学活动过程中发生的意外事件，原、被告双方均无过错，故依据公平原则及本案实际情况，以被告分担本次事故损失的 50% 为宜。❶

问题： 法院运用公平原则解决此案，请对法院的判决作出评述。

【案例三】

被告张彦某与原告叶某的母亲丁某某及本案的证人苏某原系同事。2001 年，经苏某介绍，原告购买被告名下坐落于上海市崇明县前哨农场前哨三村×××号×××室的房屋，由原告与被告儿子张某（已故）签订《转售房屋简要合同》。合同载明"前哨农场基建站职工张彦某，原居住房屋基建站内×××室，现转售给同单位职工丁某某儿子叶某，现把所有房产权证件及里外门上钥匙全部交给买户叶某，经双方协商同意，房价为玖仟元正（9000 元），于 2001 年 7 月 19 日叶某当面付清给卖户张彦某儿子张某，张某同时写好玖仟元现金收条给叶某，手续清楚，合同一式二份。"合同落款处"卖户"署名张某，"买户"署名叶某。张某于收款当日出具收条，收条载明"今收到叶某买房现金玖仟元正"。后该房屋一直由原告居住使用，物业费等也一直由原告缴纳。2014 年 5 月，应原告要求，原、被告共同至崇明县房地产交易中心办理过户登记手续。由于被告身份证上的姓名与房屋所有权证上的不一致（房屋所有权证上名字为张颜某，被告身份证上名字为张彦某），房地产交易中心的工作人员要求被告改正后再来办理。后原告要求被告继续协助办理系争房屋产权过户手续，被告以不知房屋买卖为由予以拒绝。

法院认为，民事活动应当遵守诚实信用原则。被告儿子张某在收取房款后交付系争房屋的所有权证及钥匙，使得原告有足够的理由相信张某有权代表被告出卖系争房屋，张某签订合同的行为有效，且原告居住使用系争房屋已十余年，证人证言亦证明被告知晓房屋出售一事，2014 年原、被告又共同至房地产交易中心办理房屋权证姓名更正等手续，故本院确认《转售房屋简

---

❶ 改编自上海市浦东新区人民法院民事判决书（2015）浦少民初字第 7 号。

要合同》对被告具有法律约束力。被告认为不知系争房屋买卖且未授权他人出售，原、被告之间并无房屋买卖合意，合同当属无效，其抗辩缺乏依据，本院难以采信。综上，原告已经履行付款义务，要求被告协助原告办理系争房屋的过户手续，理由充分，应予支持。❶

问题：

1. 法院运用诚实信用原则解决此案，请对法院的判决进行评析。

2. 诚实信用原则和禁止权利滥用原则是什么关系？

【案例四】

被告蒋某某与黄某某于 1963 年登记结婚。双方未生育，收养一子（黄某，现年 31 岁）。1990 年 7 月，被告蒋某某通过继承父母遗产，取得原泸州市市中区顺城街×× 号房屋一套。1995 年，因城市建设该房被拆迁，拆迁单位将位于泸州市江阳区新马路×××× 号的住房一套作为安置房分给了被告蒋某某，房屋登记在蒋某某名下。

1996 年，黄某某与原告张某某相识，二人一直在外租房非法同居。2000 年 9 月，黄某某与蒋某某将蒋某某继承所得的位于泸州市江阳区新马路×××× 号的房产以 8 万元的价格出售给案外人陈某。2001 年春节，黄某某、蒋某某夫妇将售房款中的 3 万元赠与其子黄某购买商品房。

2001 年初，黄某某因患肝癌（晚期）住院治疗，于 2001 年 4 月 18 日立下书面遗嘱，将其所得的住房补贴金、公积金、抚恤金和出售泸州市江阳区新马路×××× 号住房所获款的一半 4 万元及自己所用的手机一部，赠与原告张某某。2001 年 4 月 20 日，泸州市纳溪区公证处对该遗嘱出具了（2001）泸纳证字第 148 号公证书。2001 年 4 月 22 日遗赠人黄某某去世。

原告张某某请求获得死者遗赠的财产，而与被告蒋某某发生争讼。

法院受理该案后，泸州市纳溪区公证处基于原告张某某申请，于 2001 年 5 月 17 日作出（2001）泸纳撤证字第 02 号《关于部分撤销公证书的决定书》，撤销了（2001）泸纳证字第 148 号公证书中的抚恤金和住房补贴金、公积金中属于蒋某某的部分，维持其余部分内容。对此案有两种意见：一是

---

❶ 改编自上海市崇明县人民法院民事判决书（2014）崇民一（民）初字第 5600 号。

认为通过遗嘱将财产赠给第三者，有违民法公序良俗的基本原则，应当认定遗嘱无效；二是认为遗嘱人与第三者非法同居行为有违公序良俗，但遗嘱人通过遗嘱处分个人财产的法律行为不违反公序良俗，因为《继承法》第 16 条规定，公民可以立遗嘱将个人财产赠给国家、集体或者法定继承人以外的人。❶

问题：请用民法基本原则中的公序良俗原则分析此案。

【知识要点】

民法的基本原则是民法价值观念和价值取向的高度抽象。民法上的所有具体制度，均受这些反映特定价值观的基本原则的支配。换言之，法律判断是一种价值判断，故每一条法律规范都蕴含着民法基本原则所含的价值观念。而这些存在于具体规范背后的基本原则，又体现了法律的终极价值目标，即法律所追求的社会公平正义。

民法的基本原则在民法中并非仅发挥价值宣告的作用，其实用意义也很显著。一般认为，民法的基本原则有三大功能。

第一，立法指导功能。民法的基本原则是民事立法的指导性原则。民法的基本原则是民法各项具体制度的价值坐标，具体制度的任务是将这些抽象的价值观念通过具体的法律规则予以体现。由于民法基本原则反映了民法的基本精神，所以它在民法中居于基础的地位，整个民法，不论是民法典还是单行法，都应该以基本原则为指导，制定的规范都应该符合基本原则的要求。我国《民法典》规定的许多具体制度直接反映了民法的基本原则，如自然人权利能力平等制度体现了民法的平等原则；欺诈、胁迫法律行为可撤销制度体现了自愿原则；民事法律行为有效要件的规定体现了公序良俗原则；侵权责任法编第 1186 条双方均无过错时的分担规则体现了公平原则。

第二，行为约束功能。民法基本原则的约束功能体现在两个方面：一是约束民事主体的行为。民法基本原则对民事主体的行为起着指引的作用，使民事主体警觉，违反民法基本原则的行为可能得不到法律的保护，从而自觉依据基本原则进行民事活动。二是约束司法。具体而言，民法基本原则具有

---

❶ 改编自四川省泸州市纳溪区人民法院民事判决书（2001）纳溪民初字第 561 号。

法律解释的准据功能。由于民法的各项制度和民法规范是按照民法基本原则制定的，所以需要对这些制度和规范予以解释的时候，基本原则即发挥法律解释的准据作用，即基本原则是解释法律的依据和标准。法律解释是法官司法的主要内容之一，在司法中遇到某个法条适用有争议时，需要法官对其作出解释。此时，法条的解释必须符合民法的基本原则。

第三，法律补充功能。一部法律，即使立法者在制定时已经考虑了法律的前瞻性，也不可能穷尽未来所有可能出现的社会现象，这不仅是制定法固有的弊端，也是现实生活的复杂性所决定的。因此，法官在司法过程中发现法律漏洞在所难免。基于民事案件法官不能以法律没有规定为由拒绝裁判的原则，司法者必须进行法律的补充解释工作，此时，法官应当依据民法的基本原则来弥补法律的漏洞。

并非所有法典化国家的民法均对基本原则作集中的规定。在部分国家，民法基本原则是学者对分散的法条进行归纳的结果，而系统规定民法基本原则是我国民事立法的一贯做法。《民法典》总则编第1章通过6个条文系统规定了我国民法的基本原则，包括：平等原则；公平原则；自愿原则；诚实信用原则；守法及公序良俗原则；环保原则。

（一）平等原则

《民法典》总则编第4条规定："民事主体在民事活动中的法律地位一律平等。"平等原则，指在民事活动中，所有的民事主体，不论是法人还是自然人，其法律地位一律平等。平等原则是民法作为私法区别于公法的关键所在。所有的民事活动，不论是涉及人身关系的活动如结婚、离婚，还是涉及财产关系的民事活动如订立合同等，都要遵守这一原则。违背这一原则的行为，不能得到法律的承认和保护。当然，民法上所指的平等只是地位平等和过程平等，而不是结果的等值。例如，按照平等原则，当事人之间订立合同时不能恃强凌弱，但是如果当事人一方自愿在交易中让利，这在法律上也是有效的。现代民法已经不再强调"等价有偿"原则，因为等价并不一定符合当事人自己的意愿。

民法的平等原则体现在：（1）民事主体权利能力平等。《民法典》总则编第14条规定，自然人的民事权利能力一律平等。民事主体权利能力平等，即民事主体资格平等。自然人自出生时起就具有民事权利能力，自然人主体权利能力范围一致，法人从成立时起具有民事权利能力，权利能力的范围与设立宗旨一致。（2）民事主体地位平等。在民事法律关系中，没有上下级或者服从关系，无论是自然人还是法人，无论法人之间性质有何不同，任何一方没有凌驾于另一方的特权。即使国家作为民事主体参与民事活动，其与其他民事主体的地位也是平等的。（3）民事主体的民事权益平等受法律保护。民法对民事主体民事权益的保护，不因民事主体的性质不同而有不同。民法可以在其功能范围内对弱者有所倾斜，但那是为了追求实质的平等，如《民法典》合同编第 498 条规定的格式条款解释规则是："对格式条款的理解发生争议的，应当按照通常理解予以解释。对格式条款有两种以上解释的，应当作出不利于提供格式条款一方的解释。格式条款和非格式条款不一致的，应当采用非格式条款。"表面上这样规定有失偏颇，但实际上是为追求实质上的公平。

（二）公平原则

《民法典》总则编第 6 条规定："民事主体从事民事活动，应当遵循公平原则，合理确定各方的权利和义务。"此条即为公平原则的规定。

公平是人类社会的最高理念，也是法律追求的终极价值目标。什么是公平，不同时期有不同的观点，不同的人，站在不同的立场也会有不同的公平观。所以，公平与否，应以现阶段人们的一般观念为标准。民法上所谓公平，是指民事主体之间利益平衡。

公平原则在民法具体制度中体现得非常多。例如，关于民法上的显失公平制度，《民法典》总则编第 151 条规定："一方利用对方处于危困状态、缺乏判断能力等情形，致使民事法律行为成立时显失公平的，受损害方有权请求人民法院或者仲裁机构予以撤销。"又如民法上的情势变更制度，《民法典》合同编第 533 条规定："合同成立后，合同的基础条件发生了当事人在订立合同时无法预见的、不属于商业风险的重大变化，继续履行合同对于当事人一方明显不公平的，受不利影响的当事人可以请求与对方重新协商；在合理期限内协商不成的，当事人可以请求人民法院或者仲裁机构变更或者解除合同。"再如民法上的公平分担损失制度，《民法典》侵权责任编第 1186

条规定："受害人和行为人对损害的发生都没有过错的，依照法律的规定由双方分担损失。"这些规定均是民法公平原则的具体体现。

（三）自愿原则

《民法典》总则编第 5 条规定："民事主体从事民事活动，应当遵循自愿原则，按照自己的意思设立、变更、终止民事法律关系。"自愿原则与学说上的"私法自治"或者"意思自治"原则具有相同的含义。

民法是调整市民社会关系的法律，它所遵循的基本原理不同于公法。公法所遵循的基本原理是国家意志决定。与之不同，民法所遵循的基本原理叫私法自治。所谓私法自治，亦称意思自治，指在私法领域，每个人得依其自我意志处理有关私法事务。具体而言是指经济生活和家庭生活中的一切民事权利和义务关系的设立、变更和消灭，均取决于民事主体自己的意思，原则上国家不作干预，其他民事主体也不得强迫。只有在当事人之间发生纠纷不能通过协商解决时，国家才以仲裁者的身份出面予以裁决。私法自治的实质，就是由平等的当事人通过协商决定相互间的权利义务关系，使民事主体成为法律关系的主要形成者。私法自治这一原理，体现在民法的各个部分，如在物权法上体现为所有权自由，所有权人在法律许可范围内可以自由占有、使用、收益和处分其所有物；在合同法上体现为合同自由，当事人得依其意思的合意缔结合同，取得权利，负担义务；在继承法上体现为遗嘱自由，自然人于其生前可以通过遗嘱处分其财产，决定死后其财产的归属。

当然，私法自治并非指所有民事活动都不受限制。在现代市场经济的条件下，国家为了维护市场秩序、为了维护公共利益，或者为了保护消费者、劳动者等弱势群体，有必要制定一些特别规定对私法自治原则予以适度的限制。在市场经济条件下，私法自治原则功能的发挥须以当事人的自由、平等及由此而产生的自由竞争、机会均等为前提条件。一个刚进城的民工，较难在完全自愿的前提下与企业主磋商劳动条件；一般消费者，欠缺必要资讯，较难对抗在市场上居于优势地位的厂商。在这种情况下，国家公权力必须适当介入私法领域，以维护社会正义。因此，劳动法上最低工资标准和劳动时间的规定是对劳动合同的干预；消费者权益保护上惩罚性赔偿的规定，是对消费合同的干预。民法本身对如何醇化私法自治，亦多设有规定，如法律行为违反强制性规定和违背公序良俗无效等。这些规定均可以起到限制私法自治原则滥用的作用。

（四）诚实信用原则

《民法典》总则编第7条规定："民事主体从事民事活动，应当遵循诚信原则，秉持诚实，恪守承诺。"此条是关于诚实信用原则的规定。

诚实信用原则简称"诚信原则"。诚实信用原则本身是个道德规范，将这一道德规范作为民法的基本原则，体现了民法对民事主体从事民事活动时的道德要求，其意义十分重要，被称为民法上的"帝王条款"。

诚实信用原则内涵丰富，适用于民事生活的方方面面，在商事领域发挥的作用更大，因为正常的市场经济秩序需要有信誉、讲诚信的商家。在民商事司法实践中，诚信原则是法官审理案件经常适用的原则。

诚信原则的基本要求可以归纳为如下几点：（1）在设立民事法律关系时应当诚实，不得隐瞒真相、弄虚作假，应当给相对方提供必要的信息；在缔约过程中获得的商业秘密应当予以保密，否则可能需要承担缔约过失责任。（2）在法律关系建立后，民事主体应该信守诺言，诚实履行义务，满足对方的利益；轻微违约不影响合同目的实现的，不得解除合同；在履行过程中出现障碍的，应当及时与对方沟通，相对方也应当采取合理措施避免损失的扩大。（3）在民事法律关系终止后，双方仍然应当秉持诚实信用，维护对方的利益，如根据合同的性质和交易习惯履行通知、协助、保管、保密等义务。

（五）守法及公序良俗原则

《民法典》总则编第8条规定："民事主体从事民事活动，不得违反法律，不得违背公序良俗。"此条前半段是守法原则，后半段是公序良俗原则。

守法原则，是指民事主体从事民事活动，应当遵守国家的法律。这里的法律是指广义上的法律，不仅指民法，也包括其他法律。当然，没有遵守法律也不必然导致法律行为的无效，而是需要进一步认定所违反的法律的性质。

公序良俗是公共秩序和善良风俗的合称，是指民事活动不得违反社会公共秩序和善良风俗。当一个法律行为违背公序良俗时，其不会发生当事人预期的法律后果。公序良俗原则在各国民法上大多有明文规定，如《德国民法典》第138条规定："法律行为违背善良风俗的，其为无效。"《日本民法典》

第 90 条规定："违反公共秩序或者善良风俗的法律行为，无效。"英美法上的"公共政策"概念，与大陆法上的公序良俗相当，违反公共政策的合同，不具有强制执行的效力。由此可见，无论英美法系还是大陆法系的民事法律基本上都将公序良俗作为判断法律行为有效与否的要件。

民法规定守法原则及公序良俗原则，主要是为了矫正私法自治的弊害。"契约之成立，固以当事人之合意为必要，然如内容为不合法，亦足影响于社会之健全。故近世各国民法，为矫正契约自由之弊害起见，多设不得违反强行法规及公序良俗之限制。"❶ 因此，可以说公序良俗是民法控制私法自治、检视法律行为效力的阀门之一。

查明公序良俗的内容，是指对一个法律行为是否违反公序良俗的认定。"在现代多元化开放的社会，关于公共秩序或者善良风俗，难期有定于一尊的见解。在审判上终究有赖于法官个人的认知。"❷ 公序良俗原则作为现代民法的一项基本原则，以其抽象性、模糊性赋予了法官自由裁量权，为实现个案正义、弥补法律漏洞提供了依据。但是，正是由于它的抽象，可能会产生纵容法官滥用该原则使他人蒙受损失的现象。所以，有学者提议在立法上加快确定公序良俗的类型。比较具有代表性的是我妻荣总结的七种类型：第一，违反人伦的行为；第二，违反正义观念的行为；第三，乘他人之无思虑、窘迫而博取不当利益之行为；第四，极度限制个人自由的行为；第五，限制营业自由的行为；第六，处分作为生存基础财产的行为；第七，显著射幸的行为。❸ 但是，公序良俗的内容并非千年不变。其内容的变化性主要源于社会道德观念的变动性。可以说，公序良俗的内容随着社会生活的变化、时代的变迁而处在变动之中。

（六）环保原则

《民法典》总则编第 9 条规定："民事主体从事民事活动，应当有利于节约资源、保护生态环境。"此条又被称为"绿色原则"。此原则为倡导性规范，倡导民事主体在进行民事活动时，要注意节约资源，注意生态环境保护。

❶　胡长清.中国民法总论［M］.北京：中国政法大学出版社，1997：5.
❷　王泽鉴.民法总论［M］.北京：中国政法大学出版社，2002：291.
❸　［日］我妻荣.新订民法总则［M］.于敏，译.北京：中国法制出版社，2008：255-264.

三、民法的渊源

【案例一】

原告齐某某与被告陈小某原同为滕州八中的九零届应届初中毕业生。齐某某在1990年的统考中取得了441分的成绩，虽未达到当年统一招生的录取分数线，但超过了委培生的录取分数线。当年录取工作结束后，被告济宁商校发出了录取齐某某为该校九零级财会专业委培生的通知书，该通知书由滕州八中转交。

被告陈小某在1990年中专预选考试中，因成绩不合格失去了继续参加统考的资格。为能继续升学，陈小某从被告滕州八中将原告齐某某的录取通知书领走。陈小某之父、被告陈某某为此联系了滕州市鲍沟镇政府作陈小某的委培单位。陈小某持齐某某的录取通知书到被告济宁商校报到时，没有携带准考证；报到后，陈小某以齐某某的名义在济宁商校就读。陈小某在济宁商校就读期间的学生档案，仍然是齐某某初中阶段及中考期间形成的考生资料，其中包括贴有齐某某照片的体格检查表、学期评语表以及齐某某参加统考的试卷等相关材料。陈小某读书期间，陈某某将委培单位变更为中国银行滕州支行。1993年，陈小某从济宁商校毕业，自带档案到委培单位中国银行滕州支行参加工作。在中国银行滕州支行的人事档案中，陈小某使用的姓名仍为"齐某某"，"陈小某"一名只在其户籍中使用。

事发后，原告齐某某以姓名权、受教育权受侵害为由，向山东省枣庄市中级人民法院提起诉讼，请求法院判令陈小某及其他涉案人员共五名被告停止侵害、赔礼道歉，并赔偿原告经济损失16万元（其中包括：1.陈小某冒领的工资5万元；2.陈小某单位给予的住房福利9万元；3.原告复读一年的费用1000元；4.原告为将农业户口转为非农业户口交纳的城市增容费6000元；5.原告改上技校学习交纳的学费5000元；6.陈小某在济宁商校就读期间应享有的助学金、奖学金2000元；7.原告支出的律师代理费5000元、

调查费 1000 元），赔偿精神损失 40 万元。❶

　　问题：受教育权为宪法规定的公民权利，宪法条款可否作为民事案件的请求权基础？

【案例二】

　　原告石坊某与石君某（已去世）系兄弟。被告石忠某系石坊某及石君某之侄。石君某于 1997 年 12 月 1 日去世，生前于 1997 年 3 月 21 日将坐落于青岛市李沧区石家村×××号的房屋（房产证、集体土地建设用地使用证均在被告处）赠与原告石坊某并办理了公证。

　　2005 年，原告起诉被告石忠某，称赠与人石君某去世前将房屋自愿赠与自己，赠与行为合法有效。赠与人去世后，被告在该房内暂时借住，现该房要拆迁，原告要求被告腾房以便拆迁而被告拒不配合。

　　被告对上述公证的赠与合同无异议，但称实际情况并非赠与，是当时石君某为了向单位申请宿舍，与原告弄虚作假而进行的公证。房屋所有权人石君某从未将产权证交付给原告，原告也从未占有使用该房屋。

　　被告另称，石君某去世时除原告石坊某外，没有其他兄弟姐妹在世，也没有子女。由于石坊某不管，因此无人为石君某发丧。后经家族长辈协商，由被告作为石君某的子嗣，为其戴孝发丧（把烧纸钱的火盆顶在头上，然后摔碎），当时原告石坊某也在场。根据农村的习俗，该种形式即属于过继，被告可以继承死者的遗产（即顶盆过继，或称顶盆继承）。被告在为石君某办理后事的当晚，即 1997 年 12 月 1 日携全家搬入石君某遗留的涉案房屋，一直居住至今。因涉案房屋现面临拆迁升值，原告此时提起无理诉讼。

　　证人证实：1.石君某为了申请单位宿舍，曾经与另一个哥哥石坤某（已故）订立名义上的房屋买卖合同，后石坤某去世，听说又请石坊某顶房屋的名字。2.因原告石坊某不给石君某发丧，而由家族长辈决定由被告石忠某为石君某戴孝发丧，因此也将石君某所有的房屋给了被告石忠某，石忠某于发丧当晚携全家入住上述房屋。

---

❶　改编自：齐玉苓诉陈晓琪等以侵犯姓名权的手段侵犯宪法保护的公司受教育的基本权利纠纷案 [J].中华人民共和国最高人民法院公报，2001（5）.

原告对被告为石君某戴孝发丧及被告自发丧之日即携全家入住涉案房屋至今的事实无异议,并称知道农村有谁为死者戴孝发丧即视为过继的习俗。❶

问题: 请结合《民法典》第 10 条,分析石忠某是否可以通过"顶盆继承"这一习俗继承涉案房屋。

【知识要点】

渊源一词有不同含义,法学上讲的渊源是指法律的来源或者法律的表现形式。各国法的渊源并不完全一致,主要有制定法、判例法、习惯法以及法理等。我国《民法典》总则编第 10 条规定:"处理民事纠纷,应当依照法律;法律没有规定的,可以适用习惯,但是不得违背公序良俗。"可见在我国,首先法律是民法的主要渊源;其次,习惯在一定条件下可以成为民法的渊源。

(一)法律

《民法典》总则编第 10 条是关于我国民法渊源的规定,但是,目前学界对《民法典》第 10 条的理解存在四个方面的争议:第一,第 10 条所指的法律,仅指制定法,还是包括习惯法;第二,如果仅指制定法,这里的法律指狭义上的法律,还是指广义上的法律;第三,宪法是否为民法的直接渊源;第四,民法典第 10 条所指的习惯,是指习惯法,还是指事实习惯。

根据《立法法》,我国有权制定法律的机构包括:(1)全国人大,全国人大常委会。全国人大以及全国人大常委会制定的法律包括宪法和法律(此处法律取狭义)。(2)国务院。国务院制定的法律称为行政法规。(3)各省、自治区、直辖市、设区的市人大及其常委会。它们制定的法律称为地方性法规。(4)国务院所属部、委、办。它们制定的法律称为部门规章。(5)各省、自治区、直辖市、设区的市的人民政府。它们制定的法律称为地方规章。(6)自治区、自治州、自治县人大。它们制定的法律称为自治条例、单行条例。上述机构所制定的法律中,由全国人大以及全国人大常委会制定的是狭义的法律。由于我国《立法法》第 8 条第 8 项规定 ❷,民事基本制度只能

---

❶ 改编自青岛市李沧区人民法院民事裁定书(2005)李民初字第 3460 号。
❷ 《立法法》第 8 条:下列事项只能制定法律:……(8)民事基本制度。

由全国人大及其常委会制定法律，导致学界对第 10 条所指的法律究竟是广义还是狭义产生争议。一种观点认为，《民法典》第 10 条所指的法律仅指狭义的法律，其他主体制定的，包括国务院制定的行政法规等，仅在法律明文规定为民法渊源时（或者授权立法的情况下）才能成为民法的渊源；❶另一种观点认为，《民法典》第 10 条所指的法律是指广义的法律，包括全国人大及其常委会制定的法律和国务院制定的行政法规，也不排除地方性法规、自治条例和单行条例等。❷

事实上，我国已经颁布的作为民法渊源的制定法主要是由全国人大以及全国人大常委会制定的。

对于宪法相关规范能否直接成为调整民事法律关系的法律规范，学界也未达成共识。以上述案例一为例，受教育权是宪法规定的公民的基本权利，民法并未直接将受教育权规定为自然人的民事权利，对此，山东省高级人民法院曾就此案向最高人民法院请求解释。最高人民法院经过研究，作出了《关于以侵犯姓名权的手段侵犯宪法保护的公民受教育的基本权利是否应承担民事责任的批复》，内容如下："山东省高级人民法院：你院 1999 鲁民终字第 258 号《关于齐某某与陈小某、陈某某、山东省济宁市商业学校、山东省滕州市第八中学、山东省滕州市教育委员会姓名权纠纷一案的请示》收悉。经研究，我们认为，根据本案事实，陈小某等以侵犯姓名权的手段，侵犯了齐某某依据宪法规定所享有的受教育的基本权利，并造成了具体的损害后果，应承担相应的民事责任。"但是，2007 年 12 月 18 日最高院发布公告称，自当月 24 日起，废止 2007 年底以前发布的 27 项司法解释。上述就齐某某案所作的法释〔2001〕25 号批复也在废除之列。

从废止这个批复的举动看，最高人民法院似乎不再认可宪法中有关规范可以直接作为民法的渊源，适用于民事法律关系。

我国台湾学者王泽鉴先生认为，宪法不属于私法的法源，法院不能直接适用宪法处理民事纠纷。但宪法上的基本权利，不仅是一种对抗公权力的权利，更是一种客观的价值秩序，乃立法、行政及司法机关行使职权时所应遵

---

❶ 李宇.民法总则要义：规范释论与判解集注［M］.北京：法律出版社，2017：52~54.
❷ 中华人民共和国民法典［M］.北京：中国法制出版社，2020：11.

循的客观规范，以保障人民免于遭受公权力或其他人（即第三人）不法的侵害。宪法基本权利与民法的规范关系，乃建立在此种具保护义务的客观价值秩序之上，具体而言：第一，民法规范违反宪法者，无效。第二，宪法基本权利对第三人（私法关系的当事人）具有所谓的间接效力，即基本权利得通过民法的概括条款或者不确定法律概念（如第72条公序良俗、第184条第一项后段，即故意以违背善良风俗的方法加害他人），而实践宪法的基本价值。例如，劳动合同中的单身条款，违反了宪法上的工作权、婚姻自由权，悖于善良风俗（第72条）而无效。❶王泽鉴先生的观点与最高人民法院废止上述齐某某案批复的态度相一致，即宪法不能直接成为民法的渊源。但是，王泽鉴先生同时提出，法院可以通过公序良俗等条款，对侵害他人宪法上规定的权利的行为进行规制。

（二）习惯

《民法典》第10条所指的"习惯"，究竟是习惯法还是事实上的习惯，同样存在争议。一种观点认为，第10条所指的习惯仅指事实上的习惯，而第10条所指的法律，则包括制定法和习惯法；第二种观点认为，第10条所指的习惯是指习惯法，第10条所指的法律，仅指制定法。习惯法和事实上的习惯，二者的构成要件不同。

习惯法构成有二要件说、三要件说、四要件说和五要件说。五要件说认为构成习惯法必须具备下列要件：（1）须有反复奉行之习惯存在；（2）须为人人确信其有法之效力；（3）须系法律所未规定之事项，且与制定法不矛盾；（4）须不违背公共秩序与善良风俗；（5）须国家（法院）明示或默示承认习惯法。❷其中比较有代表性的是二要件说。如王泽鉴先生认为："习惯法须以多年惯行之事实及普通一般人之确信心为其成立基础。"❸梅仲协先生认为："习惯法之成立，应具备二要件焉。其一，须有继续不息，反复适用之习惯在。此项习惯，为全国人民所遵守者，则形成普遍适用之习惯法，仅局限于某一区域者，则止可使该区域内之人民，受其拘束。其二，须系确信其

为法律，而予以援用。"❶ 即构成习惯法，需要具备两个要素，要素一是有习惯存在；要素二是一般人确信其有法的拘束力。

所谓事实上的习惯，仅指一种惯行，尚缺法的确信。❷ 即尚缺乏法律确信的惯常做法，如我国《民法典》合同编第 510 条规定："合同生效后，当事人就质量、价款或者报酬、履行地点等内容没有约定或者约定不明确的，可以协议补充；不能达成补充协议的，按照合同相关条款或者交易习惯确定。"这里的交易习惯即是指事实上的习惯。

全国人大常委会法制工作委员会民法室副主任石宏担任主编的《中华人民共和国民法总则条文说明、立法理由及相关规定》一书对第 10 条"习惯"下的定义是："习惯是指在一定地域、行业范围内长期为一般人确信并普遍遵守的民间习惯或者商业惯例。"❸ 该定义似乎符合习惯法的构成要件。而沈德咏主编的《〈中华人民共和国民法总则〉条文理解与适用》一书对习惯的定义是："习惯，是指在某区域范围内，基于长期的生产生活实践而为社会公众所知悉并普遍遵守的生活和交易习惯。"该定义没有强调法的确信。最高人民法院在阐述第 10 条的"习惯"时指出，通常作为民法法源的"习惯"，限于习惯法。少数学者认为仅指习惯，习惯法包含在"法律"（指第 10 条中的法律）之中。本条规定的习惯的性质如何认识，是一个颇有价值的问题。我们认为，本条规定的习惯与物权法、合同法、老年人权益保护法等规定的"交易习惯""当地习惯"和"风俗习惯"有的相同，有的不同。民法总则第 10 条规定的习惯，是在法律没有明确规定的情况下，才可以适用，是制定法的补充。❹ 如此表述，说明第 10 条所指的习惯，既指习惯法，也包括事实上的习惯。

无论《民法典》第 10 条所指的"习惯"是指习惯法，抑或事实上的习惯，法院及仲裁机构在适用时应当遵守第 10 条规定的条件：一是以法律没有规定为适用前提。所谓法律没有规定，是指法律未针对此类民事法律关

❶ 梅仲协.民法要义［M］.北京：中国政法大学出版社，2004：9.
❷ 王泽鉴.民法总则［M］.北京：中国政法大学出版社，2001：58.
❸ 石宏.中华人民共和国民法总则条文说明、立法理由及相关规定［M］.北京：北京大学出版社，2017：24.
❹ 沈德咏.《中华人民共和国民法总则》条文理解与适用（上）［M］.北京：人民法院出版社，2017：161.

系的调整作出规定。承认习惯作为民法的渊源主要是为了弥补成文法的漏洞。由于社会生活的复杂性，立法者无法通过立法穷尽所有事项，成文法国家即使有了完备的民法典，也不可能做到对民事生活中的一切关系都有明文规定。承认习惯可以成为民法渊源，在一定程度上可以弥补国家制定法的漏洞。二是该习惯不违反公序良俗。习惯仅在不违背公序良俗的前提下，才能成为民法的法源。

四、民法的适用范围

【案例】

原告姜某与被告李某一、李某二之间存在民间借贷合同，合同约定的还款日期是 2014 年 8 月 30 日。还款期届满，二被告未依约还款。原告姜某于 2017 年 3 月 28 日向法院提起诉讼，要求二被告还款。二被告抗辩：原告起诉时已经超过《民法通则》规定的 2 年诉讼时效，原告姜某已丧失胜诉权，其诉请不应得到支持。但是，一审法院、二审法院均适用《民法总则》3 年诉讼时效的规定，判决原告胜诉。被告认为一审、二审适用法律错误，因此提起再审。❶

一审（2017）鄂 1023 民初 826 号判决书于 2017 年 10 月 16 日作出；

二审（2018）鄂 10 民终 599 号民事判决于 2018 年 7 月 16 日作出。

《民法总则》于 2017 年 3 月 15 日颁布，于 2017 年 10 月 1 日施行。

问题：法院审理此案，应当依据《民法通则》，还是依据《民法总则》？

【知识要点】

民法的适用范围又称为民法的效力范围，指民法作为一种法律规范对具体案件发挥规范性效力的范围，包括民法在何种时间范围有效、何种空间范围有效以及对何种人有效。

---

❶ 改编自湖北省荆州市中级人民法院民事判决书（2019）鄂 10 民申 26 号。

（一）民法在时间上的效力

民法在时间上的效力涉及民法何时生效、何时失效以及民法溯及力三个问题。

在我国，法律的生效有两种情况，一是法律在公布之日同时生效；二是法律先行公布，经过一段时间再生效。后一种情况主要适用于重要法律的生效。如我国《民法典》于 2020 年 5 月 28 日公布，于 2021 年 1 月 1 日才生效。先公布，后生效，主要目的是为了让公众对该法律的内容先行了解，再行实施。

民法的失效，是指民法效力终止的时间。法律失效的原因多种多样，我国法律终止效力的原因主要有：第一，新法直接宣布旧法作废。如我国《民法典》第 1260 条规定："本法自 2021 年 1 月 1 日起施行。《中华人民共和国婚姻法》《中华人民共和国继承法》《中华人民共和国民法通则》《中华人民共和国收养法》《中华人民共和国担保法》《中华人民共和国合同法》《中华人民共和国物权法》《中华人民共和国侵权责任法》《中华人民共和国民法总则》同时废止。"第二，新的法律公布后，原有的法律即丧失效力。《立法法》第 92 条规定："同一机关制定的法律、行政法规、地方性法规、自治条例和单行条例、规章，特别规定与一般规定不一致的，适用特别规定；新的规定与旧的规定不一致的，适用新的规定。"即新法优于旧法原则：同一事项，倘若有新法公布，即使没有明文废止旧法，旧法也当然自新法生效之日起废止；或同一事项，新法规定与原有法律某项规定不同，原有法律虽然继续有效，但此项旧的规定也应当然失效。第三，法律本身规定的有效期届满。第四，由有关机关颁发专门文件宣布废止某个法律。第五，法律已完成其历史使命而自行失效。

民法的溯及力是指民法对其生效以前发生的民事法律关系能否适用，若可以适用，该法即有溯及力；反之，则无溯及力。我国《立法法》第 84 条规定："法律、行政法规、地方性法规、自治条例和单行条例、规章不溯及既往，但为了更好地保护公民、法人和其他组织的权利和利益而作的特别规定除外。"原则上，法律只能适用于其生效后发生的法律关系，对其生效以前发生的法律关系不能适用，即法律不能溯及既往。理由是，民事主体根据当时的法律进行民事活动，根据当时的法律对民事主体之间的法律关系后果产生预期，法院不能用新生效的法律去规范生效前产生的民事法律关系。但是，法律可以规定在有利于法律关系主体的情况下例外有溯及力。虽然如此，基于民事法律关系有一定的特殊性，民事法律关系主体地位平等，当发生纠纷时，原被告之间一般情况下是对立关系，对此方有利，可能意味着对他方不利，因此"有利原则"适用情形较少。但是，如果法律有特别规定，对其生效之前发生的民事法律关系可以适用，则该法有溯及力，可以溯及既往。例如，《最高人民法院关于适用〈中华人民共和国合同法〉若干问题的解释（一）》第3条曾经规定："人民法院确认合同效力时，对合同法实施以前成立的合同，适用当时的法律合同无效而适用合同法有效的，则适用合同法。"所以，我国原《合同法》曾经在某些情况下具有溯及力。

由于我国2017年生效的《民法总则》将《民法通则》规定的2年诉讼时效期间改为3年，最高人民法院于2018年7月2日发布了《最高人民法院关于适用〈中华人民共和国民法总则〉诉讼时效制度若干问题的解释》。该司法解释第1条规定："民法总则施行后诉讼时效期间开始计算的，应当适用民法总则第一百八十八条关于三年诉讼时效期间的规定。当事人主张适用民法通则关于二年或者一年诉讼时效期间规定的，人民法院不予支持。"第2条规定："民法总则施行之日，诉讼时效期间尚未满民法通则规定的二年或者一年，当事人主张适用民法总则关于三年诉讼时效期间规定的，人民法院应予支持。"第3条规定："民法总则施行前，民法通则规定的二年或者一年诉讼时效期间已经届满，当事人主张适用民法总则关于三年诉讼时效期间规定的，人民法院不予支持。"第4条规定："民法总则施行之日，中止时效的原因尚未消除的，应当适用民法总则关于诉讼时效中止的规定。"

此外，要注意法律溯及力与新法优于旧法原则的区别。法律溯及力解决的是新法对其生效前产生的民事法律关系能否适用，而新法优于旧法，是解决新法生效后产生的民事法律关系的法律适用问题。

（二）民法在空间上的效力

民法在空间上的效力是指民法可以适用的地域范围。

《民法典》第12条规定："中华人民共和国领域内的民事活动，适用中华人民共和国法律。法律另有规定的，依照其规定。"这是各国主权对内效力的体现。这里的领域指我国领土（领陆、领水、领空），以及在我国领域外航行、飞行的我国船舶和飞行器。因此，除法律另有规定以外，《民法典》等由全国人民代表大会及其常务委员会制定的全国性的民事法律，适用于我国领土范围内发生的一切民事关系。所谓法律另有规定者，如《香港特别行政区基本法》第18条规定："在香港特别行政区实行的法律为本法以及本法第八条规定的香港原有法律和香港特别行政区立法机关制定的法律。全国性法律除列于本法附件三者外，不在香港特别行政区实施。"我国民事法律不在附件三之列。由于我国实行"一国两制"，特别行政区有自己独立的法律体系，所以，我国民法不适用于这些地区。再如我国《涉外民事法律关系适用法》第2条第1款规定："涉外民事关系适用的法律，依照本法规定。其他法律对涉外民事关系法律适用另有特别规定的，依照其规定。"即有涉外因素的民事法律关系首先适用《涉外民事法律关系适用法》，其适用的结果，可能适用我国民法，也可能不适用我国民法。至于涉外因素的认定，《最高人民法院关于适用〈中华人民共和国涉外民事关系法律适用法〉若干问题的解释（一）》第1条规定："民事关系具有下列情形之一的，人民法院可以认定为涉外民事关系：（一）当事人一方或双方是外国公民、外国法人或者其他组织、无国籍人；（二）当事人一方或双方的经常居所地在中华人民共和国领域外；（三）标的物在中华人民共和国领域外；（四）产生、变更或者消灭民事关系的法律事实发生在中华人民共和国领域外；（五）可以认定为涉外民事关系的其他情形。"

（三）民法的对人效力

所谓民法的对人效力，指民法可以适用的人的范围。民法上的"人"包括自然人、法人和非法人组织，他们是民事权利的享有者和民事义务的承担者。我国民法对哪些人适用，同样需要看民事法律关系是否有涉外因素，若没有涉外因素，民法当然适用，如果有涉外因素，首先需要适用冲突法（《涉外民事法律关系适用法》），然后根据冲突法的指引，可能适用我国民法，可能适用外国法。对港澳台人员参照涉外法律关系适用法律。但是，如果《民法典》规定必须适用我国民法的，即使民事法律关系具有涉外因素，也必须适用我国民法。如《民法典》合同编第467条规定："在中华人民共和国境内履行的中外合资经营企业合同、中外合作经营企业合同、中外合作勘探开发自然资源合同，适用中华人民共和国法律。"

另外，外国在中国的外交人员享有外交豁免权，不受中国法院管辖，但有两个管辖豁免例外。根据我国《外交特权与豁免条例》第14条第2款："外交代表享有民事管辖豁免和行政管辖豁免，但下列各项除外：（一）外交代表以私人身份进行的遗产继承的诉讼；（二）外交代表违反第二十五条第三项规定在中国境内从事公务范围以外的职业或者商业活动的诉讼。"第25条第3项的内容是："享有外交特权与豁免的人员：（三）不得在中国境内为私人利益从事任何职业或者商业活动。"管辖确定后，再依据冲突法，可能适用我国民法，也可能不适用我国民法。

第二章　民事法律关系

一、民事法律关系的特征、要素

【案例一】

2018年9月10日上午，原告徐某某因与他人发生征地纠纷至张渚镇政府找领导。张渚镇政府负责维护镇政府秩序的保安韩某某、曾某某、赵某某认为徐某某未登记就到镇党委办公楼三楼找镇委书记，违反了管理规定，故阻止徐某某上三楼并要求徐某某下楼，徐某某拒绝离开，两名保安人员拉住徐某某的手臂试图将徐某某带离张渚镇政府办公楼，双方因此发生冲突。纠纷发生次日徐某某至宜兴市张渚人民医院治疗，事后诉讼请求宜兴市张渚镇人民政府承担赔偿责任。2018年11月1日，张渚镇政府党政办主任季某某在宜兴市公安局张渚派出所所作的询问笔录中表示："张渚镇政府的保安人员是由我和综治办共同管理、共同考核的。""张渚镇政府的保安人员主要是负责维护镇政府内的秩序，登记来访人员。如果不登记放人进入镇政府，或者有人在镇政府内闹事不能及时制止，我们在考核上是要扣分的，到年底要扣工资的。"❶

问题：原告徐某某与张渚镇人民政府之间的赔偿关系是否属于民事法律关系？

【案例二】

2009年3月24日，鲁山县建设局十余名城市管理工作人员，在辖区内

---

❶ 改编自江苏省无锡市中级人民法院民事判决书（2019）苏02民终5279号。

东关道路两旁清理临时摊点，在清道挪摊过程中与摆摊的原告曹某某发生冲突并相互谩骂。原告高血压病发作，被120救护车送往医院救治。经医生诊断原告临床表现为情绪激动后头晕。诊断结果：1.高血压。2.冠心病。3.癔病。2009年6月24日，平顶山市法医临床司法鉴定所受曹某某委托，作鉴定意见。鉴定结论是：争执事件是曹某某癔病发作及当日血压升高的诱发因素。

原告曹某某认为被告鲁山县建设局致其人身损害，遂起诉要求被告鲁山县建设局赔偿医疗费、误工费等。被告鲁山县建设局认为原告所诉系行政行为，应依照行政诉讼法诉讼，而非提起民事诉讼。❶

问题：原告曹某某与鲁山县建设局之间的赔偿关系是否属于民事法律关系？

【知识要点】

所谓法律关系，是指人类社会生活中，受法律规范调整的社会关系。社会关系是指人类社会生产生活中形成的人与人之间的关系，当此关系受法律调整时，它同时成为法律关系。受民法调整，则成为民事法律关系。

（一）民事法律关系的特征

首先，不论是自然人还是法人或其他非法人组织，在其生存或者存续期间，都不可避免地要与他人发生关系，亦即彼此间于生产生活上时有联系，构成了社会关系。但人类社会生产生活之内容极为复杂，因而所发生的社会关系不止一种。例如同乡关系、师生关系、同学关系、同事关系、恋爱关系、朋友关系、夫妻关系、父母子女关系，等等。这些关系并非都是法律关系，其中受法律调整的关系才是法律关系。法律关系之本质在于，因法律之规定而在当事人间产生权利义务关系。法律关系与其他社会关系的区别在于，它是因法律规定而在当事人之间产生的权利义务关系。一般社交关系，如朋友关系、同学关系等，并不存在法律上的权利义务关系。

其次，并非一切法律上的权利义务关系，都是民事法律关系。民事法律关系是法律关系中的一种。法律关系分为公法关系与私法关系，民事法律关系属于其中的私法关系，即由民法所规定的权利义务关系。由公法所规定的

---

❶ 改编自河南省鲁山县人民法院民事判决书（2010）鲁民初字第275号。

各种权利义务关系，如由税法规定的税收关系，由财政法规定的财政关系等属于公法关系，不属于民事法律关系。民事法律关系的主要特征是，当事人法律地位平等，大多数情形下民事法律关系的发生取决于当事人的意思，且民事法律关系以民事法律责任作为保障。

国家赔偿法也调整一定范围的损害赔偿关系。我国《国家赔偿法》第2条第1款规定："国家机关和国家机关工作人员行使职权，有本法规定的侵犯公民、法人和其他组织合法权益的情形，造成损害的，受害人有依照本法取得国家赔偿的权利。"《国家赔偿法》第3条规定："行政机关及其工作人员在行使行政职权时有下列侵犯人身权情形之一的，受害人有取得赔偿的权利：（一）违法拘留或者违法采取限制公民人身自由的行政强制措施的；（二）非法拘禁或者以其他方法非法剥夺公民人身自由的；（三）以殴打、虐待等行为或者唆使、放纵他人以殴打、虐待等行为造成公民身体伤害或者死亡的；（四）违法使用武器、警械造成公民身体伤害或者死亡的；（五）造成公民身体伤害或者死亡的其他违法行为。"《国家赔偿法》第4条规定："行政机关及其工作人员在行使行政职权时有下列侵犯财产权情形之一的，受害人有取得赔偿的权利：（一）违法实施罚款、吊销许可证和执照、责令停产停业、没收财物等行政处罚的；（二）违法对财产采取查封、扣押、冻结等行政强制措施的；（三）违法征收、征用财产的；（四）造成财产损害的其他违法行为。"对于国家赔偿法的性质历来有争议。英美法系不区分公法与私法，因此，国家赔偿案件与普通侵权案件一样，由侵权法调整。大陆法系部分国家和地区，如日本、韩国，以及我国台湾地区，认为国家赔偿法是私法，是民法的特别法；部分国家则认为国家赔偿法是公法，如法国、瑞士，将国家赔偿责任规定为公法责任。❶ 我国学界通说认为国家赔偿法是公法。需要注意的是，国家机关和国家机关工作人员在"行使职权"时，侵犯公民、法人和其他组织合法权益，造成损害的，受害人才有权请求国家赔偿。

据此，民事法律关系具有如下特征。

---

❶ 江必新.国家赔偿与民事侵权赔偿关系之再认识——兼论国家赔偿中侵权责任法的适用[J].法制与社会发展，2013（1）：130.

1. 民事法律关系是民法调整平等主体之间的财产关系和人身关系所形成的社会关系

如民法调整物的占有、使用、收益和处分而形成的物权关系；因物的交换而形成的合同关系；因侵权行为产生的损害赔偿法律关系；因缔结婚姻而形成的婚姻关系。

2. 民事法律关系是基于民事法律事实而形成的社会关系

存在民事法律规范，仅有产生民事法律关系的前提，只有出现民事法律事实，才能形成具体的民事法律关系。例如，有婚姻法，仅有产生夫妻关系的前提，只有男女双方办理结婚登记，才能产生具体的夫妻关系。同理，有合同法，还必须有当事人双方协商一致，才能产生合同法律关系。所以，民事法律规范是产生民事法律关系的前提，而民事法律事实，是产生具体民事法律关系的原因。

3. 民事法律关系是以民事权利和民事义务为内容的社会关系

民事法律关系的基本内容就是民事权利和民事义务。民法调整的对象是平等主体之间的财产关系和人身关系，民事法律规范正是通过赋予当事人以民事权利和民事义务，调整这些社会关系。此与同乡、同事、朋友等不以权利义务为内容的其他一般社会关系截然不同。

（二）民事法律关系的要素

民事法律关系的要素包括主体、内容和客体。

民事法律关系的主体，又称民事权利义务的主体、民事主体，是指参加民事法律关系，从而享有权利、负有义务和承担民事责任的人。民事主体是民事法律关系的重要构成因素，任何民事法律关系的发生、变更和消灭，都必须以人的存在为前提。根据我国《民法典》，民事主体有自然人、法人和非法人组织。通常称参加民事法律关系的主体为当事人。在当事人中，享有权利的一方为权利人，负有义务的一方为义务人，承担责任的一方为责任人。多数民事法律关系当事人双方都是既享有权利，又负担义务，既是权利主体，又是义务主体。但在部分民事法律关系中，一方仅为权利人，只享有权利，不承担义务；另一方仅为义务人，只承担义务，不享有权利，如赠与合同。另外，在不同的法律关系中，当事人的具体称谓也可能不同，如在买卖合同中称为出卖人和买受人；在赠与合同中称为赠与人和受赠人；在继承法律关系中称为继承人和被继承人。

民事法律关系的内容即民事权利和民事义务。民事权利是指法律赋予民事权利主体所享有的，实现某种利益的法律手段；民事义务是指民事义务主体为满足民事权利人的利益而负担的为一定的行为或不为一定的行为的法律拘束。民事法律关系多种多样，不同的民事法律关系有不同的权利和义务内容。

民事法律关系的客体是指民事权利和民事义务所共同指向的对象。在民事法律关系中，如果不存在客体，民事主体享有的民事权利和承担的民事义务就无所依托，民事法律关系也就不会存在。因此，民事法律关系的客体是民事法律关系不可缺少的构成要素。通说认为，民事法律关系的客体包括物、行为、人格利益、身份利益等。

二、民事法律事实

【案例一】

甲自4岁开始练书法，6岁时其作品参加市儿童书法比赛，获得一等奖。

问题：甲作为无民事行为能力人能否获得该书法作品的著作权？

【案例二】

甲患有精神类疾病，被宣告为无民事行为能力人。某日，甲在街上遛狗时发现一只走失的宠物狗，遂领回家，用自家的狗粮喂养。一个月后，走失的狗被狗的主人发现，遂找到甲的家人，欲领回狗。但甲的家人提出，甲的行为是无因管理，狗的主人欲领回狗，须支付这一个月的狗粮款。狗的主人认为甲的家人提出的狗粮款数额太高，心里不乐意，因此提出，甲是精神病人，没有行为能力，不能进行无因管理。

问题：甲作为限制民事行为能力人能否进行无因管理？

【知识要点】

所谓民事法律事实是指由法律所规定的，能够引起民事法律关系产生、变更和消灭的客观情况。法律事实首先是一种客观情况，但并非一切客观情况都能导致民事法律关系或民事权利的发生、变更和消灭。例如，日出、日落、阅读、看电视等现象或者行为，不能引起民事法律关系发生、变更和消灭，因此不能成为法律事实。而人的出生、死亡、立遗嘱、订立合同、殴打他人、画画、时间的经过等，可能引起民事法律关系的发生、变更和消灭，因而属于法律事实。客观情况是否成为法律事实，取决于法律的规定。例如：子女出生，婚姻法规定会产生父母子女关系；殴打他人，侵权责任法规定可能产生债的关系；画画，著作权法规定可能产生著作权。

根据客观情况与人的主观意志是否有关，可将民事法律事实分为行为和非行为事实两类。

（一）行为

法律上所称人的行为，指人有意识的活动。这里的行为，主要是指民事主体的行为。非民事主体的行为，如果可引起民事法律关系的发生、变更和消灭，同样可以成为民法上的法律事实。

行为又可作如下分类。

1.合法行为、违法行为

这是根据该行为是否符合法律规定而进行的分类。合法行为，指不违反法律规定，能够引起民事法律关系发生、变更、消灭的行为。违法行为，指不符合法律要求或违反法律规定，侵犯他人合法权益，应当承担民事责任的行为，主要包括违约行为、侵权行为。

2.法律行为、准法律行为、事实行为

这是根据该行为是否以意思表示为要素，以及法律后果产生的路径而进行的分类。法律行为，指以意思表示为要素，旨在发生民事法律后果的行为。准法律行为，指有表意行为，但法律后果非基于表意人的表意行为，而是基于法律规定而发生的行为。具体又可分为：（1）意思通知，指表意人表示内心某种期望的行为，如要约拒绝、履行催告、选择权行使催告等；（2）

观念通知，指表意人对某种事实的观念或认识的表示，如发生不可抗力的通知、瑕疵通知、债权让与通知、债务的承认等；（3）感情表示，指表意人表示某种感情的行为，如被继承人之宽恕。此三类行为，均以意思表示为特征，与法律行为极为相似，但又与法律行为不同，其法律效果是直接基于法律的规定，而非民事主体的意思，故学说上称为准法律行为。事实行为，亦称非表示行为，指不以表现内心的意思为必要，其法律后果亦不取决于行为人的意思，而是取决于法律规定的行为。如画画，不需要画画者有意思表示，根据著作权法，只要其所画的画具有独创性就能产生著作权；再如拾得遗失物、无因管理、建造房屋等，均属于事实行为。

区分法律行为、事实行为的意义是，法律行为以意思表示为要素，因此行为人需要有行为能力，而事实行为不以意思表示为要素，因此，行为人不需要有行为能力。至于准法律行为，因需要有意思表示，因此，很多情况下会类推适用法律行为的规定，如表意人可能要求有行为能力。

（二）非行为事实

非行为事实，是指人的行为以外，能够引起民事法律关系发生、变更、消灭的一切客观情况。由于其非因人的行为所构成，所以又称为自然事实。自然事实分为事件和状态两种：事件，指某种客观情况的发生，如人的出生、死亡、自然灾害的发生、战争的爆发；状态，指某种客观现象的持续，如人的生死不明状态、物的持续占有状态、时间的经过等。

有的法律关系只要一个法律事实就能产生、变更或消灭，有的则需要两个或者两个以上的法律事实结合才能发生，前者如解除合同，只要一方行使解除权这一个行为，就能消灭合同关系；后者如遗嘱继承法律关系，需要立遗嘱的法律行为和遗嘱人死亡这两个法律事实才能够发生。此种需要两个以上的法律事实结合才能引起民事法律关系产生、变更或消灭的情形，称为民事法律事实的构成。

第三章　民事权利

一、民事权利的概念、学理分类

【案例一】

2001年4月，原告外国企业服务公司与太原市演出公司商定于5月25日在太原市省体育场举办有3.5万名观众参加的"华夏之夜"大型明星演唱会。外国企业服务公司从5月1日开始在电台、报纸上进行演唱会宣传、召开新闻发布会以及售票等工作。

2001年5月17日，《山西晚报》第12至13版中间头条刊载了主题为《毛某某八成不来太原》、引题为《东京阑尾炎紧急住院》的文章。该文主要内容转载自《金陵晚报》的有关报道："'中国枇杷之乡'仁寿县第四届枇杷节暨'新世纪'艺术周开幕式大型文艺晚会将于17日晚隆重举行，包括毛某某在内的20多位明星将一齐登场。不料，毛某某在日本突患急性阑尾炎，5月11日晚在东京一家医院进行紧急手术，不能按时到四川省仁寿县演出……枇杷节组委会15日上午收到毛某某发自东京的紧急致歉传真件，告知突患急性阑尾炎不能前来仁寿参加演出……据悉，毛某某因阑尾手术同时取消了5月18日在福建举办的中央电视台《同一首歌》的演出。"《山西晚报》在该文章结尾处加了一句猜测性的推论："而对山西太原歌迷来说，期待已久的5月25日省体育场'华夏之夜'大型明星演唱会上一睹毛某某风采的愿望恐怕也要泡汤了。"

5月21日，原告外国企业服务公司再次举行新闻发布会，出示了由毛某某亲笔书写的"祝山西人民愉快，五月二十五日相会在太原！"的传真件，表明毛某某将如期来太原。5月25日，毛某某来太原并参加了"华夏之夜"的演出。

原告外国企业服务公司认为，由于被告《山西晚报》捏造事实，致使原告已售出的大量个人、团体票被退回，损失共计89万余元，遂向太原市中级人民法院提起了民事赔偿诉讼。❶

问题：

1. 债权能否成为侵权的客体？

2. 如果可以，原告以被告侵害了其债权（通过售票与消费者之间形成债权债务关系）作为损害赔偿请求权的基础，是否应当获得法院的支持？

【案例二】

原告对被告的房产享有优先购买权，但被告将该房产以45万元新台币的价格卖给了第三人宜兰地方法院公证处，双方尚未办理所有权转移登记。原告以同等条件向被告主张优先购买权，在被告拒绝接受购房款后，将45万元新台币的购房款提存，然后向法院起诉，请求法院判令被告将系争房屋所有权转移登记给自己。❷

问题：将房屋优先购买权界定为请求权，或者形成权，对此案的判决结果有什么影响？

【案例三】

1996年2月8日，日丰公司与求新造船厂签订仓库租赁合同，由日丰公司将某仓库出租给求新造船厂使用，租期自1996年3月1日起至2026年2月28日止。后求新造船厂将其在租赁合同中的权利义务转让给江南造船公司。

2014年9月18日，日丰公司以江南造船公司拖欠租金为由起诉至法院，要求解除双方租赁合同，同时请求江南造船公司支付赔偿金175万元。

---

❶ 改编自《一句话赔了八十七万》，中国质量新闻网：http://www.cqn.com.cn/news/zgzlb/diqi/22253.html.

❷ 改编自1971年度台上字第2438号判决。参见：王泽鉴.优先承买权之法律性质［M］//民法学说与判例研究（第1卷）.北京：中国政法大学出版社，1998：504-505.

2014 年 10 月 16 日，江南造船公司委托律师向日丰公司发出通知函，表示其一直是按约履行付款义务的，日丰公司不享有单方解除权，但鉴于日丰公司通过诉讼方式单方面解除租赁合同，双方已失去信赖基础，故同意解约并确认合同自本通知函发出之日起解除。

2014 年 10 月 20 日，日丰公司向法院申请撤回案件的起诉，该案以日丰公司撤诉结案。

2014 年 10 月 21 日，日丰公司向江南造船公司发出书面通知，称经过双方对账，确认江南造船公司已支付应付租金，其已向法院申请撤诉，租赁合同继续履行，对原账户结算误会深表抱歉。

2014 年 10 月 22 日，江南造船公司向日丰公司发出律师函，表示通知收到，但双方之间的租赁合同已经解除。

2014 年 10 月 24 日，日丰公司回函，不同意江南造船公司合同已经解除的意见。

江南公司于 2015 年 3 月 1 日完成了清场退租工作。日丰公司遂提起诉讼，请求解除租赁合同，并要求江南造船公司支付相应租金和违约金。❶

问题：请结合形成权的理论分析日丰公司与江南造船公司之间的仓库租赁合同是否已经解除。

【知识要点】

权利一词，系外国法律名词之意译，在拉丁语为 ius，在法语为 droit，在英语为 right，在德语为 Recht，均含有正义、直道之意。日本学者译为"权利"。中国法律上"权利"一词，来自日本。❷

关于权利本质有不同的学说，主要包括意思说、利益说和法力说。意思说认为，权利的基础是"意思"，权利是一种意思力或意思支配。利益说认为，权利就是利益的保护，换言之，法律所保护的利益就是权利。法力说认为，权利是受法律保护，得享有特定利益的法律上之力量。权利由特定利益和法律上之力两要素构成，为现今之通说。依据法力说，权利是为了使特定

---

❶　改编自上海市第一中级人民法院民事判决书（2016）沪 01 民终 127 号。

❷　史尚宽. 民法总论［M］. 北京：中国政法大学出版社，2000：69.

人能享受合理利益，由法律赋予该特定权利人的一种法律手段（法律实力）。权利人得依其意思行使其权利，最后并得以诉讼方式，依赖法律力量，实现其权利内容。因此，权利有两个要素，第一，所满足者为人类合理的利益，也即法律承认的利益，通常称为"法益"。第二，未能获得满足时，以国家权力强制促其实现，此即法力说所重视的"法力"。❶权利是一个发展性的概念，某种利益具有加以保护的必要时，可以经立法或者判例赋予法律之力，使其成为权利，如隐私权的产生，是现代的事件。

学理上，根据不同的标准，可以对民事权利作不同的分类。

（一）财产权与非财产权

这是以民事权利的内容（即受法律保护的利益）为标准所作的分类。

根据权利的内容，可以将民事权利分为财产权和非财产权。财产权，指具有经济价值的民事权利，这些权利通常是以货币形态出现的或者可以换算为一定的货币。如物权、债权、知识产权等。非财产权，指与权利主体的人格、身份不可分离的民事权利。在传统民法中，非财产权与人身权的含义相同，因此，在民法中，非财产权又可以分为人格权和身份权。人格权指存在于权利人人格上的权利，亦即以权利人的人格利益为标的的权利，如生命权、身体权、健康权、自由权、姓名权、名誉权、肖像权、隐私权等；身份权是基于一定身份关系产生的权利，又称亲属权，如配偶权、亲权等。

值得注意的是，财产权与非财产权的划分以是否有经济利益为依据，有时并非绝对。某些属于财产权的权利，并不一定有财产价值，如私人信件，虽然没有财产价值，但是也可以作为所有权的标的；而属于非财产权的某些权利，如法人名称权、公民肖像权等，也未必不具有财产价值。还有一些权利既包含着财产权的内容，也包含了非财产权的内容。如股东权，既包括了财产因素（自益权），也包含了非财产因素（如共益权）；著作权，既包括复制权等财产内容，又包含了发表权、署名权、保持作品完整权等精神性或人身性内容；继承权，既是财产概括移转的一种方式，又必须基于与被继承人有一定的身份关系才能享有。所以，将民事权利分为财产权与非财产权并不十分精确，但这种分类还是有一定意义的。

---

❶　施启扬.民法总则（修订第八版）[M].北京：中国法制出版社，2010：25-26.

民法理论上对于财产权和非财产权的分类，往往先确定非财产权，即先确定是否属于人格权或者身份权，非财产权以外的权利，一般均列入财产权。

区别财产权与非财产权的意义是：第一，非财产权一般不能转让、抛弃，也不能继承。但有些人身权的行使可以形成财产价值，例外可以转让，如法人的名称权可以转让。而财产权则一般既可以自由转让，也可以继承。但也存在例外，如具有人身信任性质的对保姆的劳务债权，子女不能当然继承；精神损害赔偿请求权一般不得继承；承租人的租赁债权一般不得任意转让。第二，财产权受侵害时，原则上不适用精神损害赔偿，只有在特殊情况下才可以主张精神损害赔偿。如《民法典》第1183条规定："侵害自然人人身权益造成严重精神损害的，被侵权人有权请求精神损害赔偿。因故意或者重大过失侵害自然人具有人身意义的特定物造成严重精神损害的，被侵权人有权请求精神损害赔偿。"

（二）绝对权与相对权

这是以民事权利效力所及的范围为标准所作的分类。

绝对权又称对世权，是指无须通过义务人的行为即可实现，并可以对抗不特定的他人的权利。绝对权的义务人是不特定的任何人，换言之，任何人均负有不妨害权利人实现其权利的义务。绝对权的主要特点，一是权利人无须借助义务人的行为就可实现其权利，二是义务主体的不特定。物权、人格权、知识产权、继承权等都属于绝对权。

相对权是指义务人为特定人，权利人必须通过义务人为一定行为（作为、不作为）才能实现的权利，如债权。由于相对权的权利人只能向特定的义务人主张权利，其对抗的是特定的义务人，因此又称为对人权。

区分绝对权和相对权的意义是：第一，义务主体不同；第二，成为侵害对象时，构成侵权的要件不同。

一般而言，侵权行为的对象是绝对权。绝对权的义务主体是不特定的人，因此绝对权往往需要公示，否则其他民事主体的行为自由将受影响。如占有（交付）或者登记是所有权的公示，人的存在相当于人格权的公示，等等。公示存在的权利，他人当然不得侵害。而相对权的义务主体是特定的人，以债权为例，债权仅存在于特定的当事人之间，其存在一般不需要公示，债务人以外的人一般不知道债权人债权的存在。既然不知道债权的存在，若不小心侵害债权需要承担责任，则有违侵权责任法的宗旨之一：保障民事主体的行为自由。所以，传统民法理论认为，侵权行为的客体都是绝对权。但是随着社会的发展，竞争的激烈，债的关系之外的第三人故意侵害他人债权或者故意使他人债权无法实现的现象逐渐增多，如为了打败竞争对手，恶意重金引诱作为合同一方的科研人员集体违约辞职，使合同另一方当事人的债权无法实现。如此，若第三人一概无须承担侵权责任则不利于社会的健康发展。因此，不少国家开始承认债权可以成为侵权行为的对象。但考虑到债权毕竟缺乏公示，所以在侵权责任的构成要件上往往要求必须是故意的，甚至要求必须是故意以违背公序良俗的方法侵害他人债权的，才构成侵权。

（三）支配权、请求权、形成权、抗辩权

这是以民事权利的功能为标准所作的分类。

1. 支配权

支配权，指直接支配权利客体的权利。支配权的作用体现在两个方面：于积极方面可直接支配其权利客体，而无须他人行为之介入；于消极方面可禁止他人妨碍其支配，而具有排他性。物权为典型的支配权，知识产权、人格权也为支配权。

2. 请求权

请求权，指权利人得请求他人为特定行为（作为、不作为）的权利。请求权与支配权不同，权利人不能对权利标的为直接支配，只能对义务人为请求。请求权在权利体系中居于枢纽之地位。因为任何权利，无论其为债权、物权，还是人格权、身份权，为发挥其功能，或回复不受侵害之圆满状态，均须借助于请求权之行使。

请求权系由基础权利而发生，必先有基础权利，而后始有请求权。因此，请求权依其基础权利的不同，可分为：债权上请求权；物权上请求权；知识产权上请求权；人格权上请求权；身份权上请求权。物上请求权，如返还财产请求权、停止侵害请求权、排除妨碍请求权、消除危险请求权等。人格权上的请求权，如停止侵害请求权、防止侵害请求权、损害赔偿请求权等。身份权上的请求权，如父母子女之间的抚养、赡养请求权和夫妻之间的扶养请求权等。

债权上请求权系从债权成立时当然发生，且请求权为债权最主要的权能，因此可以说债权为典型的请求权。而其余的请求权，则多于基础权利受侵害时方才发生。

请求权不同于诉权。请求权存在于平等的当事人之间，属于私权，而诉权系私人请求国家予以保护的诉讼权利，存在于个人与国家之间，属于公权。通常情形下，凡请求权均伴有诉权，在对方当事人不依请求履行义务时，请求权人可诉请法院强制对方当事人履行义务。但请求权与诉权性质不同，不得视为一体。

3. 形成权

形成权，指权利人依一方意思表示，使自己与他人间的法律关系发生变动的权利。一般而言，民事法律关系的形成与变动需要双方的合意，这是民法中私法自治原则的基本要求。但是在特殊情况下，法律赋予一方以自己的意思形成或变动民事法律关系的权利，这种权利即为形成权。形成权的主要功能在于权利人得依其单方的意思表示，使已成立的法律关系的效力发生、变更或消灭。如撤销权、解除权、追认权等。

形成权可以由法律规定产生，也可以依据当事人的约定产生。前者如合同撤销权，后者如约定合同解除权。

形成权的内容是使法律关系产生、变更或者消灭。使法律关系产生，如法定代理人对限制行为能力人所订合同的追认，使效力待定的合同生效。使法律关系变更，如选择之债的选择权人通过行使选择权，使法律关系的内容由不确定变更为确定。使法律关系消灭，如合同之债的债权人行使解除权，使合同关系消灭。

形成权依行使的方式不同，分为简单形成权和形成诉权。前者依权利人的意思表示即可发生效力，后者须依法院的形成判决始得发生效力。形成权的行使通常依权利人的意思表示为之，于相对人了解，或者达到相对人时发生效力。对方有异议，起诉至法院，属于确认之诉。大多数形成权都是如此，学说上又称为一般形成权。但是，有些形成权的行使必须提起诉讼或者仲裁，由法院或者仲裁机构作成形成判决、裁决才能发生法律关系变动的效力，这种形成权在学说上称为形成诉权。如基于情势变更产生的合同解除权，债的保全中的撤销权等。这些形成权的行使之所以必须经由法院或者仲裁机构通过诉讼或者仲裁为之，是因为其对相对人的利益影响比较大，需要由法院或者仲裁机构通过审理认定形成权的要件是否具备。

同样是撤销权，《民法典》第 145 条规定的撤销权是简单形成权："限制民事行为能力人实施的纯获利益的民事法律行为或者与其年龄、智力、精神健康状况相适应的民事法律行为有效；实施的其他民事法律行为经法定代理人同意或者追认后有效。相对人可以催告法定代理人自收到通知之日起三十日内予以追认。法定代理人未作表示的，视为拒绝追认。民事法律行为被追认前，善意相对人有撤销的权利。撤销应当以通知的方式作出。"而《民法典》第 147 条规定的撤销权是形成诉权："基于重大误解实施的民事法律行为，行为人有权请求人民法院或者仲裁机构予以撤销。"第 148 条规定的撤销权也是形成诉权："一方以欺诈手段，使对方在违背真实意思的情况下实施的民事法律行为，受欺诈方有权请求人民法院或者仲裁机构予以撤销。"

关于请求权的存续期间，民法设有诉讼时效的一般规定，而关于形成权的存续期间（除斥期间），民法未设一般规定，其存续期间可分为三种情况。第一，民法就个别形成权设有存续期间。如基于意思表示瑕疵产生的法律行为撤销权，《民法典》总则编第 152 条规定："有下列情形之一的，撤销权消灭：（一）当事人自知道或者应当知道撤销事由之日起一年内、重大误解的当事人自知道或者应当知道撤销事由之日起九十日内没有行使撤销权；（二）当事人受胁迫，自胁迫行为终止之日起一年内没有行使撤销权；（三）当事人知道撤销事由后明确表示或者以自己的行为表明放弃撤销权。当事人自民事法律行为发生之日起五年内没有行使撤销权的，撤销权消灭。"再如《民法典》第 564 条规定了解除权的存续期限："法律规定或者当事人约定解除权行使期限，期限届满当事人不行使的，该权利消灭。法律没有规定或者当事人没有约定解除权行使期限，自解除权人知道或者应当知道解除事由之日起一年内不行使，或者经对方催告后在合理期限内不行使的，该权利消灭。"第二，民法对形成权的存续期间未作规定，但规定权利人在相对人催告后未在合理期限之内行使的，形成权消灭。如《民法典》第 515 条对选择之债中选择权的存续期间所作的规定："标的有多项而债务人只需履行其中一项的，债务人享有选择权；但是，法律另有规定、当事人另有约定或者另有交易习惯的除外。享有选择权的当事人在约定期限内或者履行期限届满未作选择，经催告后在合理期限内仍未选择的，选择权转移至对方。"第三，民法未规定形成权的存续期间，如共有物分割请求权。一般而言，形成权的存续期间比时效期间短，因为依一方意思表示就可以使法律关系发生变动，应尽早使当事人行使权利，以使法律关系得到确定。

4.抗辩权

抗辩权指权利人用以对抗他人请求权之权利。抗辩权的作用在于防御，而不在于攻击，因此必待他人之请求，始得对其行使抗辩权，如双务合同中的先履行抗辩权、同时履行抗辩权、不安抗辩权，一般保证中的先诉抗辩权等。抗辩权又分为永久的抗辩权与延期的抗辩权。时效届满后债务人的抗辩权，为永久的抗辩权，而先诉抗辩权、先履行抗辩权、同时履行抗辩权和不安抗辩权均系延期的抗辩权。

抗辩权的特征主要表现在以下两个方面：第一，抗辩权主要是针对请求权的。第二，抗辩权的作用在于阻止请求权的效力，而不在于消灭相对人的权利。

一方当事人行使权利时，他方当事人所提出的对抗或异议，均称为抗辩，即广义上的抗辩。广义的抗辩，除了抗辩权，还包括事实上的抗辩。事实上的抗辩不同于抗辩权。所谓事实上的抗辩，是指在相对方提出请求时，主张对方权利不存在。它可分为两类❶：其一，权利障碍的抗辩，即主张原告之请求权根本没有发生。如主张当事人无行为能力而致合同无效，相对方不存在合同履行请求权。其二，权利毁灭的抗辩，即主张请求权虽曾一度发生，但嗣后已归于消灭。如在相对方提出履行请求时，主张债已经因抵销而消灭。而抗辩权的特征是承认相对方存在请求权，但因为存在法律规定的情形，对相对方的请求有权予以拒绝。如时效完成的抗辩权等。

区分抗辩权和事实上抗辩的主要意义在于，事实上抗辩的效力，足以使请求权归于消灭，所以在诉讼进行中，当事人纵未提出抗辩，法院也应当审查事实，如果认为有抗辩事由存在，须依职权作出有利于该当事人之判决。相反，因抗辩权的效力仅在对抗已存在之请求权，换言之，相对人的请求权

---

❶ 王泽鉴.民法总则［M］.北京：中国政法大学出版社，2001：95.

是存在的，因此，抗辩权人是否主张其抗辩权应任其自己决定，法官不得主动援用抗辩权进行裁判。当被告在诉讼上主张其抗辩权时，法院则有义务审查其抗辩权是否成立。

（四）主权利与从权利

这是以权利之间的相互关系为标准所作的分类。

主权利是指在互有关联的两个以上的民事权利中，可以独立存在的民事权利。从权利是指在互有关联的两个以上民事权利中，必须以其他权利的存在为前提的民事权利。例如，抵押权的存在，是以债权的存在为前提的，因此，债权是主权利，抵押权是从权利。主权利是能够独立存在的权利，从权利依附于主权利，是不能独立存在的权利。

区分主权利、从权利的意义是：主权利存在，从权利才能存在，主权利因履行、抵销、免除等原因而消灭时，从权利同时消灭。在一般情况下从权利不能与主权利分离而单独让与。

（五）专属权与非专属权

这是以权利主体与权利的关系为标准所作的分类。

专属权，是指专属于权利人本身，不能与权利人分离，仅权利人得享有的权利。如自然人的人格权、身份权，该种权利与特定的民事主体不能分离，不能依让与或者继承而移转于他人。《民法典》人格权编第992条规定："人格权不得放弃、转让或者继承。"

非专属权是指非专属于权利人，可以与权利人分离，可以移转的权利。财产权一般是非专属权，如物权、债权、无体财产权等均是非专属权，可以转让、继承。例外是，由委托及雇佣等所生的债权债务，多具有人身信任关系，因此不可以移转。

此外，还存在行使上的专属权，如因侵权行为所生的损害赔偿请求权、股东权。❶

（六）既得权与期待权

这是依据权利是否已经具备全部成立要件为标准所作的分类。

既得权，指已经具备全部成立要件的权利；期待权，指当事人仅具备取

❶ 史尚宽.民法总论［M］.北京：中国政法大学出版社，2000：21.

得权利的部分条件，对将来取得完全权利所享有的受法律保护的合理期待的利益。多数权利为具备现实性之权利，归属既得权。附条件法律行为中约定的债权、所有权保留中保留的所有权等属于期待权。

二、《民法典》规定的民事权利

【案例一】

2005 年 4 月 17 日下午，被告张某某接到朋友阿某电话，告知其亲戚在本市黄厝路 ×× 号厦门中卉生物工程有限公司办公室内被人殴打。张某某即前往该处，在办公室内与阿某等人一起殴打原告的儿子曾某某，致曾某某头部受伤倒地，血流满面。此时，恰逢原告林某某进入办公室，看到此情形，当即昏厥，被送医救治，住院 12 天。

法院另查明：原告原罹患有病态窦房结综合征、高脂血症、老年性退行性心瓣膜病等疾病。

原告提起诉讼，请求三被告赔偿原告医疗费 6451.15 元、护理费 600元、住院伙食补助费 720 元、营养费 600 元、精神损害抚慰金 1 万元；三被告承担连带赔偿责任。

被告张某某等辩称：原告不能举证证明被告对原告实施了侵权行为以及其损害后果与被告行为有因果关系；原告自身有多种疾病，原告入院治疗发生的损失是由于原告的器质性心脏病导致脑部缺氧引起昏厥，与被告无关。❶

问题：

1. 被告是否对原告林某某实施了侵权行为？

2. 被告的行为若构成侵权，侵害了原告的什么权利？

【案例二】

2017 年 1 月 11 日，被告中建荣真建材公司的官网首页显示"把森林带回家，七天毛坯变豪宅，省心、省工、省时、省力"的宣传广告。该宣传广

---

❶ 案例来源：北大法宝.（www.pkulaw.cn）【法宝引证码】CLI.C.361159.

告边上配有原告周星驰的照片，下方注有"城市森林携手'星爷'一起见证生态墙板真功夫"的文字。此外，网页的终端风采VI展示处有"城市森林携手'星爷'一起见证生态墙板真功夫"的宣传广告。该宣传广告配有原告照片，与涉案网页上的"整屋快装，省心、省工、省时、省钱，7天毛坯变豪宅"的宣传广告语一起在页面上展示。

2017年6月19日，被告中建荣真建材公司网站页面的终端风采VI展示处有"城市森林携手'星爷'一起见证生态墙板真功夫"的宣传广告。该宣传广告配有原告周星驰的照片，与涉案网页上的"整屋快装，省心、省工、省时、省钱，7天毛坯变豪宅"的宣传广告语一起在页面上展示。

2017年6月19日，"××"网站和页面均显示有"城市森林集成墙饰携手喜剧之王周星驰一起见证生态墙板真功夫"的宣传广告，并在原告周星驰的照片旁注有"华语喜剧演员、导演、编剧、监制、制片人、出品人，代表作：《功夫》"的文字。

2017年9月5日，原告周星驰的委托代理人虞某某在上海市虹桥火车站出发层南6号的"悦途出行商务贵宾厅"购得一本《××》杂志（2017年第2期，总第243期）。被告中建荣真建材公司在《××》杂志上发布广告，该期杂志的广告页有标题为"全生态整屋快装，7天毛坯变豪宅"的文章，文章上方出现"城市森林，全生态整屋快装，把森林搬回家""源自欧洲博洛尼亚缔造城市生态生活空间"的宣传广告。在该宣传广告右侧配有原告周星驰肖像和签名的照片，照片上注有小字体文字"《功夫》剧组主演周星驰携手城市森林环保产业"，照片旁配有文字"代表作：《功夫》《长江七号》《大话西游》《少林足球》《美人鱼》等，周星驰是华语影坛标志性人物之一，从他无厘头的喜剧表演方式中，观众往往能感受到喜剧背后揭示的一些深刻道理。年初上映的《美人鱼》将环保话题推向大众视野，这也与城市森林'生态环保'的初衷不谋而合"。

原告周星驰向法院提起诉讼，称被告以营利为目的，未经原告同意利用其姓名及肖像做广告，侵犯了原告的姓名权和肖像权。请求判令：1. 被告立即停止在其官网及《××》杂志中使用原告的肖像、姓名和艺名；2. 被告赔偿31125001元，其中包括财产性损害赔偿3000万元、合理费用支出

112.50 万元、精神损害赔偿 1 元；3. 被告在其官网、《××》杂志、×× 网站以及一份全国性报纸上就侵害原告姓名权与肖像权发表致歉声明，持续时间为 90 日。

被告中建荣真建材公司称：认可原告周星驰主张的事实，公司确实未经原告同意利用其肖像做广告，但被告不认可对周星驰姓名权构成侵犯。其次，原告主张的赔偿损失金额过高。❶

问题：被告是否侵害了原告的姓名权？

【案例三】

影片《秋菊打官司》由被告北京电影学院青年电影制片厂和香港银都公司合作摄制。1992 年 2 月，该片摄制组在陕西省宝鸡市以偷拍的方法拍摄体现当地风土人情的场景时，将正在街头卖棉花糖的原告贾某某摄入镜头，并在制成的影片中使用。此画面共占胶片 104 格，放映时间为 4 秒。影片《秋菊打官司》于 1992 年 8 月通过广电部电影事业管理局审批，在国内外公开发行放映。

原告贾某某诉称：北京电影学院青年电影制片厂和香港银都公司合作拍摄故事影片《秋菊打官司》时未经原告同意私自偷拍了原告的肖像并在该商业性影片中使用。影片公开放映后，原告的平静生活不断被打扰，其间遭受一些亲友、同事和其他人讽刺挖苦，使原告精神感到压抑，给工作、生活带来许多麻烦。被告的行为侵害了原告的肖像权。为此，诉请法院认定其侵权行为，判令剪除《秋菊打官司》一片中原告的肖像镜头；在一家全国发行的报刊上公开致歉，赔偿精神损失 8000 元，赔偿经济损失 4720.78 元。

被告北京电影学院青年电影制片厂辩称：《秋菊打官司》一片中确实摄入了贾某某的形象。此片是一部体现纪实性特点的故事片，采取偷拍的手法摄制，目的在于使作品更具真实性，摄制此片的意义不在赚钱营利。贾某某诉称此片公映后对其造成了许多麻烦和精神痛苦，实非影片制作者本意。贾某某在银幕上展示的形象仅为 4 秒钟的过场镜头，不存在利用贾某某的肖像营利问题。故原告贾某某以侵害其肖像权为由对被告提起诉讼，缺乏法律依

❶ 案例来源：北大法宝 .（www.pkulaw.cn）【法宝引证码】CLI.C.96952563.

据，请求法院驳回其诉讼请求。❶

问题：原告贾某某的主张是否应当获得法院的支持？

【案例四】

2013 年 9 月 9 日，时任《炎黄春秋》杂志社执行主编的洪某某在财经网发表《小学课本〈狼牙山五壮士〉有多处不实》一文。文中写道：据《南方都市报》2013 年 8 月 31 日报道，广州越秀警方于 8 月 29 日晚间将一位在新浪微博上污蔑狼牙山五壮士的网民抓获，以虚构信息、散布谣言为由予以行政拘留 7 日。所谓"污蔑狼牙山五壮士"的"谣言"原本就有。据媒体报道，该网友实际上是传播了 2011 年 12 月 14 日百度贴吧里一篇名为《狼牙山五壮士真相原来是这样！》的帖子的内容，该帖子说五壮士"5 个人中有 3 个是当场被打死的，后来清理战场把尸体丢下悬崖。另两个当场被活捉，只是后来不知道什么原因又从日本人手上逃了出来"。

2013 年第 11 期《炎黄春秋》杂志刊发洪某某撰写的《"狼牙山五壮士"的细节分歧》一文，亦发表于《炎黄春秋》杂志网站。该文分为"在何处跳崖""跳崖是怎么跳的""敌我双方战斗伤亡""'五壮士'是否拔了群众的萝卜"等部分。文章通过援引不同来源、不同内容、不同时期的报刊资料等，对"狼牙山五壮士"事迹中的细节提出质疑。原告葛某某（"狼牙山五壮士"之一葛振林之子）诉称：被告洪某某发表的《小学课本〈狼牙山五壮士〉有多处不实》一文以及《"狼牙山五壮士"的细节分歧》一文，以历史细节考据、学术研究为幌子，以细节否定英雄，企图达到抹黑"狼牙山五壮士"英雄形象和名誉的目的，请求判令洪某某停止侵权、公开道歉、消除影响。

被告洪某某辩称：案涉文章是学术文章，没有侮辱性的言辞。关于事实的表述有相应的根据，不是凭空捏造或者歪曲，不构成侮辱和诽谤，不构成名誉权的侵害，不同意葛某某的全部诉讼请求。❷

---

❶ 改编自北京市第一中级人民法院（1995）中民终字第 797 号。

❷ 改编自最高人民法院指导案例 99 号。参见：葛长生诉洪振快名誉权、荣誉权纠纷案［J］.中华人民共和国最高人民法院公报，2018（12）.

问题：

1. 死者是否享有名誉权、荣誉权？

2. 死者家属请求停止侵权、公开道歉、消除影响有无请求权基础？

【案例五】

原告王某与死者姜某系夫妻。2007年12月29日晚，姜某跳楼自杀死亡。姜某生前在网络上注册了名为"北飞的候鸟"的个人博客。姜某在博客中以日记形式记载了自杀前两个月的心路历程，将丈夫王某与案外女性东某的合影照片贴在博客中，认为二人有不正当两性关系，自己的婚姻很失败。姜某的日记中出现了丈夫王某的姓名、工作单位、地址等信息。

姜某跳楼自杀死亡后，姜某的网友将博客密码告诉了姜某的姐姐，姜某的姐姐将博客打开。

被告张某某系姜某的大学同学。得知姜某死亡后，于2008年1月11日注册了非经营性网站，名称与姜某博客名称相同，即"北飞的候鸟"。张某某、姜某的亲属及朋友先后在该网站上发表纪念姜某的文章。张某某还将该网站与天涯网、新浪网进行了链接。

姜某的博客日记被一名网民阅读后转发在天涯网的社区论坛中，后又不断被其他网民转发至不同网站上，姜某的死亡原因、王某的"婚外情"行为等情节引发众多网民长时间、持续性关注和评论。许多网民认为王某的"婚外情"行为是促使姜某自杀的原因之一。一些网民在参与评论的同时，在天涯网等网站上发起对王某的"人肉搜索"，使王某的姓名、工作单位、家庭住址等详细个人信息逐渐被披露；一些网民在网络上对王某进行指名道姓的谩骂；更有部分网民到王某和其父母住处进行骚扰，在王家门口墙壁上刷写、张贴"无良王家""逼死贤妻""血债血偿"等标语。直至本案审理期间，许多互联网网站上仍有大量网民的评论文章。

原告王某起诉被告张某某，认为"北飞的候鸟"网站上刊登的部分文章中披露了其"婚外情"以及姓名、工作单位、住址等信息，并包含有侮辱和诽谤的内容，侵犯了其隐私权和名誉权，分别是：

《哀莫大于心死》一文。该文于2008年1月11日由张某某根据姜某姐姐口述整理而成，文章按照时间顺序向读者介绍了姜某自杀事件的过程。在文章前部，张某某写道"这里的留言是开放的，不会像天涯那里被封帖"；介绍事件的人物时写道"姜某：因为婚姻出现第三者而且无法承受丈夫及丈夫一家的屡次打击，在 2007 年 12 月 29 日晚上 23：00 选择自杀的女孩儿；王某：姜某的丈夫……"张某某将姜某博客中王某与东某的合影照片在该文中再次进行粘贴，将王某与姜某的住所地址、王某的工作单位名称及地址进行了披露，描述了姜某的姐姐亲历的姜某两次自杀行为及死亡的全部细节和过程，表达了对王某及其家人极度不满的态度。

王某据此主张"北飞的候鸟"网站刊登该文构成侵犯隐私权。

《静静的》一文。该文中有"我曾经设想过无数次再见到他的场景，我想，无论怎样，我都一定会先狠狠抽他几记响亮的耳光……只会在父母的羽翼下苟且的可怜虫而已"一段文字，并使用了王某的真实姓名。王某主张"北飞的候鸟"网站将带有这种侮辱性文字的文章予以刊登构成侵犯名誉权，披露王某的姓名构成侵犯隐私权。

《心上的月光》一文。王某主张"北飞的候鸟"网站在刊登该文时披露了王某的真实姓名，构成侵犯隐私权。

被告张某某在管理网站过程中，曾经删除了部分网友的留言，并在网站上留言，倡导网友"不要在这里报复性地贴任何人的通信方式、家庭住址，网络上有太多的地方可以搜索到，不要再让他们出现在这里"。

原告王某为了证实由于此事被工作单位盛世长城国际广告有限公司辞退而产生工资损失，向法院提供了工资清单及盛世长城国际广告有限公司在《大家好，我是姜某的姐姐》一帖中回复的帖子，内容为："……在得知此事原委之后，公司即决定让王某、东某两名员工暂时停止工作，以妥善处理此事。其后不久，他们二人即向公司提请辞职，公司已予批准。"王某的工资清单显示其 2007 年 12 月的月工资收入为 19300 元。

案件审理中，王某承认与东某确实曾有"婚外情"。❶

问题：被告张某某的行为是否侵害了原告王某的隐私权、名誉权？

---

❶ 案例来源：北大法宝．（www.pkulaw.cn）【法宝引证码】CLI.C.362322.

【案例六】

2019 年 5 月 6 日，北京市社保中心通过被告顺丰公司的快递业务向原告邓某邮寄北京晋鼎能源公司工作人员社保卡。快递单载明收件人为晋鼎能源公司邓某及邓某的电话号码。但该快件未投递成功。

5 月 10 日，顺丰公司在未与收件人邓某联系确认的情况下，根据系统识别结果，直接将收件地址更改为邓某当时的工作单位嘉永会通公司的办公地址。顺丰公司派送员将该邮件送至嘉永会通公司前台，在邓某未在场的情况下拆开快件，并将快件交至嘉永会通公司工作人员手中。

该快件封皮粘贴了一张提示单，内容为："社会保障卡专用，禁止私自转址（非常重要），此件为对公业务（非常重要），此件有回单业务（非常重要），派件员注意事项：1. 派件物品为社保卡，此件只对单位负责人不对参保个人。其投递时间为 5 天，5 天内无法投递的原件请务必速退回虎坊路点部（010SA）。2. 签收时，请收件人拆包核对卡数及单位名称，清点无误后，收件人需提供单位公章或者社保登记证复印件或者收件人的身份证复印件，三者取其一即可，并在《回执单》下方签上联系人姓名及电话。3. 必须在回单资料上盖单位公章（若收件地址为居委会社保所，盖业务章即可）。若无法盖公章，需将回单资料和社保登记证复印件或收件人身份证复印件一并寄回。4. 签回执单不规范，必投诉。"

顺丰公司表示快件派送后，未签回执单。

邓某承认其在晋鼎能源公司兼职。因顺丰公司私自将快件转址并私自拆开，导致快件内容被嘉永会通公司领导知晓，嘉永会通公司认为邓某在其他公司兼职，违反公司管理制度，故于 2019 年 5 月 28 日将其辞退，且未给任何补偿。

邓某提交的解除劳动合同通知书载明："邓某同志，您于 2014 年 11 月起就职于本公司，目前的工作岗位是财务主管。现根据公司《员工劳动手册》，您于 2019 年 5 月 10 日在本单位工作期间严重违反单位规章制度，鉴于此，经公司领导班子研究决定：解除您与本单位的劳动合同，并于一个月内交接工作，逾期未离职，所有后果自行承担。"

邓某起诉顺丰公司侵犯隐私权，请求赔偿经济损失 48000 元（每月工资 8000 元乘以 6 个月）、精神损害抚慰金 1 万元。❶

问题：

1. 个人隐私和个人信息是什么关系？

2. 该案属于侵害隐私权，还是侵害个人信息？

3. 被告是否应当承担损害赔偿责任？

【案例七】

2014 年 10 月 11 日，原告庞某委托鲁某通过北京趣拿公司（被告一）下辖网站去哪儿网平台订购了中国东方航空公司（被告二，以下简称东航）机票 1 张，所选机票代理商为长沙星旅公司。去哪儿网订单详情页面显示的该订单登记乘机人信息为庞某姓名及身份证号，而联系人信息、报销信息均为鲁某及其尾号为 ××58 的手机号。

2014 年 10 月 13 日，庞某尾号 ××49 的手机号收到来源不明号码发来短信称："……您预订 2014 年 10 月 14 日 16：10 起飞 19：10 抵达的 MU5492 次航班（泸州—北京）由于机械故障已取消，请收到短信后及时联系客服办理改签业务，以免耽误您的行程，服务热线 4008-129-218（注：改签乘客需要先支付 20 元改签手续费，改签成功后每位乘客额外得到补偿 200 元）……"该号码未向鲁某发送类似短信。鲁某拨打东航客服电话进行核实，客服人员确认该次航班正常，并提示庞某收到的短信应属诈骗短信。

2014 年 10 月 14 日，东航客服向庞某手机发送通知短信，告知该航班时刻调整至当晚 19：43。鲁某再次拨打东航客服电话确认航班时刻，被告知该航班已取消。

庞某诉至法院，提出趣拿公司和东航泄露其隐私信息，包括其姓名、尾号 **49 手机号及行程安排（包括起落时间、地点、航班信息），致使诈骗短信对其行程安排造成困扰，进而影响其工作，要求赔偿精神损害抚慰金；趣拿公司和东航承担连带责任。

庭审中，鲁某证明其代庞某购买本案机票并沟通后续事宜，购买本案机

---

❶ 改编自北京市第三中级人民法院民事判决书（2020）京 03 民终 2049 号。

票时未留存庞某的手机号。东航称庞某可能为东航常客，故东航掌握庞某此前留存的号码，包括 ××49、××80 等多个手机号码。

东航主张该公司通过中航信提供订票系统服务，订票信息不存储于东航系统中，星旅公司向东航购买涉案机票时仅留存尾号 ××80 手机号。

趣拿公司主张涉案机票从星旅公司购买，去哪儿网仅为网络交易平台，趣拿公司在本次机票订单中未接触庞某手机号码，且趣拿公司已向鲁某发送谨防诈骗短信，尽到了提示义务。趣拿公司为证明其主张提交了一份网页打印件，内容是乌云网、网易新闻"多家航空公司被曝系统漏洞，一条个人信息卖价 20 元"的报道，证明中航信及航空公司存在泄露用户信息的可能。其中，乌云网显示有编号"WooYun-2015-93143"漏洞信息，标题为"中航信越权访问严重可导致部分航班信息如乘客姓名／航班号／时间／电话／身份证等泄露（春秋航空除外）"。

庞某对该证据真实性无异议。东航对上述证据真实性不认可。❶

问题：

1. 本案涉及的姓名、电话号码及行程安排属于个人隐私，还是个人信息？

2. 根据现有证据能否认定涉案隐私或信息是由东航或趣拿公司泄露？

【案例八】

被告王某、运某某分别是原告小王的哥哥和母亲，三人的户口同在一个户口簿上，王某是户主，户口簿由王某保管。原告小王因结婚登记需要，向二被告索要户口簿，但二被告以办婚礼时，男方家曾给付 3.8 万元的彩礼钱，但小王未将彩礼钱交给二被告，且原告在父亲去世时未回家处理后事为由，拒绝提供户口簿。原告向法院提起诉讼，请求法院判决二被告将户口簿提供给原告。❷

问题： 二被告的行为是否构成侵权？如果构成，侵害原告什么权利？

---

❶ 改编自北京市第一中级人民法院民事判决书（2017）京 01 民终 509 号。

❷ 改编自甘肃省嘉峪关市中级人民法院民事判决书（2015）嘉民一终字第 243 号。

【案例九】

原告张某系被告 A 网络公司运营的网络游戏中某款游戏 100 区的用户。张某于 2010 年 11 月 6 日发现其账号内 30863 个元宝被盗。之后，A 网络公司为张某追回 11231 个元宝。因剩余元宝未找回，张某于 2011 年 6 月 30 日诉至法院，要求判令 A 网络公司将 19632 个元宝恢复到张某账号内，并继续履行合同；赔偿张某因维权所支出的交通费、误工损失、公证费等。❶

问题：民事主体对虚拟财产是否享有权利？若享有，是什么性质的权利？

【知识要点】

根据我国《民法典》总则编的规定，民事主体享有的民事权利包括人格权、身份权、物权、债权、知识产权、继承权、股权和其他投资性权利。此外，《民法典》总则编还规定，自然人的个人信息受法律保护；法律对数据、网络虚拟财产的保护有规定的，依照其规定。

（一）人格权

我国《民法典》用例举的方式对人格权下了定义。《民法典》人格权编第 990 条规定："人格权是民事主体享有的生命权、身体权、健康权、姓名权、名称权、肖像权、名誉权、荣誉权、隐私权等权利。除前款规定的人格权外，自然人享有基于人身自由、人格尊严产生的其他人格权益。"上述第 2 款规定的是一般人格权。权利是一个开放的发展的体系，规定一般人格权可以对民事主体的人格利益提供兜底保护。

《民法典》总则编第 110 条将自然人和法人的人格权细化为如下具体人格权："自然人享有生命权、身体权、健康权、姓名权、肖像权、名誉权、荣誉权、隐私权、婚姻自主权等权利。法人、非法人组织享有名称权、名誉权和荣誉权。"这些人格权大部分为防御性的权利，即不存在行使问题，如生命权、健康权，仅在权利遭受侵害时可以提起公力救济或者私力救济。《民法典》人格权编第 995 条规定："人格权受到侵害的，受害人有权依照本

❶ 改编自上海市第一中级人民法院民事判决书（2011）沪一中民一（民）终字第 2499 号。

法和其他法律的规定请求行为人承担民事责任。受害人的停止侵害、排除妨碍、消除危险、消除影响、恢复名誉、赔礼道歉请求权,不适用诉讼时效的规定。"第 997 条规定:"民事主体有证据证明行为人正在实施或者即将实施侵害其人格权的违法行为,不及时制止将使其合法权益受到难以弥补的损害的,有权依法向人民法院申请采取责令行为人停止有关行为的措施。"侵权责任法也对人格权受侵害提供救济,尤其是损害赔偿,受害人仅能通过侵权责任法主张。而部分人格权存在行使的权能,如自然人的身体权、肖像权,法人名称权等。

1. 生命权

生命系最重要的人格法益,为其他人格法益的前提。人的生命,始于出生,终于死亡,致人死亡者,即侵害他人的生命权。《民法典》人格权编第 1002 条规定:"自然人享有生命权。自然人的生命安全和生命尊严受法律保护。任何组织或者个人不得侵害他人的生命权。"由于民事主体的权利能力随着生命的终结而消灭,死者不存在主张生命权的可能性,因此,《民法典》侵权责任编第 1181 条规定:"被侵权人死亡的,其近亲属有权请求侵权人承担侵权责任。"

2. 身体权

身体,指人的整个肉体的完整,包括躯体与四肢,体内的器官及牙齿等。破坏人体的完整性,即构成对身体的侵害,如打人耳光、剪人头发、打断肢体、泼硫酸毁人容颜、强为接吻、医院手术时弄错病人或手术部位等。❶《民法典》人格权编第 1003 条规定:"自然人享有身体权。自然人的身体完整和行动自由受法律保护。任何组织或者个人不得侵害他人的身体权。"

身体权的内容,包括自然人对其身体所享有的自主决定权。许多国家针对人体器官移植进行了立法。我国《民法典》也专门对人体器官捐献问题作了规定,允许自愿无偿的人体器官捐献行为,禁止任何形式的人体器官买卖行为。《民法典》人格权编第 1006 条规定:"完全民事行为能力人有权依法自主决定无偿捐献其人体细胞、人体组织、人体器官、遗体。任何组织或者个人不得强迫、欺骗、利诱其捐献。完全民事行为能力人依据前款规定同意

---

❶ 王泽鉴.人格权法 [M].北京:北京大学出版社,2013:101.

捐献的，应当采用书面形式，也可以订立遗嘱。自然人生前未表示不同意捐献的，该自然人死亡后，其配偶、成年子女、父母可以共同决定捐献，决定捐献应当采用书面形式。"第1007条规定："禁止以任何形式买卖人体细胞、人体组织、人体器官、遗体。违反前款规定的买卖行为无效。"据此，人体器官捐献的条件是：第一，自愿、无偿。若合同约定有偿，则合同无效。第二，捐献者限于完全民事行为能力人。第三，捐献合同为要式法律行为，即签订书面捐献合同，或者订立遗嘱。

人体组织、器官等捐献，在死亡之前进行的，涉及身体权，死亡后捐献的，不涉及身体权，此时应认定为遗体捐献。遗体不是身体权的客体。对遗体（尸体）的法律性质，学界存在争议，有认为是物，有认为是特殊物，为维护死者尊严，应当认为遗体（尸体）上仍然存在人格。《民法典》人格权编第994条规定："死者的姓名、肖像、名誉、荣誉、隐私、遗体等受到侵害的，其配偶、子女、父母有权依法请求行为人承担民事责任；死者没有配偶、子女且父母已经死亡的，其他近亲属有权依法请求行为人承担民事责任。"可见，民法典将遗体与姓名、肖像、名誉、荣誉、隐私并列，实际上是承认遗体具有人格性，为特殊物。

《民法典》人格权编第1010条是性骚扰条款："违背他人意愿，以言语、文字、图像、肢体行为等方式对他人实施性骚扰的，受害人有权依法请求行为人承担民事责任。机关、企业、学校等单位应当采取合理的预防、受理投诉、调查处置等措施，防止和制止利用职权、从属关系等实施性骚扰。"将性骚扰条款放在身体权部分，是否意味着性骚扰行为侵害的客体是身体权，值得探讨。部分性骚扰行为侵害身体权，如强行与人接吻，但是，也有部分性骚扰行为不一定侵害身体权，例如，以言语、文字、图像等方式对他人实施性骚扰就很难认为侵害的是身体权。

《民法典》人格权编第1011条规定："以非法拘禁等方式剥夺、限制他人的行动自由，或者非法搜查他人身体的，受害人有权依法请求行为人承担民事责任。"

3. 健康权

健康，指人的生命过程的功能，与其相对应的是疾病，因此，关于健康的侵害，应当依据当前的医学加以认定。对健康的侵害，有为生理的损害，如食物中毒、感染病毒；有为心理的损害，如患上抑郁症。❶《民法典》人格权编第 1004 条规定："自然人享有健康权。自然人的身心健康受法律保护。任何组织或者个人不得侵害他人的健康权。"

《民法典》人格权编第 1008 条和第 1009 条的规定与健康权有关。《民法典》第 1008 条规定："为研制新药、医疗器械或者发展新的预防和治疗方法，需要进行临床试验的，应当依法经相关主管部门批准并经伦理委员会审查同意，向受试者或者受试者的监护人告知试验目的、用途和可能产生的风险等详细情况，并经其书面同意。进行临床试验的，不得向受试者收取试验费用。"第 1009 条规定："从事与人体基因、人体胚胎等有关的医学和科研活动，应当遵守法律、行政法规和国家有关规定，不得危害人体健康，不得违背伦理道德，不得损害公共利益。"

身体权与健康权关系密切，对身体的侵害，可能同时发生对健康的侵害，如将他人的腿打致骨折，既侵害他人身体权，也侵害他人健康权。但是，在某些情况下，可能仅侵害身体权而未侵害健康权，如擅自剪下他人的头发；有些情况下可能仅发生侵害健康权，而未侵害身体权，如诽谤他人致使被诽谤者精神痛苦，患上抑郁症。

4. 姓名权和名称权

姓名权与名称权的区别是，姓名权的主体是自然人，名称权的主体是自然人以外的其他民事主体，如法人、非法人组织。

姓名，是用以区别自己与他人的一种符号，以将自然人予以个体化。同样，名称是用以区别本组织体与其他组织体的一种符号。《民法典》人格权编第 1012 条规定："自然人享有姓名权，有权依法决定、使用、变更或者许可他人使用自己的姓名，但是不得违背公序良俗。"第 1013 条规定："法人、非法人组织享有名称权，有权依法决定、使用、变更、转让或者许可他人使用自己的名称。"第 1014 条规定："任何组织或者个人不得以干涉、盗用、假冒等方式侵害他人的姓名权或者名称权。"

可见，姓名权的权能包括姓名决定权、姓名使用权、姓名变更权及许可

---

❶ 王泽鉴. 人格权法［M］. 北京：北京大学出版社，2013：106.

他人使用权。名称权的权能包括名称决定权、名称使用权、名称变更权、名称转让权、许可他人使用权。自然人的姓名权不得转让，但是法人或者非法人组织的名称权可以转让。

《民法典》人格权编第 1015 条规定了自然人姓名决定权的内容及行使的限制：“自然人应当随父姓或者母姓，但是有下列情形之一的，可以在父姓和母姓之外选取姓氏：（一）选取其他直系长辈血亲的姓氏；（二）因由法定扶养人以外的人扶养而选取扶养人姓氏；（三）有不违背公序良俗的其他正当理由。少数民族自然人的姓氏可以遵从本民族的文化传统和风俗习惯。”关于法人、非法人组织名称权的取得，主要由相关商法进行规定。《民法典》第 1016 条规定：“自然人决定、变更姓名，或者法人、非法人组织决定、变更、转让名称的，应当依法向有关机关办理登记手续，但是法律另有规定的除外。”

《民法典》第 1023 条规定了姓名许可和声音保护的参照适用规则：“对姓名等的许可使用，参照适用肖像许可使用的有关规定。对自然人声音的保护，参照适用肖像权保护的有关规定。”

姓名权虽然具有行使的内容，但是，防御性还是其主要权能。现实生活中，侵害姓名权的表现形态主要包括：第一，冒用姓名，即以他人姓名冒称自己，造成同一性的混淆，如上述罗某某案、齐某某案，均属于此种情形；第二，擅自将他人姓名适用于自己的商品或者服务上；第三，擅自使用他人姓名做商业广告，等等。侵害名称权的表现形态还包括对名称权的争执，如“老字号”企业分立时，争执名称权的使用。

姓名就其固有意义而言，是指居民身份证上使用的名字，但是，《民法典》将姓名权保护规则扩大适用于自然人的笔名、艺名等的保护。《民法典》第 1017 条规定：“具有一定社会知名度，被他人使用足以造成公众混淆的笔名、艺名、网名、译名、字号、姓名和名称的简称等，参照适用姓名权和名称权保护的有关规定。”

5. 肖像权

肖像是通过影像、雕塑、绘画等方式在一定载体上所反映的特定自然人可以被识别的外部形象。“肖像权系个人就自己肖像是否制作、公开及使用的权利。"❶ 肖像权是一种人格权，但是亦具有财产性质，如权利人可以通过合同约定，许可他人使用其肖像而获得对价。肖像权仅自然人享有，非自然人主体，如法人不具有肖像权。

《民法典》分别对肖像权的行使权能和防御权能作了规定。

《民法典》人格权编第 1018 条第一款规定了肖像权的行使权能："自然人享有肖像权，有权依法制作、使用、公开或者许可他人使用自己的肖像。"

许可他人使用肖像，一般需要订立肖像许可使用合同。民法典对肖像许可使用合同解释规则和肖像许可使用合同解除问题作了专门规定。《民法典》第 1021 条规定："当事人对肖像许可使用合同中关于肖像使用条款的理解有争议的，应当作出有利于肖像权人的解释。"《民法典》第 1022 条规定："当事人对肖像许可使用期限没有约定或者约定不明确的，任何一方当事人可以随时解除肖像许可使用合同，但是应当在合理期限之前通知对方。当事人对肖像许可使用期限有明确约定，肖像权人有正当理由的，可以解除肖像许可使用合同，但是应当在合理期限之前通知对方。因解除合同造成对方损失的，除不可归责于肖像权人的事由外，应当赔偿损失。"

《民法典》人格权编第 1019 条规定了肖像权的防御权能："任何组织或者个人不得以丑化、污损，或者利用信息技术手段伪造等方式侵害他人的肖像权。未经肖像权人同意，不得制作、使用、公开肖像权人的肖像，但是法律另有规定的除外。未经肖像权人同意，肖像作品权利人不得以发表、复制、发行、出租、展览等方式使用或者公开肖像权人的肖像。"

对肖像权的侵害主要表现为：制作他人肖像，如拍摄、绘画、雕塑他人肖像；公开他人肖像，如擅自将他人肖像在电视、网络、书报上面公开传播；以营利为目的使用他人肖像，如使用他人肖像做商业广告。

但是，人生活于社会，必定会出现在公共场合，在不知情的情况下，其肖像被人使用似乎在所难免，如出现在电视新闻的画面中，出现在他人风景照中，出现在邻居或者公权力设置的监视器的监控画面中，等等，不一而足。对此，是否构成侵害他人肖像权不能一概而论，这涉及肖像权的合理使用问题。《民法典》第 1020 条对肖像权的合理使用作了如下规定："合理实

---

❶ 王泽鉴.人格权法［M］.北京：北京大学出版社，2013：139.

施下列行为的，可以不经肖像权人同意：（一）为个人学习、艺术欣赏、课堂教学或者科学研究，在必要范围内使用肖像权人已经公开的肖像；（二）为实施新闻报道，不可避免地制作、使用、公开肖像权人的肖像；（三）为依法履行职责，国家机关在必要范围内制作、使用、公开肖像权人的肖像；（四）为展示特定公共环境，不可避免地制作、使用、公开肖像权人的肖像；（五）为维护公共利益或者肖像权人合法权益，制作、使用、公开肖像权人的肖像的其他行为。"

《民法典》第 999 条是关于部分人格权的合理使用，其中也涉及肖像权："为公共利益实施新闻报道、舆论监督等行为的，可以合理使用民事主体的姓名、名称、肖像、个人信息等；使用不合理侵害民事主体人格权的，应当依法承担民事责任。"

6. 名誉权

名誉是对民事主体的品德、声望、才能、信用等的社会评价。名誉权是指享有名誉的权利，其主要权能是防御性的。《民法典》人格权编第 1024 条规定："民事主体享有名誉权。任何组织或者个人不得以侮辱、诽谤等方式侵害他人的名誉权。"名誉权的主体可以是自然人，也可以是自然人以外的其他民事主体，如法人；可以为个别人，也可以为一定范围内的人，但必须是特定人。

侵害名誉权，指贬损社会对他人品德、声望、才能、信用上的社会评价。名誉权有无受损害，应以社会上对个人评价是否贬损作为判断标准，如果侵权人的行为足以使他人在社会上的评价受到贬损，不论其故意或过失，均可构成对他人名誉权的侵害。而且其行为不以传播散布于社会为必要，仅使第三人知悉其事，亦可构成。此外，轻信不实之事，转述于第三人，亦可能过失侵害他人名誉。❶

《民法典》人格权编对新闻自由、舆论监督与名誉权的关系作了规定。《民法典》第 1025 条规定："行为人为公共利益实施新闻报道、舆论监督等行为，影响他人名誉的，不承担民事责任，但是有下列情形之一的除外：（一）捏造、歪曲事实；（二）对他人提供的严重失实内容未尽到合理核实义

---

❶　王泽鉴. 人格权法［M］. 北京：北京大学出版社，2013：150.

务；（三）使用侮辱性言辞等贬损他人名誉。"第 1026 条规定："认定行为人是否尽到前条第二项规定的合理核实义务，应当考虑下列因素：（一）内容来源的可信度；（二）对明显可能引发争议的内容是否进行了必要的调查；（三）内容的时限性；（四）内容与公序良俗的关联性；（五）受害人名誉受贬损的可能性；（六）核实能力和核实成本。"

基于通过创作作品侵害名誉权有一定的特殊性，《民法典》第 1027 条对此专门作了规定："行为人发表的文学、艺术作品以真人真事或者特定人为描述对象，含有侮辱、诽谤内容，侵害他人名誉权的，受害人有权依法请求该行为人承担民事责任。行为人发表的文学、艺术作品不以特定人为描述对象，仅其中的情节与该特定人的情况相似的，不承担民事责任。"

《民法典》第 1028 条规定了对媒体报道内容失实侵害名誉权的特殊救济方法："民事主体有证据证明报刊、网络等媒体报道的内容失实，侵害其名誉权的，有权请求该媒体及时采取更正或者删除等必要措施。"

我国《民法典》没有专门规定信用权，但是，基于信用与名誉有密切的关系，《民法典》第 1029 条对不当信用评价行为规定了补救措施："民事主体可以依法查询自己的信用评价；发现信用评价不当的，有权提出异议并请求采取更正、删除等必要措施。信用评价人应当及时核查，经核查属实的，应当及时采取必要措施。"

7. 荣誉权

荣誉是指民事主体因其特殊表现而获得的，来自于一定社会组织的表彰。荣誉权是民事主体保有、维护其荣誉并享有其所生利益的权利。荣誉权的主体可以是自然人，也可以是自然人以外的其他民事主体，如法人、非法人组织。《民法典》人格权编第 1031 条规定："民事主体享有荣誉权。任何组织或者个人不得非法剥夺他人的荣誉称号，不得诋毁、贬损他人的荣誉。获得的荣誉称号应当记载而没有记载的，民事主体可以请求记载；获得的荣誉称号记载错误的，民事主体可以请求更正。"

8. 隐私权

隐私是自然人的私人生活安宁和不愿为他人知晓的私密空间、私密活动、私密信息。隐私权是自然人享有的保有其私人生活安宁，其私密空间、私密活动、私密信息自主控制、支配，不被他人干扰、知晓的权利。隐私权的主体是自然人。一般认为，隐私权包含两个部分：一为私密领域，二为信息自主，我国《民法典》将其内涵扩展到了私生活安宁。

隐私权的保护，旨在使个人可以有所隐藏、有所保留、有所独处，得为自主，而拥有一定范围的内在自我。❶《民法典》人格权编第 1032 条规定："自然人享有隐私权。任何组织或者个人不得以刺探、侵扰、泄露、公开等方式侵害他人的隐私权。"

"现代信息社会，人人得为隐私的被害人，人人亦得为加害人。"❷ 侵害隐私权的方式五花八门。《民法典》人格权编第 1033 条列举了侵害隐私权的几种典型行为："除法律另有规定或者权利人明确同意外，任何组织或者个人不得实施下列行为：（一）以电话、短信、即时通讯工具、电子邮件、传单等方式侵扰他人的私人生活安宁；（二）进入、拍摄、窥视他人的住宅、宾馆房间等私密空间；（三）拍摄、窥视、窃听、公开他人的私密活动；（四）拍摄、窥视他人身体的私密部位；（五）处理他人的私密信息；（六）以其他方式侵害他人的隐私权。"

死者不具有民事权利能力，因此没有请求救济的权利。但是自然人死亡后，其姓名、肖像、名誉、荣誉、隐私等仍然有可能受到侵害，对此，《民法典》人格权编第 994 条对死者姓名等遭受侵害提供了特殊救济渠道："死者的姓名、肖像、名誉、荣誉、隐私、遗体等受到侵害的，其配偶、子女、父母有权依法请求行为人承担民事责任；死者没有配偶、子女且父母已经死亡的，其他近亲属有权依法请求行为人承担民事责任。"《民法典》人格权编第 994 条直接规定了死者一定范围内的亲属请求侵权人承担民事责任的请求权基础。

9. 婚姻自主权

婚姻自主权是指婚姻当事人可以自由决定结婚或者离婚的权利。《民法典》婚姻家庭编第 1041 条规定了婚姻自由原则，将婚姻自由作为婚姻法的基本原则。《民法典》第 1042 条同时规定："禁止包办、买卖婚姻和其他干

---

❶ 王泽鉴.人格权法［M］.北京：北京大学出版社，2013：177.
❷ 王泽鉴.人格权法［M］.北京：北京大学出版社，2013：177.

涉婚姻自由的行为。"

10. 个人信息

个人信息是以电子或者其他方式记录的能够单独或者与其他信息结合识别特定自然人的各种信息，包括自然人的姓名、出生日期、身份证件号码、生物识别信息、住址、电话号码、电子邮箱、健康信息、行踪信息等。

《民法典》总则编第 111 条规定："自然人的个人信息受法律保护。任何组织或者个人需要获取他人个人信息的，应当依法取得并确保信息安全，不得非法收集、使用、加工、传输他人个人信息，不得非法买卖、提供或者公开他人个人信息。"

个人信息的处理包括个人信息的收集、存储、使用、加工、传输、提供、公开等。《民法典》对个人信息处理的原则和条件，以及处理个人信息的免责事由作了具体规定。《民法典》人格权编第 1035 条规定："处理个人信息的，应当遵循合法、正当、必要原则，不得过度处理，并符合下列条件：（一）征得该自然人或者其监护人同意，但是法律、行政法规另有规定的除外；（二）公开处理信息的规则；（三）明示处理信息的目的、方式和范围；（四）不违反法律、行政法规的规定和双方的约定。"第 1036 条规定："处理个人信息，有下列情形之一的，行为人不承担民事责任：（一）在该自然人或者其监护人同意的范围内合理实施的行为；（二）合理处理该自然人自行公开的或者其他已经合法公开的信息，但是该自然人明确拒绝或者处理该信息侵害其重大利益的除外；（三）为维护公共利益或者该自然人合法权益，合理实施的其他行为。"

现代社会是信息社会，基于个人信息保护与信息流通的冲突，民法典并未使用个人信息权这一概念。但是《民法典》人格权编第 1037 条仍然规定了信息主体的部分权利："自然人可以依法向信息处理者查阅或者复制其个人信息；发现信息有错误的，有权提出异议并请求及时采取更正等必要措施。自然人发现信息处理者违反法律、行政法规的规定或者双方的约定处理其个人信息的，有权请求信息处理者及时删除。"

《民法典》同时在第 1038 条规定了信息处理者的信息安全保障义务："信息处理者不得泄露或者篡改其收集、存储的个人信息；未经自然人同意，不得向他人非法提供其个人信息，但是经过加工无法识别特定个人且不能复原的除外。信息处理者应当采取技术措施和其他必要措施，确保其收集、存储的个人信息安全，防止信息泄露、篡改、丢失；发生或者可能发生个人信息泄露、篡改、丢失的，应当及时采取补救措施，按照规定告知自然人并向有关主管部门报告。"

第 1039 条规定了国家机关、承担行政职能的法定机构及其工作人员的保密义务："国家机关、承担行政职能的法定机构及其工作人员对于履行职责过程中知悉的自然人的隐私和个人信息，应当予以保密，不得泄露或者向他人非法提供。"个人信息与隐私权关系密切，部分个人信息属于自然人隐私的内容，对此，《民法典》第 1034 条第 2 款规定："个人信息中的私密信息，适用有关隐私权的规定；没有规定的，适用有关个人信息保护的规定。"

（二）身份权

身份权是指存在于两个权利主体之间，基于一定身份上的关系而发生的权利。❶身份权只有自然人享有。身份权主要包括配偶权、亲权、亲属权。配偶权是指夫妻之间基于婚姻关系而发生，以同居、生育、扶养、继承等为内容的权利义务的集合；亲权是父母基于身份，对未成年子女以教养保护为目的的权利义务集合。亲属权是一定范围的亲属基于亲属关系而享有的权利义务的集合。监护权是否属于身份权有争议，因为单位可以成为监护人，因此只能说部分监护权属于身份权，可以将其纳入亲属权。《民法典》第 112条规定："自然人因婚姻家庭关系等产生的人身权利受法律保护。"

（三）物权

《民法典》总则编对物权下的定义是：物权是权利人依法对特定的物享有直接支配和排他的权利。《民法典》总则编第 115 条规定："物包括不动产和动产。法律规定权利作为物权客体的，依照其规定。"

物权的种类和内容由法律规定，即物权法定。我国《民法典》规定的物权有：所有权、用益物权和担保物权。用益物权包括：土地承包经营权、建设用地使用权、宅基地使用权、居住权、地役权等；担保物权包括：抵押权、质权、留置权。

---

❶ 施启扬.民法总则（修订第八版）[M].北京：中国法制出版社，2010：31.

民事主体的物权受法律保护，但是为了公共利益的需要，依照法律规定的权限和程序可以对动产或者不动产进行征收、征用，对不动产或者动产征收、征用的，应当给予公平、合理的补偿。

（四）债权

债权是因合同、侵权行为、无因管理、不当得利以及法律的其他规定，权利人请求特定义务人为或者不为一定行为的权利。债的关系可以根据法律规定而发生，也可以根据民事主体的约定而产生，前者称为法定之债，后者称为意定之债。

债的具体类型包括：合同之债、侵权行为之债、无因管理之债、不当得利之债、缔约过失之债、单方允诺之债等。

（五）知识产权

《民法典》总则编第123条规定："知识产权是权利人依法就下列客体享有的专有权利：（一）作品；（二）发明、实用新型、外观设计；（三）商标；（四）地理标志；（五）商业秘密；（六）集成电路布图设计；（七）植物新品种；（八）法律规定的其他客体。"前三项分别对应了最主要的三种知识产权：著作权、专利权、商标权。

（六）继承权

继承权是指自然人按照法律规定或者死者遗嘱指定享有的继承死者遗产的权利。继承权的主体只能是自然人，国家或者其他组织接受自然人遗嘱指定接受遗产的权利不属于继承权，而属于受遗赠权。我国《民法典》规定的继承方式有两种：法定继承和遗嘱继承。法定继承人的范围包括第一顺序的配偶、子女、父母和第二顺序的兄弟姐妹、祖父母、外祖父母。遗嘱继承人只能是上述法定继承人范围内的人，法定继承人以外的自然人根据死者遗嘱指定，享有接受遗产的权利也属于受遗赠权，而不属于继承权。

（七）股权和其他投资性权利

《民法典》总则编第125条规定："民事主体依法享有股权和其他投资性权利。"

股权是指公司的股东依法享有的资产收益、参与重大决策和选择管理者的权利。其他投资性权利主要包括信托权、各种期权、多种财产组合的权利

等。❶

（八）数据、网络虚拟财产

《民法典》总则编第 127 条规定："法律对数据、网络虚拟财产的保护有规定的，依照其规定。"数据、网络虚拟财产可能给民事主体带来一定的利益，因此，法律有保护的必要。《民法典》对此作了原则性的规定，具体保护路径需要专门的法律进行规定。

三、民事权利的行使和保护

【案例一】

2015 年 9 月，王某与妻子贾某协商离婚未果，私自将女儿王小某（生于 2010 年 10 月）从河北带回四川绵阳交给母亲抚养。同年 9 月 13 日贾某到绵阳找王某协商将女儿带回河北，王某未同意。贾某与男友高某某（本案被害人）商议后决定寻找机会将王小某带回河北抚养。

2015 年 10 月 16 日晚，王小某和奶奶到绵阳市经开区六一堂路社区广场看表演，高某某趁王小某独自上厕所之机抱起王小某奔跑着离开现场，准备乘坐出租车将王小某带走。被告黄某某从厕所出来时发现高某某抱着王小某飞奔，以为是拐卖儿童，便予以追赶，并将高某某乘坐的出租车拦下。高某某将王小某放在出租车内自己跑开，黄某某追行至绵阳市经开区六一堂路四川农村信用社附近时将高某某拦下。

"你做啥子的？"高某某说。

"你不要管我做啥子，你是不是在抢娃娃？"黄某某义正辞严地质问。

"我就是抢娃娃，管你啥子事？"高某某回答。

这一回答激怒了黄某某，他一拳打在高某某的面颊上，高某某应声倒下，黄某某又用脚踢高某某，围观群众听黄某某说高某某拐卖儿童后也上前用脚踢高某某，高某某当场死亡。

---

❶ 沈德咏.《中华人民共和国民法总则》条文理解与适用（下）[M].北京：人民法院出版社，2017：855.

经法医学鉴定，高某某的死亡原因符合冠状动脉粥样硬化性心脏病伴蛛网膜下腔出血所致死亡，其所受外伤是死亡的辅助因素，参与度为30%~40%。**❶**

问题：黄某某的行为是否构成正当防卫？黄某某是否应当对高某某的死亡承担损害赔偿责任？

【案例二】

原告王某某经营的厂房位于被告欧太亚公司西侧，欧太亚公司地势较高，与西边地面垂直距离约2米。2018年8月14日晚五莲境内普降大雨，且持续时间较长，被告欧太亚公司院内道路及车间内积水严重，产品、设备等被淹毁，部分工人被困车间，西院墙墙体受积水浸泡，存在坍塌危险。欧太亚公司为减少财产损失，避免墙体坍塌危及墙外住户安全，用装载机将西墙西北处推开缺口，院内积水迅速流出涌入墙外空地，并与墙外已有积水汇合，造成了王某某厂房及其他财产损失。

原告王某某认为，被告在未通知原告的情况下，动用装载机等设备将公司西北角院墙推倒，导致大量积水涌入墙外，损坏了王某某的厂房、设备，请求被告赔偿经济损失2.9万元。

被告欧太亚公司辩称，事发时降雨骤急且持续时间长，公司院内存有大量积水，无奈拆墙放水，属于紧急避险；涉案厂房地势较低，公司放水前已有大量积水汇集将房屋淹浸，属于自然灾害，欧太亚公司不负担责任。**❷**

问题：被告的行为是否构成紧急避险？被告是否应当对原告的损失承担赔偿责任？

【案例三】

甲的车被盗。某日，甲去姐姐家玩，在姐姐家的小区散步时，看到某住户的车库内停着一辆车非常眼熟，走近发现，正是自己被盗的车。甲找来工

---

❶ 改编自四川省绵阳市涪城区人民法院刑事判决书（2016）川0703刑初239号，及《成都商报》《男子以为有人抢孩子打人致死被认定见义勇为免刑罚》，腾讯网：https://news.qq.com/a/20170316/024657.htm.

❷ 改编自山东省五莲县人民法院民事判决书（2019）鲁1121民初442号。

具，撬开了该户人家的大门把自己的车开回了家。

问题：请运用民法权利救济的理论分析甲的行为是否构成侵权。

【案例四】

某日，甲在午休期间找到一家小饭馆吃饭。餐间，甲发现某道菜里有一根头发，怒骂服务员。用餐后，甲拒绝支付餐费200多元。饭店老板与其发生争执，不让其离开，同时打110报警。甲因此上班迟到40分钟，被单位扣奖金500元。甲认为由于饭店老板的阻拦，致使自己下午上班迟到，被扣奖金，要求饭店老板赔偿其损失。

问题：请运用民法权利救济的理论分析饭店老板是否应当对甲的损失承担赔偿责任。

【知识要点】

（一）民事权利的取得和行使

《民法典》总则编第129条规定："民事权利可以依据民事法律行为、事实行为、法律规定的事件或者法律规定的其他方式取得。"

在民事法律关系中，权利人以行使权利，实现权利的内容，获得满足为其主要目的；义务人以履行义务，依义务本旨作为或不作为，消灭义务内容为主要目的。行使权利及履行义务乃成为民事法律关系的核心问题。民事权利的行使方式取决于民事权利的类型，如物权等支配权，通常以事实行为即直接管领或者使用的方法行使；债权等请求权，以义务人为一定的给付及权利人的受领方式行使；撤销权等形成权，则以法律行为或准法律行为的方式行使。❶

民事权利为民事主体专有，其是否行使，如何行使，完全属于权利人个人的自由。《民法典》总则编第130条规定："民事主体按照自己的意愿依法行使民事权利，不受干涉。"权利的行使是法律具有生命力的保证。但在现代社会，权利同时具有一定的社会性，权利的存在不仅为保障个人利益，同

---

❶ 施启扬.民法总则（修订第八版）[M].北京：中国法制出版社，2010：361.

时必须以维护社会公共利益、促进社会整体的和谐发展为目的，❶ 因此，民事主体在行使民事权利时应当遵循民法的基本原则，如诚实信用原则、公序良俗原则等。同时，《民法典》总则编第 132 条针对权利行使规定了基本原则："民事主体不得滥用民事权利损害国家利益、社会公共利益或者他人合法权益。"这就是权利行使中的禁止权利滥用原则。是否存在权利滥用，一般是以权利人行使权利时的主观意思为主要认定标准，着重于内心主观目的的违背。而是否违反公序良俗或者违背诚实信用原则，则以客观行为为主要的认定标准，着重于权利行使时外部行为的不公正。❷

（二）民事权利的保护

民事权利的保护，又称民事权利的救济，其目的在于使权利尽量恢复到未受侵害前的状态。民法为权利法，它首先确认权利，然后在权利受到侵害时，对权利人予以救济，这是民法保护民事权利的两个层次，正如拉丁法谚所云：有权利便有救济。

德国法学家鲁道夫·耶林在《法律的斗争》(也译为《权利的斗争》)一书中提出，为权利而斗争就是为法律而斗争。法律乃权利的前提，只有法律之抽象的原则存在，而后权利才会存在。法律的本质在于实行。公法及刑法的实行，是看官署及官吏是否负起责任，私法的实行则看私人是否拥护自己的权利。私人放弃自己的权利，也许是不知道权利之存在；也许由于懒惰或者由于畏惧，不欲多事，其结果，法律常随之丧失锐气而等于具文。由此可知，私法的权威乃悬于权利的行使。个人坚决主张自己应有的权利，这是法律能够发生效力的条件。"勿为不法"固然可嘉，"勿宽容不法"尤为可贵。为法律而斗争，是权利人的义务；权利斗争是权利人受到损害，对于自己应尽的义务；抵抗侵害乃是权利人的义务。吾人的生存不是单由法律之抽象保护，而是由于具体的坚决主张权利。❸

现代法治社会，国家机构完备，私权的实现与保护已经成为国家机构的专属职责，国家作为公权力的享有者，垄断强制力的享有与行使。其意义在于，由代表所有社会成员利益的国家依照法定程序统一行使强制力，可以有

---

❶ 施启扬.民法总则（修订第八版）[M].北京：中国法制出版社，2010：362.
❷ 施启扬.民法总则（修订第八版）[M].北京：中国法制出版社，2010：363.
❸ 王泽鉴.民法总则 [M].北京：中国政法大学出版社，2001：5-7.

效防止私人强制带来的无限报复之可能，从而维护社会秩序的安定与和平。因此，原则上，民事权利的保护，首先应当由民事主体向公权力提出公力救济的请求。任何私人想要获得救济，皆必须首先诉诸公权力，权利以公力救济为原则。私法权利遭到侵害，可求助公权力救济的依据包括私法和公法。提起民事诉讼是公力救济的主要手段。但是，在某些情况下，可能存在公力救济不逮的情况，此时，法律允许私力救济。

1. 公力救济

公力救济又称国家保护，即当事人向司法机关提起诉讼，通过诉讼启动国家公权力，由公权力来救济当事人受到损害的民事权利。某些时候，民事权利受到侵害时，也可以向行政机关投诉，如对著作权侵权案件可以向相应的国家知识产权行政管理部门投诉，由行政机关予以行政救济。公力救济中，司法救济是最终的、最权威的救济方式。

2. 私力救济

私力救济又称自我保护，指权利人自己采取各种合法手段保护其民事权利不受侵犯。承认权利人的私力救济是由民法作为权利法的本质决定的，是当事人民事权利的延伸。在现代文明国家中，对权利的保护基本上已经被国家机关垄断，而当事人的私力救济必然涉及他人的利益和公共利益，因此，法律对当事人的私力救济也作了严格的限制。权利人只能以法律许可的方式，在法律许可的范围内保护自己的权利，否则就构成权利滥用，可能构成侵权行为，甚至构成刑事犯罪。我国民法承认的私力救济手段包括自卫行为和自助行为两类。

（1）自卫行为。自卫行为包括正当防卫和紧急避险。我国《刑法》第20条对正当防卫下的定义是：为了使国家、公共利益、本人或者他人的人身、财产和其他权利免受正在进行的不法侵害，而采取的制止不法侵害的行为，对不法侵害人造成损害的，属于正当防卫。

正当防卫的构成要件有五项：第一，存在不法侵害。正当防卫只能针对不法侵害，针对合法行为的不构成正当防卫。而且，不法侵害行为必须是真实存在的，否则构成假想防卫。假想防卫非正当防卫。对假想防卫，需要根据当时的情形判断防卫人对"假想"是否存在过错，防卫人存在过错的，可能需要承担侵权责任。第二，不法侵害必须正在进行。正当防卫必须针对正在进行的、尚未结束的侵害行为，即防卫必须有紧迫性。防卫人不得在不法行为发生之前进行"事前防卫"，也不能在不法行为结束后进行"事后防卫"。第三，防卫行为必须针对不法侵害人进行。第四，防卫的目的是使国家、公共利益、本人或他人的人身、财产和其他权利免受不法侵害。第五，防卫行为没有明显超过必要限度。正当防卫必须在必要的限度内进行，必要限度指足以有效制止侵害行为的应有强度。正当防卫超过必要限度的，防卫人应当承担相应的责任。《民法典》总则编第181条规定："因正当防卫造成损害的，不承担民事责任。正当防卫超过必要的限度，造成不应有的损害的，正当防卫人应当承担适当的民事责任。"

紧急避险是指为了使国家、公共利益、本人或者他人的人身、财产和其他权利免受正在发生的危险，不得已采取的一种加害于公共财产或他人人身或财产的行为。紧急避险的构成要件有四项：第一，必须有现实的危险。危险的来源可以是大自然的力量，如洪水、风暴等，可以是动物的袭击，可以是疾病、饥饿等特殊情况，也可以是人的危害行为。第二，危险必须是迫在眉睫或者正在发生。第三，必须是不得已，只能选择损害他人的合法利益，没有其他更好的办法可以选择。第四，必须没有超过必要的限度，造成不应有的损害。《民法典》总则编第182条规定："因紧急避险造成损害的，由引起险情发生的人承担民事责任。危险由自然原因引起的，紧急避险人不承担民事责任，可以给予适当补偿。紧急避险采取措施不当或者超过必要的限度，造成不应有的损害的，紧急避险人应当承担适当的民事责任。"

（2）自助行为。自助行为，是指权利人为保护自己的权利，在情势紧急，又无法及时求助于公权力保护的情况下，对他人的财产或人身采取扣押、拘束或其他相应措施的行为。

设立自助行为制度的原因是国家能力的有限性，国家不可能在每一个侵犯他人权利的行为发生的情况下都能够为受害人提供及时的救济。与正当防卫不同，自助行为所保护的权利主要是合同之债的请求权和侵权行为之债的请求权。在实施自助行为以前，当事人之间往往已经形成了特定的债的关系。

　　构成自助行为必须具备五项要件。第一，目的要件，即必须是为了保护自己的合法利益。自助行为是在本人的权利受到侵害时采取的措施，如果行为人是为了保护公共利益或者他人的合法权益采取私力救济措施，不属于自助行为。第二，情势要件，即必须是在情势紧迫，来不及请求国家公权力予以救济的情形下才能采取自助行为。情势紧迫的判断标准，主要是看如果权利人不在当时采取必要的自助措施，其权利是否难以实现。第三，对象要件，即自助行为实施的对象只能是债务人的财产或人身，不能针对他人的财产或人身实施自助行为。第四，方法要件，即自助行为的方法必须是合适的，采取的措施是为保障权利所必要。自助行为多采取扣押债务人的财产、损坏债务人的财产等方法，特殊情形下可以采取拘押债务人人身的方法，但必须立即向公权力机关申请援助，请求公权力机关处理。第五，限度要件，即实施自助行为不得超过必要限度。如果对财产实施扣押，足以保护债权人的利益，则不能采取限制债务人人身自由的方式。因自助行为超过必要限度给债务人造成损害的，行为人应当承担侵权责任。

　　《民法典》侵权责任编第 1177 条规定："合法权益受到侵害，情况紧迫且不能及时获得国家机关保护，不立即采取措施将使其合法权益受到难以弥补的损害的，受害人可以在保护自己合法权益的必要范围内采取扣留侵权人的财物等合理措施；但是，应当立即请求有关国家机关处理。受害人采取的措施不当造成他人损害的，应当承担侵权责任。"

第四章　民事义务和民事责任

一、民事义务的概念、分类

【案例】

原告慧明物资公司（供方）与被告普锟机械公司（需方）于 2014 年 3 月 18 日签订《产品购销合同》一份。合同约定，原告向被告提供某型号圆钢 40 吨，金额为 15 万元；交货日期为 2014 年 3 月 20 日上午；付款方式为以实际发货数量计算金额，结算时间为 2014 年 4 月 15 日；供方向需方开具增值税专用发票。

2014 年 4 月 3 日，原、被告又签订产品购销合同一份，合同约定原告向被告提供某型号圆钢 20 吨，金额为 7.8 万元；付款方式为以实际发货数量计算金额，结算时间为 2014 年 4 月 6 日；供方向需方开具增值税专用发票。

合同订立后，原告于 2014 年 3 月 20 日向被告供应了 40 吨货物，于 2014 年 4 月 6 日向被告供应了 20 吨货物。被告于 2014 年 4 月 28 日向原告付承兑汇票 20 万元。

原告认为被告未按照合同约定向其支付全部货款，故起诉至法院。

被告辩称，不支付剩余货款是因为原告未能开具增值税发票。[1]

问题：请结合给付义务理论分析被告以原告未开增值税发票为由提出的先履行抗辩能否成立。

---

[1] 改编自河南省焦作市中级人民法院民事判决书（2015）焦民三终字第 00178 号。

【知识要点】

所谓义务，是指义务人根据法律的规定或者当事人的约定，为一定行为或不为一定行为以满足权利人利益的法律拘束。义务是与权利相对应的概念。在部分法律关系中，权利的内容即为义务人的作为或者不作为。

根据不同的标准，可以对民事义务作如下分类。

（一）法定义务与约定义务

以民事义务发生的依据为标准，民事义务可以分为法定义务与约定义务。法定义务是指法律规定的，民事主体应当负担的义务，如《民法典》婚姻家庭编规定的父母、子女之间的抚养、赡养义务。约定义务是由当事人协商确定的义务，如买卖合同中约定的交货、付款义务。

（二）积极义务与消极义务

以义务人行为的方式为标准，民事义务可以分为积极义务与消极义务。积极义务又称作为义务，指义务人应作出一定积极行为的义务，如交货义务。消极义务又称不作为义务，指义务人必须为消极行为或容忍他人行为的义务，如法律规定或者合同约定的竞业禁止义务。

（三）给付义务与附随义务

这种分类在合同法中具有相当的意义。给付，指债之关系上特定人之间得请求的特定行为，不作为亦得为给付，且不以有财产价格者为限。❶

给付义务又可分主给付义务和从给付义务。主给付义务与从给付义务的区别如下：第一，性质不同。主给付义务，是指债的关系上所固有、必备，并用以决定债的关系类型的基本义务。在买卖合同中，出卖人交付标的物，转移所有权的义务，买受人支付价款的义务，就属于主给付义务。从给付义务，是指不能决定债的关系的类型，仅具有辅助主给付义务的功能，以使债权人的利益获得最大满足的义务。国际货物买卖合同中交付原产地证书的义务，就属于从给付义务。第二，产生基础不同。主给付义务，主要基于当事人的约定；而从给付义务，可以基于当事人的约定，也可以基于法律的明文规定。如《民法典》第599条规定："出卖人应当按照约定或者交易习惯

❶ 王泽鉴.债法原理（第一册）[M].北京：中国政法大学出版社，2001：35.

向买受人交付提取标的物单证以外的有关单证和资料。"此条规定的交付提取标的物单证以外的有关单证和资料的义务，即属于从给付义务。从给付义务还可基于诚实信用原则而产生，如房屋的出卖人应当交付办理所有权转移登记的文件。❶第三，行使双务合同履行抗辩权、合同法定解除权的条件不同。就双务合同而言，主给付义务构成对待给付义务，如合同未约定给付顺序，一方在对方未履行主给付义务前，有权行使同时履行抗辩权；在履行期限届满之前，当事人一方明确表示或者以自己的行为表明不履行主要债务，或者当事人一方迟延履行主要债务，经催告后在合理期限内仍未履行的，相对方有权主张解除合同。而一方的从给付义务与他方的主给付义务，是否处于对待给付关系，换言之，一方违反从给付义务时债权人是否有权主张双务合同上的履行抗辩权，或者主张解除合同，应视该从给付义务对合同目的之实现是否有影响而定。当事人一方不履行从给付义务，须达到致使不能实现合同目的程度，相对方才能行使合同解除权或者主张双务合同上的履行抗辩权。《最高人民法院关于审理买卖合同纠纷案件适用法律问题的解释》第25条规定："出卖人没有履行或者不当履行从给付义务，致使买受人不能实现合同目的，买受人主张解除合同的，人民法院应当根据合同法第九十四条第（四）项的规定，予以支持。"

附随义务，是指在债的关系的发展过程中基于诚实信用原则，依情形发生的义务。如在租赁合同关系中，房屋出租人应当协助承租人办理租赁登记，以使承租人的子女获得入学资格，这种义务就是附随义务。附随义务也不同于主给付义务。第一，主给付义务自始确定，并且决定债的关系的类型；而附随义务系随着债的关系的发展可能出现的义务。第二，主给付义务构成双务合同的对待给付，在符合一定条件的情况下，一方当事人可以基于他方当事人未为对待给付而主张双务合同上的履行抗辩权；而附随义务原则上不构成对待给付，不发生双务合同上的履行抗辩问题。第三，因主给付义务不履行，债权人有权解除合同；而附随义务不履行，债权人原则上不得解除合同，仅有权主张损害赔偿。❷

---

❶ 王泽鉴.债法原理（第一册）[M].北京：中国政法大学出版社，2001：36-37.
❷ 王泽鉴.债法原理（第一册）[M].北京：中国政法大学出版社，2001：40.

二、民事责任的特征、分类

【案例一】

甲乙系恋人关系。某日，甲得知乙私下与他人交好，遂将乙打成重伤，乙住院治疗半年，花去医药费 35 万元。因甲对乙的伤害已经构成故意伤害罪，甲被公安机关逮捕。事后，乙考虑到甲以前对自己非常好，再者自己确实有错，遂表示不再追究甲的刑事责任和民事赔偿责任。

问题：乙免除甲刑事责任和民事责任的行为能否产生法律效力？

【案例二】

2017 年 7 月 11 日傍晚，吴某（被告一）驾驶小型轿车违规临时停车，坐在副驾驶室后排位置的朱某（被告二）推开车门准备下车时，车门与右后方驶来的电动自行车发生碰撞，电动自行车被撞坏，车主谢某（原告）受伤。谢某支出医疗费 1.4 万元。经查，被告吴某驾驶的小型轿车未投保交强险，该车登记的所有人为吴某。诸暨市公安局交通警察大队认定吴某、朱某对这起交通事故负全部责任，谢某无责任。❶

问题：

1. 按份责任与连带责任有哪些不同？

2. 吴某、朱某二人对谢某的人身和财产损失承担按份赔偿责任还是连带赔偿责任？

【案例三】

1998 年 8 月 23 日，原告王某某、张某某之女王小某为参加药品交流会来沪，入住被告的银河宾馆。下午 2 时 40 分左右，王小某经宾馆服务总台登记后，由服务员领入 1911 客房。下午 4 时 40 分左右在该客房被犯罪分子仝某某（被判死刑并执行）杀害，随身携带的人民币 2.3 万余元、港币 20 元和价值人民币 7140 元的欧米茄牌手表一块被劫走。事后查明，仝某某于当

---

❶ 改编自绍兴市中级人民法院民事判决书（2020）浙 06 民终 1192 号。

日下午2时零2分进入宾馆伺机作案，在按1911客房门铃待王小某开门后，即强行入室将其杀害并抢劫财物，下午4时52分离开宾馆。其间，银河宾馆未对其作访客登记，且对其行踪也未能引起注意。

原告王某某、张某某向法院起诉，要求被告承担损害赔偿责任。理由是银河宾馆未对全某某进行访客登记，未对其反常行为进行盘查，也没有给予充分注意。银河宾馆虽有完善的监控设施，却不能切实起到对旅客的保护作用。银河宾馆没有恪尽职守，放任了全某某实施犯罪行为，故银河宾馆是以不作为的方式实施侵权。

被告银河宾馆辩称，《上海市特种行业和公共场所治安管理条例》已经将原来要求宾馆对访客进行登记改为进行访客管理，因此该宾馆没有对全某某进行访客登记，不违反宾馆行业的一般规定。从该宾馆提供的案发当天进出人员以及27个屏幕反映的情况可以看出，由于出入宾馆的人员太多，宾馆确难注意全某某的形迹。刑事犯罪具有不可测性，宾馆不具有拒一切企图犯罪的人于宾馆之外的辨别力。王小某未看清来者即开门，也为全某某犯罪提供了条件。总之，宾馆的行为与王小某之死没有必然因果关系，不应当承担责任。但考虑到王小某的遇害给原告造成精神上的痛苦和经济上的损失，愿意在经济上给予一定补偿。

由于王某某、张某某不能接受银河宾馆的这一意见，致调解不成。❶

问题：

1. 被告是否应当承担民事赔偿责任？

2. 如果应当承担，请结合民法多数主体责任理论分析被告承担责任的性质。

【知识要点】

法律责任包括民事责任、行政责任、刑事责任和违宪责任。民事责任属于法律责任的一种，是民事主体因违反民事义务所应承担的民事法律后果。从权利人的角度看，它又是一种民事救济手段，旨在使权利人被侵犯的权益得以恢复。

---

❶ 改编自上海市第一中级人民法院民事判决书（2000）沪中民终第2309号。

民事责任不同于民事义务，两者既有联系又有区别。义务属于法的"当为"，不含有法的强制在内。所谓责任，指义务人当为而未为时，应服从权利人之法律强制。由于存在此项法律强制附加于义务关系之上，义务关系才具有拘束力。义务通常与责任联系在一起。在某一具体法律关系中，责任首先是义务的担保，只有在负有义务者不履行义务时，才应承担相应的民事责任。

（一）民事责任的特点

民事责任具有以下特点：

（1）民事责任是当事人一方对他方承担的责任。民事责任与行政责任、刑事责任不同，行政责任、刑事责任是责任人向国家和社会承担的责任，民事责任是一方当事人向另一方当事人承担的责任。因此，仅有民事责任存在权利人予以免除的可能。

（2）民事责任主要是为了补偿权利人所受损失和回复民事权利的圆满状态。法律责任有补偿、惩罚、预防、教育等功能，不同类型的法律责任的功能有不同的侧重点。刑事责任的侧重点是惩罚，民事责任的侧重点是补偿，一般不具有惩罚性。但也有例外，如《民法典》侵权责任编规定的产品责任的惩罚性赔偿、侵害知识产权的惩罚性赔偿，破坏生态、环境的惩罚性赔偿等，具有惩罚的功能，但在适用上有严格的条件限制。

（3）民事责任的内容可以由当事人在法律允许的范围内协商。如《民法典》合同编第585条第1款规定："当事人可以约定一方违约时应当根据违约情况向对方支付一定数额的违约金，也可以约定因违约产生的损失赔偿额的计算方法。"在不违背法律规定的前提下，侵权责任的承担也可以由侵权人与被侵权人协商。

（4）民事责任既有过错责任，又有无过错责任。行政责任一般以过错为承担责任的要件，刑事责任以过错为犯罪构成要件，而民事责任，一般以过错为要件，但在法律有特别规定的情况下，无过错也要承担责任。在我国，合同责任以无过错责任为主，侵权责任以过错责任为主。

（5）民事责任在实现上具有优先性。《民法典》总则编第187条规定："民事主体因同一行为应当承担民事责任、行政责任和刑事责任的，承担行政责任或者刑事责任不影响承担民事责任；民事主体的财产不足以支付的，优先用于承担民事责任。"

（二）民事责任的分类

根据不同的标准，可以对民事责任作如下分类。

1. 合同责任、侵权责任与其他责任

依据责任发生根据的不同，民事责任可以分为合同责任、侵权责任与其他责任。合同责任是指因违反合同义务而产生的责任，它比违约责任范围广，包括违约责任，也包括违反后合同义务等责任。侵权责任是指因侵害他人的人身权益或者财产权益而产生的责任。其他责任是指合同责任与侵权责任之外的其他民事责任，如缔约过失责任，因不当得利、无因管理产生的责任。

区分此类责任的意义在于上述各种责任的构成要件和责任方式不一样。例如，合同责任一般不要求主观上存在过错，而侵权责任一般需要主观上存在过错。侵权责任可以适用赔礼道歉，违约责任一般不适用赔礼道歉。

2. 无限责任与有限责任

根据承担责任财产范围的不同，民事责任可以分为无限责任与有限责任。无限责任是指责任人以自己的全部财产承担责任，如合伙人对合伙债务承担的责任，个人独资企业的投资人对企业债务的责任等。有限责任是指责任人以一定范围内或一定数额的财产承担责任，如有限责任公司股东以其出资额为限对公司债务承担责任。

区分此类民事责任的意义是，民事责任以无限责任为原则，法律有特别规定的，承担有限责任。

3. 单独责任与多数主体责任

根据承担责任的主体数量的不同，民事责任可以分为单独责任与多数主体责任。单独责任是指由一个民事主体独立承担的民事责任。多数主体责任是指有两个以上的民事主体承担的责任。

根据各责任人之间的关系不同，可以将多数主体责任分为按份责任、连带责任、不真正连带责任和补充责任。

（1）按份责任。按份责任是指责任人一方主体为多数，多数责任人按照法律的规定或者合同的约定，各自承担一定份额的民事责任。在按份责任中，权利人请求某一责任人清偿的份额超出其应承担份额的，该责任人可以予以拒绝。《民法典》总则编第 177 条规定："二人以上依法承担按份责任，能够确定责任大小的，各自承担相应的责任；难以确定责任大小的，平均承担责任。"

（2）连带责任。连带责任是指责任主体一方是多数人，各个责任人按照法律的规定或者合同的约定，对外不分份额，向权利人承担全部责任。在连带责任中，权利人有权要求责任人中的任何一个人承担全部或部分的责任，责任人不得拒绝。任何一个连带责任人对权利人作出部分或全部清偿，都将导致责任的相应部分或全部消灭。《民法典》总则编第 178 条规定："二人以上依法承担连带责任的，权利人有权请求部分或者全部连带责任人承担责任。连带责任人的责任份额根据各自责任大小确定；难以确定责任大小的，平均承担责任。实际承担责任超过自己责任份额的连带责任人，有权向其他连带责任人追偿。连带责任，由法律规定或者当事人约定。"

按份责任与连带责任的区别体现在多数责任人对于权利人的外部关系而不是内部关系。任何连带责任在责任人内部关系上都存在份额。同按份责任一样，如果法律没有规定或合同没有约定具体份额，则推定为均等的责任份额，一个责任人清偿债务超过了自己应承担的份额，有权向其他责任人追偿。连带责任是为了充分保护权利人的权利，加重了责任人的负担，因此，在我国民法中，连带责任的承担必须有法律的规定，或者存在当事人的约定。

民法上的连带责任主要有：合伙人对合伙之债权人的责任；共同侵权人的连带责任；连带保证人的连带责任；代理关系中发生的连带责任等。

（3）不真正连带责任。各债务人基于不同的发生原因对同一债权人负有以同一给付为标的的数个债务，因一个债务人的履行而使全体债务均归于消灭，此时数个债务人之间所负的责任即为不真正连带责任。如甲在车站寄存处寄存一个箱子，箱子被乙偷盗损毁。寄存处对甲承担违约赔偿责任，乙对甲承担侵权赔偿责任，二人对甲承担不真正连带责任。

（4）补充责任。补充责任是指应承担清偿责任的主责任人财产不足给付时，由补充责任人承担补充清偿的民事责任。补充责任性质上属于不真正连带责任。补充责任的承担由法律明确规定，如《民法典》侵权编第1198条规定："宾馆、商场、银行、车站、机场、体育场馆、娱乐场所等经营场所、公共场所的经营者、管理者或者群众性活动的组织者，未尽到安全保障义务，造成他人损害的，应当承担侵权责任。因第三人的行为造成他人损害的，由第三人承担侵权责任；经营者、管理者或者组织者未尽到安全保障义务的，承担相应的补充责任。经营者、管理者或者组织者承担补充责任后，可以向第三人追偿。"

补充责任属于多数主体民事责任的承担方式，在多个责任人中存在主责任人和补充责任人之分。补充责任中的债务是由主责任人产生的，在对外责任上是先由主责任人独立承担责任，在找不到主责任人，或者主责任人的财产不足以承担应负的责任时，补充责任人对不足部分进行补充性清偿。补充责任人清偿后，是否可向主责任人追偿，取决于法律的规定。如上述《民法典》第1198条规定可以追偿。再如，《民法典》侵权责任编第1201条规定："无民事行为能力人或者限制民事行为能力人在幼儿园、学校或者其他教育机构学习、生活期间，受到幼儿园、学校或者其他教育机构以外的第三人人身损害的，由第三人承担侵权责任；幼儿园、学校或者其他教育机构未尽到管理职责的，承担相应的补充责任。幼儿园、学校或者其他教育机构承担补充责任后，可以向第三人追偿。"但是，也存在没有追偿权的情况，如《个人独资企业法》第31条规定的补充责任，不存在追偿问题。

4. 过错责任与无过错责任

（1）过错责任。过错责任是指行为人违反民事义务并致他人损害时，应以过错作为承担责任的要件。依过错责任原则，行为人若没有过错，如加害行为系因不可抗力而致，则即使有损害发生，行为人也不承担责任。

在过错责任之下还有一种推定过错责任，即在行为人不能证明他没有过错的情况下，推定他有过错，应承担损害赔偿责任。适用推定过错责任，应以法律规定为前提，若没有法律明文规定，则不能适用该责任。推定过错责任采取举证责任倒置的方法。民事诉讼一般是谁主张谁举证，推定过错责任免除了原告就被告的过错进行举证的义务。原告只需证明被告的行为与损害结果之间具有因果关系，不必证明被告在实施侵权行为时存在过错，而由被告提出反证，证明自己没有过错，如果被告提出的反证不能成立，则确定被告具有过错。《民法典》侵权责任编第 1253 条规定："建筑物、构筑物或者其他设施及其搁置物、悬挂物发生脱落、坠落造成他人损害，所有人、管理人或者使用人不能证明自己没有过错的，应当承担侵权责任。所有人、管理人或者使用人赔偿后，有其他责任人的，有权向其他责任人追偿。"此条规定的所有人、管理人或者使用人的责任即属于推定过错责任。

（2）无过错责任。无过错责任，是指行为人只要给他人造成损害，不问其主观上是否存在过错都应当承担责任。适用无过错责任，不是基于行为人的过错，而是基于损害事实的客观存在，根据行为人的活动及所管理的人或物的危险性质与所造成损害后果之间的因果关系，由法律规定特别加重其责任。所以，学说上也把无过错责任称为危险责任，英美法则称为严格责任。无过错责任的理论基础主要有：①危险开启论。危险开启论认为，之所以危险物品的所有人或危险活动的行为人要承担危险责任，是因为他们制造了这些原本不存在的危险，给他人的人身、财产安全带来了巨大风险。②危险控制论。危险控制论认为，持有危险物品、从事危险活动之人具有专门的知识、人力与物力，其对所从事之活动及其危险具有最真切的认识，也最有能力控制该危险，从而避免危险之现实化。让他们承担无过错责任，才能使他们具有控制危险、避免危险现实化的动力。③报偿理论。报偿理论认为，如果一项法律允许一个人为了经济上的需要，或者为了他自己的利益进行使用物件、雇佣职员或者从事开办企业等存在潜在危险的活动，他不仅应当享有由此带来的利益，也应当承担由此危险对他人造成任何损害的赔偿责任。❶

我国合同法上的违约责任大部分是无过错责任。在违约责任中，违约发生后，非违约方只需证明违约方的行为已经构成违约，并与损失有因果关系，而不必证明违约方主观上有过错。对于违约方而言，欲通过举证自己无过错获得免责是徒劳的，但其可以通过证明违约行为的发生是因为不可抗力等而获得免责。在侵权责任法中，适用无过错责任必须有法律的特别规定。我国《民法典》侵权责任编规定了部分特殊侵权行为是无过错责任，如用人

---

❶ 程啸.侵权责任法（第二版）[M].北京：法律出版社，2015：101.

单位责任、产品责任、高度危险责任、环境污染和生态破坏责任、部分饲养动物损害责任、部分建筑物和物件损害责任等。在无过错责任中，责任人不能通过主张自己无过错而不承担责任，仅能通过证明存在法定的免责事由而获得责任的免除。

5. 直接责任和替代责任

直接责任是指为自己的行为负责的责任。如自己实施的侵权行为造成了他人损害的，自己承担侵权责任，就属于直接责任。

替代责任是指责任人为他人的行为或自己管领下的物件所致损害承担责任。其基本特征在于，责任人与致害的行为人或致害物相分离，但因特定关系而由责任人作为赔偿义务主体承担赔偿责任。这种特定的关系，在责任人与致害人之间表现为隶属、雇佣、代理等关系，在责任人与致害物之间表现为所有、占有、管理等关系。替代责任分为两种：对人的替代责任和对物的替代责任，分别是对他人的行为负责和对物件造成的损害负责。对他人行为负责，如用人单位责任。对物的替代责任，如动物致害责任等。

三、承担民事责任的方式、免责事由

【案例一】

原告邓某某与丈夫何某某育有二子，即本案另一原告何某一及被告何某二。1977 年何某某病故。1999 年，二原告为寄托哀思，在何某某墓前立石碑一块，上书何某某"一生正直，为人忠良"及生辰等有关情况。

2001 年 6 月 26 日，原告邓某某以被告何某二未履行长阳土家族自治县人民法院确认的赡养义务为由，申请长阳土家族自治县人民法院依法强制执行赡养费。被告对其母到法院告他心怀不满，于 2001 年 6 月 29 日用斧头将父亲何某某的墓碑砸毁。

二原告向法院起诉，认为被告砸毁墓碑的行为不仅损害了二原告的财产，而且伤害了二原告对死者的感情，致使二原告精神受到损害，请求法院判令被告何某二赔偿墓碑损失 500 元，赔偿精神损失 2000 元。

被告辩称，砸碑属实，但事后已将墓碑恢复原状；原告请求精神损害赔偿无法律依据和事实依据。❶

问题：原告以墓碑损毁为由主张精神损害赔偿，能否得到法院的支持？

【案例二】

原告朱某某系高位截瘫人员。2011 年 10 月 7 日晚，原告委托朋友帮其预定一张 10 月 8 日早晨从昆明飞往成都的航班机票，其朋友于当晚 23 时 36 分在昆明航艺贸易机票售票处为其定购了被告成都航空公司的 EU2224 航班，机票总价为人民币 860 元，起飞时间为 8 日上午 7 时 45 分，购票时未申明原告是残疾旅客。

2011 年 10 月 8 日晨 6 时，原告独自一人到达昆明机场并于 6 时 41 分办理了登机手续。之后原告到昆明机场总服务台申请专用窄型轮椅服务，机场工作人员与被告成都航空公司电话联系，被告成都航空公司表示需提前申请，临时申请的需有人陪同或者有医院证明，原告目前情况不能申请轮椅，只能改签。原告在机场工作人员向其说明情况后，独自通过安检到达登机口准备登机。在登机口被告成都航空公司工作人员以原告不具备该次航班乘机条件为由，对原告不予承运。原告表示不能接受，与机场工作人员发生了争执，并滞留候机厅。后被告成都航空公司委托其地面服务代理人云南机场地面服务公司（被告二）协调为原告改签航班，免费安排原告食宿，并送原告两次就医，与原告沟通后续处理事宜。

2011 年 10 月 13 日，受被告成都航空有限公司委托，云南机场地面服务公司以成都航空公司地面服务代理人身份，向原告出具一份《告知函》，称原告的客票有效期为 1 年，可以无条件改签，也可以免收退票手续费办理退票手续，给予人民币 1000 元的人道主义救助，以及帮助解决原告父亲陪同原告返回成都的机票等解决意见。原告对被告的处理意见表示不同意。

原告以航空旅客运输合同纠纷为诉由起诉成都航空公司和云南机场地面服务公司，请求判令：1. 二被告连带向原告双倍返还机票款及相应损失共计人民币 1 万元；2. 二被告连带在《春城晚报》《都市时报》《中国民航报》及

---

❶ 改编自湖北省宜昌市中级人民法院民事裁定书（2001）宜中民终字第 521 号。

《中国民航》杂志上向原告赔礼道歉。❶

问题：原告朱某某请求二被告赔礼道歉的主张是否应当获得法院的支持？

【案例三】

吴某某（原告一）购买了吉林市船营区广泽紫晶城一期住宅及××号车位使用权。其丈夫蒋某某（原告二）平时将吉BL××××号大众CC金色轿车停放在该车位。

2017年7月13日至14日受低空切变线影响，吉林市区出现大暴雨天气，24小时降水量达107.1毫米，部分地区出现134.9毫米。雨水形成积水后进入广泽紫晶城小区的地下车库，将蒋某某所有的吉BL××××号大众CC金色轿车淹泡。2017年7月29日，蒋某某将该车交给长春国信机动车价格鉴定评估有限公司鉴定车损，该评估公司评估车损价格9.8万元。

蒋某某、吴某某与广泽物业公司协商赔偿事宜未果，诉至法院。❷

问题：被告广泽物业公司是否应当对车辆损失承担赔偿责任？

【案例四】

2004年10月31日傍晚，原告Alexandra与朋友Torti（被告一）和Freedom在原告的家中吸食大麻。在另两位朋友Watson（被告二）和Ofoegbu于晚上10点来到后，他们一起去酒吧喝酒，直到凌晨1:30离开。Alexandra和Freedom搭乘Watson开的车，Torti搭乘Ofoegbu开的车。途中Watson开的车失去了控制，以大约45英里的速度撞上了人行道的路缘又撞倒了灯杆，导致车子前汽包弹出。原告Alexandra正好坐在Watson车内前客座位。见Watson的车子撞上灯杆，Ofoegbu将车子停在了路边，并与Torti一起下车去帮忙。Torti将原告Alexandra移出Watson的车子，Ofoegbu则帮助Freedom打开了车门，Watson自己从车中出来。

几分钟后紧急救助人员到达。Alexandra被转移到了医院。原告Alexandra椎骨损伤和肝脏碎裂，同时永久性瘫痪。

---

❶ 改编自昆明市官渡区人民法院（2011）官民一初字第3207号。
❷ 改编自吉林省吉林市中级人民法院民事判决书（2020）吉02民终20号。

原告 Alexandra 起诉 Watson 和 Torti。原告以过失为诉因状告 Torti，声称自己当时并不需要 Torti 的帮助，因为仅仅是椎骨受伤，但 Torti 还是把她从车子里拽出来，使得她的脊髓受到永久性的损害，并导致她瘫痪。

对于此案的几项关键情节，当事人之间有不同的说法。被告 Torti 确定地说，她看见 Watson 的车子出现烟雾和液体，因为怕车子着火或者爆炸，才将原告 Alexandra 从车子里挪移了出来。Torti 还说，她是用一只胳膊放在原告的腿下面，其他肢体放在原告的背后，从而把原告从车子里挪移了出来。而其他人则作证说未见烟雾或其他表明车子可能爆炸的迹象，并且 Torti 在紧靠车子的地方将原告 Alexandra 放下了。原告 Alexandra 作证说，Torti 用手臂把她拽出车子，像拉一个布娃娃一样把她拉出来。❶

问题： 请结合《民法典》"好人法"的规定分析被告 Torti 是否应当对原告 Alexandra 的瘫痪承担损害赔偿责任。

【知识要点】

（一）承担民事责任的方式

承担民事责任的方式，是指民事责任主体依法承担民事责任的具体形式。《民法典》总则编第 179 条规定承担民事责任的方式主要有："（一）停止侵害；（二）排除妨碍；（三）消除危险；（四）返还财产；（五）恢复原状；（六）修理、重作、更换；（七）继续履行；（八）赔偿损失；（九）支付违约金；（十）消除影响、恢复名誉；（十一）赔礼道歉。"以上承担民事责任的方式，可以单独适用，也可以合并适用。此外，法律规定惩罚性赔偿的，依照其规定。

1. 停止侵害

停止侵害是指权利人请求责任人停止正在或者持续进行的侵害其民事权益的行为的一种责任方式。停止侵害民事责任的适用，要求存在正在进行或者持续进行的侵害民事权益的事实，对尚未发生或者已经结束的侵害行为不适用这一责任形式。停止侵害这一民事责任的实现方式取决于不同类型的侵害行为，如在网络上发布不实信息，损害他人名誉，所指停止侵害，就是删

---

❶ 改编自 Alexandra Van Horn v.Lisa Torti.45 Cal.4th 322。

除不实信息；如销售侵害商标权的产品，所指停止侵害，就是停止销售侵权产品。

2.排除妨碍

排除妨碍是指权利人请求排除持续存在的妨碍权利人享有、行使权利的行为或者状态。如在他人门道旁堆放物品影响通行，在他人窗下堆放物品影响采光等，权利人有权请求责任人将堆放物搬离。但是，人是群居动物，不可能与他人不发生一点接触，社会生活要求我们承担一定的容忍义务，因此，只有达到一定程度的妨碍行为，才具有违法性，权利人才有权主张排除。

3.消除危险

消除危险是指存在对权利人的人身或者财产安全造成危险的行为或者状态时，权利人请求责任人将危险予以消除的责任方式。例如，邻居装修时拆除了承重墙，可能导致整栋楼的安全隐患，其他业主有权主张消除危险。

4.返还财产

返还财产是指动产或者不动产被侵夺，或者为他人无权占有时，权利人请求责任人予以返还的一种责任方式。狭义的返还财产，指原物的返还，如对侵夺财产者主张原物返还，或者合同被撤销或者无效时，已经交付的标的物的返还。广义的返还还包括原物以外财产的返还，如因无因管理获得的财产，管理人应当返还给本人。

停止侵害、排除妨碍、消除危险、返还财产主要是所有权的保护方式，其适用不以过错为要件，只要存在侵害所有权、妨碍所有权行使、可能存在侵害所有权的危险、无权占有他人所有物的情形，所有权人就可以基于物权请求权，要求行为人停止侵害、排除妨碍、消除危险、返还财产。可能是考虑到停止侵害等可以适用于侵害知识产权等其他领域，我国《侵权责任法》将它们纳入侵权责任的承担方式中。对此，部分学者提出批评，认为传统大陆法系国家，侵权责任的承担方式是单一的损害赔偿（这里的损害赔偿是广义的，包括恢复原状、金钱赔偿等），以过错为责任承担的归责原则，而停止侵害、排除妨碍、消除危险、返还财产不以过错为要件，将它们纳入侵权责任的承担方式会导致责任承担条件上的混乱。我国《民法典》继续沿袭了侵权责任法的立法体例,《民法典》侵权责任编第1167条规定:"侵权行为危及他人人身、财产安全的,被侵权人有权请求侵权人承担停止侵害、排除妨碍、消除危险等侵权责任。"不同之处是,该条列举中未出现返还财产一词。根据《民法典》的责任体系,在侵害所有权的情形下,如果权利人主张停止侵害、排除妨碍、消除危险,会产生物权请求权与债权请求权的竞合。但是,在责任承担要件上,即使是基于侵权请求权,也不应当将过错作为此类责任承担的要件。第八次全国法院民商事审判工作会议纪要第7条指出:依据《侵权责任法》第21条的规定,被侵权人请求义务人承担停止侵害、排除妨害、消除危险等责任,义务人以自己无过错为由提出抗辩的,不予支持。

5. 恢复原状

恢复原状又称回复原状,是指权利人请求责任人将受损的动产或者不动产回复至未遭侵害时的状态。这里"未遭侵害时的状态"并非原来的状态,而是应有的状态。因为受损物品不可能恢复至原来完全一致的状态。恢复原状一词在不同的法律体系有不同的含义,在德国或者我国台湾地区,恢复原状是损害赔偿的方式之一,其含义不仅仅指物的修复。德国联邦最高法院判例认可的恢复原状的形态包括:(1)物被他人不法侵夺时,返还该物;(2)侵害可替代物而致其灭失或损毁时,重新购买同种类且价值相等的物;(3)物被损坏而未灭失时,对该物进行修复;(4)缔约过失时消解契约效力;(5)免除具有某种拘束力的负担;(6)撤回错误的事实陈述;(7)不动产登记簿存在错误时所为的更正登记;(8)有价证券的回购等。❶ 在我国台湾地区,恢复原状不仅适用于财产损害,在人格法益受侵害时也有运用,如侵害他人身体健康的,应为治疗,使其康复;医院手术时将手术布遗留体内,再行手术取出;损害名誉时,登报道歉,等等。❷ 但是,在我国《民法典》的责任体系中,恢复原状仅指物的修复。适用恢复原状责任方式的前提是,物在物理上、经济上有被修复的可能。如果物的修复需要花费过大的成本,则属于经济上不可能。

---

❶ 参见:程啸.侵权责任法(第二版)[M].北京:法律出版社,2015:668.
❷ 王泽鉴.损害赔偿[M].北京:北京大学出版社,2017:117.

6. 修理、重作、更换

修理是指对交付的不合格的标的物进行维修，以消除其缺陷的责任方式。重作是指基于承揽合同或者建设工程合同交付的工作成果不合格，责任人重新完成工作，再交付成果的责任承担方式。更换是指将无法通过维修消除缺陷或者维修时间过长的标的物取回，另行给付相同标的物的责任承担方式。

修理、重作、更换一般是承担违约责任的方式。《民法典》合同编第582条规定："履行不符合约定的，应当按照当事人的约定承担违约责任。对违约责任没有约定或者约定不明确，依据本法第五百一十条的规定仍不能确定的，受损害方根据标的的性质以及损失的大小，可以合理选择请求对方承担修理、重作、更换、退货、减少价款或者报酬等违约责任。"

7. 继续履行

继续履行，又称为实际履行，是违约责任的承担方式。继续履行是指权利人在违约方不履行合同义务时，请求违约方继续依据合同的约定履行义务的一种责任方式。继续履行的责任承担以可以实际履行为条件。《民法典》对金钱债务和非金钱债务的继续履行问题分别作了规定。《民法典》第579条规定："当事人一方未支付价款、报酬、租金、利息，或者不履行其他金钱债务的，对方可以请求其支付。"第580条规定："当事人一方不履行非金钱债务或者履行非金钱债务不符合约定的，对方可以请求履行，但是有下列情形之一的除外：（一）法律上或者事实上不能履行；（二）债务的标的不适于强制履行或者履行费用过高；（三）债权人在合理期限内未请求履行。有前款规定的除外情形之一，致使不能实现合同目的的，人民法院或者仲裁机构可以根据当事人的请求终止合同权利义务关系，但是不影响违约责任的承担。"可见，金钱债务一定可以继续履行，非金钱债务则存在不适用继续履行的可能性。

8. 赔偿损失

赔偿损失是指责任人因自己的行为造成他人财产损失或者非财产损失，通过支付一定数额金钱对权利人进行救济的责任承担方式。赔偿损失可否通过给付金钱以外的财产进行，法律未予明确，应当认为可以。实践中，一般情况下赔偿损失，均是通过赔偿金钱完成。

赔偿损失适用的范围既包括他人的财产损害，如损毁他人房屋，将他人打伤产生的医疗费用；也包括他人的非财产损害，如精神损害。非财产损害一般发生在人身权遭受侵害的情形，但是，特殊情况下，财产权遭受损害也可能产生精神损害。各国民法均有精神损害赔偿的规定，即判定责任人支付一定数额的精神损害抚慰金。《民法典》第 1183 条规定："侵害自然人人身权益造成严重精神损害的，被侵权人有权请求精神损害赔偿。因故意或者重大过失侵害自然人具有人身意义的特定物造成严重精神损害的，被侵权人有权请求精神损害赔偿。"

民法是补偿法，赔偿损失通常是对受害人所受损害的补偿。但是，随着社会的发展，民法也相应进行了一些调整，以适应社会发展的需求。在损害赔偿中增加惩罚性赔偿就是一例。所谓惩罚性赔偿，是指法院判令责任人支付高于实际损失数额的赔偿。但是，民法毕竟不是处罚法，因而民法典仅规定了三种情况下可以适用惩罚性赔偿，而且需要满足一定的条件。这三种情况分别是：第一，侵害知识产权的惩罚性赔偿。《民法典》第 1185 条规定："故意侵害他人知识产权，情节严重的，被侵权人有权请求相应的惩罚性赔偿。"第二，产品责任惩罚性赔偿。《民法典》第 1207 条规定："明知产品存在缺陷仍然生产、销售，或者没有依据前条规定采取有效补救措施，造成他人死亡或者健康严重损害的，被侵权人有权请求相应的惩罚性赔偿。"第三，环境污染、生态破坏侵权的惩罚性赔偿。《民法典》第 1232 条规定："侵权人违反法律规定故意污染环境、破坏生态造成严重后果的，被侵权人有权请求相应的惩罚性赔偿。"

9. 支付违约金

支付违约金是违约责任的一种承担方式，适用条件是合同中规定了违约金条款。合同一方违约，相对方请求赔偿的，需要证明自己存在损失。而通过合同约定违约金的，则只要出现合同约定的违约情形，相对方就可以主张违约方支付违约金，无需对损失的存在进行证明。合同可以事先约定违约金的数额，也可以仅约定违约金的计算方法。违约金在性质上具有损害赔偿的功能，也具有担保合同履行的功能以及对违约方予以惩罚的功能。

10. 消除影响、恢复名誉

消除影响是指因侵权行为对被侵权人的名誉造成了不良的影响，责任人对这种不良影响进行消除的责任形式。恢复名誉是指通过一定的方式，使受害人遭受贬损的名誉恢复到未曾遭受损害时的状态。消除影响、恢复名誉一般适用于侵害名誉权的案件，二者往往同时适用。

11. 赔礼道歉

赔礼道歉是指责任人通过口头、书面等方式向受害人承认自己的错误，表示歉意的一种责任承担方式。赔礼道歉一般适用于故意侵害人格权的案件。赔礼道歉责任承担方式的实现，要求侵权人主动履行。如果侵权人拒绝履行，通常做法是由法院将判决书在媒体上发布，以公布裁判文书的方式实现。对此，《民法典》人格权编第 1000 条规定："行为人因侵害人格权承担消除影响、恢复名誉、赔礼道歉等民事责任的，应当与行为的具体方式和造成的影响范围相当。行为人拒不承担前款规定的民事责任的，人民法院可以采取在报刊、网络等媒体上发布公告或者公布生效裁判文书等方式执行，产生的费用由行为人负担。"

从我国司法实务看，赔礼道歉仅适用于侵权案件，不适用于违约案件。

（二）免除民事责任的法定事由

《民法典》总则编第 180 条至 184 条规定了免除民事责任的法定事由。具体如下：

1. 不可抗力

不可抗力，顾名思义是指人力所不可抗拒的事件。《民法典》总则编第 180 条第 2 款的规定："不可抗力是指不能预见、不能避免且不能克服的客观情况。"根据这一定义，构成不可抗力需要具备几个要件：第一，不可抗力是一种客观情况。这种客观情况可以是自然现象，如地震、台风、洪水、地质灾害，也可以是社会事件，如战争、武装冲突、暴乱、罢工等。第二，这种客观情况是当事人不能预见、不能避免且不能克服的。换言之，如果这种客观情况是当事人能够预见、能够避免、能够克服的，不属于不可抗力。也有观点认为，这里所指的不能预见、不能避免且不能克服的客观情况是指客观情况造成的损害，而非客观情况本身。❶应当讲，后者更有道理。

《民法典》总则编第 180 条第 1 款规定："因不可抗力不能履行民事义务的，不承担民事责任。法律另有规定的，依照其规定。"可见，除非法律另有规定，否则不可抗力构成民事责任的免责事由。

2. 正当防卫

《民法典》总则编第 181 条规定："因正当防卫造成损害的，不承担民事责任。正当防卫超过必要的限度，造成不应有的损害的，正当防卫人应当承担适当的民事责任。"

3. 紧急避险

《民法典》总则编第 182 条规定："因紧急避险造成损害的，由引起险情发生 的人承担民事责任。危险由自然原因引起的，紧急避险人不承担民事责任，可以给予适当补偿。紧急避险采取措施不当或者超过必要的限度，造成不应有的损害的，紧急避险人应当承担适当的民事责任。"

4. "好人法"

"好人法"的全称是"好撒玛利亚人法"❷，是指因帮助他人而致他人损害的，可以减轻或者免除其责任的规定。《民法典》总则编第 184 条规定："因自愿实施紧急救助行为造成受助人损害的，救助人不承担民事责任。"第 184 条的适用条件是：第一，行为人自愿。这里的自愿是指行为人无救助义务，但是自愿对他人实施救助。第二，情况紧急。即行为人是在紧急情况下实施救助行为造成他人损害，换言之，非紧急情况下实施救助行为造成他人损害的不适用此条。是否属于紧急情况，应当根据当时的情形个案判断。

除了上述《民法典》总则编规定的免责事由，合同编、侵权责任编也有免责事由的规定，如与有过失、自甘风险等。

---

❶ 程啸 . 侵权责任法（第二版）[M] . 北京：法律出版社，2015：322.
❷ "好撒玛利亚人"源自于《新约圣经》"路加福音"中耶稣基督讲的一个寓言：一位犹太人被强盗打劫受了重伤，躺在路边，犹太祭司和利末人路过但对他不闻不问，惟有一个撒玛利亚人路过，不顾教派隔阂善意照顾他，还自己出钱把犹太人送进旅店。在耶稣时代，犹太人是蔑视撒玛利亚人的。"好撒玛利亚人法"（Good Samaritan law）是指规定对他人提供救助时造成他人损害，可以免除责任的法律。其目的在于鼓励帮助他人，使做好事者没有后顾之忧，不用担心因过失造成被救助者伤亡而承担责任。

第五章　民事主体——自然人

一、自然人的民事权利能力

【案例一】

1998 年 3 月 3 日，李某与郭某登记结婚。2002 年，郭某以自己的名义购买了涉案房屋：某小区 306 室（建筑面积为 45.08 平方米），并办理了房屋产权登记。

2004 年 1 月 30 日，李某和郭某共同与南京军区南京总医院生殖遗传中心签订了人工授精协议书，由医院对李某实施人工授精。术后李某怀孕。

2004 年 4 月，郭某因病住院。在得知自己患了癌症后，郭某向李某表示不要这个孩子，但李某不同意人工流产，坚持要生下孩子。

5 月 20 日，郭某在医院立下自书遗嘱，在遗嘱中声明他不要这个人工授精生下的孩子，并将 306 室房屋赠与自己的父母。郭某于 5 月 23 日病故。

10 月 22 日李某产下一子，取名郭某阳。李某无业，每月领取最低生活保障金，另有不固定的打工收入。持有夫妻关系存续期间的共同存款 1.9 万元。❶

问题：郭某去世时郭某阳仅为胎儿，其是否有权继承郭某的遗产？

【案例二】

原告陈某某系天津已故曲艺演员吉某某（艺名荷花女）之母。吉某某自幼随父学艺，15 岁起在天津登台演出，有一定名声。1944 年病故，年仅 19

---

❶　案例来源：北大法宝 .（www.pkulaw.cn）【法宝引证码】CLI.C.4438310.

岁。被告魏某某于 1985 年着手创作以吉某某为原型，表现旧社会艺人苦难生活的小说。在创作期间，魏某某曾先后三次找到原告陈某某，并给吉某某之弟写信了解有关吉某某的生平以及从艺情况，索要了吉某某的照片，但未将写小说一事告诉原告及其家人。

被告魏某某写完小说《荷花女》后，投稿于《今晚报》。该报于 1987 年 4 月 18 日至 6 月 12 日在副刊上连载，每日刊登 1 篇，共计 56 篇，约 11 万字。小说在《今晚报》刊登不久，原告陈某某及其亲属以小说内容及插图有损吉某某名誉为由，先后两次去《今晚报》社要求停载，《今晚报》社以报纸要对读者负责为由予以拒绝。

被告魏某某所著《荷花女》一书使用了吉某某的真实姓名和艺名，称陈某某为陈氏。书中描写了吉某某从 17 岁到 19 岁病逝的两年间，先后同许某某等三人恋爱，并三次接收对方聘礼，其中于某某已婚，吉某某却愿意做于某某的妾。小说还描写了吉某某先后到当时天津帮会头头、大恶霸袁某某和刘某某家唱堂会并被袁、刘侮辱的情节。小说最后影射吉某某系患性病打错针致死。同时，小说还描写了陈某某同意女儿做于某某的妾，接收于家聘礼的情节。而上述内容属于魏某某虚构。

陈某某以魏某某及《今晚报》社侵害了她及死去的女儿吉某某的名誉权为由，向天津市中级人民法院起诉。

被告魏某某辩称，《荷花女》体裁为小说，作者有权虚构。创作该小说的目的是通过对荷花女悲惨命运的描写，使读者热爱新社会，痛恨旧社会。小说《荷花女》并未损害吉某某的形象，而是美化抬高了她的形象，故不构成侵害原告及吉某某的名誉权。且吉某某本人已故，原告陈某某与本案无直接利害关系，无权起诉。

被告《今晚报》社辩称，报社对小说内容的真实性不负有核实的义务。如小说构成侵权，按"文责自负"原则，责任应由作者承担；吉某某早已死亡，保护死人名誉权没有法律根据。❶

问题：

1. 死者没有权利能力，《民法典》是如何规定死者名誉保护的？

---

❶　案例来源：无讼案例．（www.itslaw.com）天津市高级人民法院民事调解书。

2.原告的主张是否应当获得法院的支持？

【案例三】

原告周某飞、周某斐、周某一、周某系鲁迅的孙子、孙女。被告黄某某系北京鲁迅博物馆副馆长。2013 年，黄某某使用鲁迅照片若干完成编写《鲁迅像传》一书。中儒公司系由贵州人民出版社参股设立，2013 年 3 月，黄某某（甲方）与中儒公司（乙方）签订《出版合同》，该书于 2013 年 7 月由贵州人民出版社出版，每本定价人民币 39.8 元，通过当当网、上海书城等网络和实体书商进行了销售。

《鲁迅像传》系一本照片与文字相结合的人物传记，其中文字计 37.2 万字，照片计 114 张。该书按照时间顺序以及鲁迅一生游历所至地域分为五部分，分别是日本时期，杭州、绍兴时期，北京时期，厦门、广州时期，上海时期。每部分又以系列照片归类分为数个章节，各章节陈列出鲁迅同时期的照片若干。每张照片的下方或一侧用小号字体的数十余文字对照片的基本信息做出简要注解，同时以较大篇幅的文字内容对这些照片的形成年代、历史背景进行介绍。在这些文字内容中，一部分通过援引鲁迅同时期的杂文、小说等著作，对这一阶段的人物思想进行解读，一部分通过援引鲁迅的家人、友人、同事对往事的回忆录，对鲁迅各个时期的人际关系及其行为的社会反响等作出说明。

《鲁迅像传》使用的 114 张照片中，绝大部分来源于许广平、周海婴生前对北京鲁迅博物馆的捐赠，这些照片目前由北京鲁迅博物馆保管收藏。另有个别照片来源于外国友人及拍摄者的收集。该 114 张照片中，有九成以上曾在 1977 年文物出版社出版的《鲁迅》一书中使用过，该书目前藏于北京鲁迅博物馆。北京鲁迅博物馆系隶属于国家文物局的公益性事业单位，主要负责鲁迅遗物的征集与保管、鲁迅文化的研究与宣传，馆内藏品可由使用者办理相应的审批手续后进行借阅、参展、拍照、扫描、复制。黄某某现任北京鲁迅博物馆副馆长、研究馆员，从事鲁迅文化研究，出版过多部有关鲁迅及其家庭生平事迹的著作。

原告周某飞、周某斐、周某一、周某诉称：黄某某在该书中未征得原告同意，擅自使用鲁迅肖像照片共 114 张，并配以文字解说。该书出版后，通过新华书店及当当网等国内外知名实体和网络书店进行销售。原告认为，公民死亡后，其肖像权应依法保护，黄某某未经鲁迅近亲属同意，擅自使用鲁迅照片、以营利为目的出版《鲁迅像传》，侵犯了鲁迅的肖像权及其近亲属的民事权益。贵州人民出版社的出版行为，当当网、上海书城的销售行为扩大了原告的损失，亦构成侵权。故要求判令：1. 被告黄某某、贵州人民出版社立即停止出版、发行《鲁迅像传》，被告当当网、上海书城立即停止销售《鲁迅像传》。2. 被告黄某某在《光明日报》《鲁迅研究月刊》上赔礼道歉、消除影响。3. 被告黄某某、贵州人民出版社共同赔偿原告经济损失人民币 5 万元，被告当当网、上海书城各赔偿原告经济损失人民币 1 万元。

被告黄某某辩称：肖像权自公民出生时起至死亡时止，死者没有肖像权。肖像权作为人格权不能继承，原告四人并非肖像权人本人，没有诉讼主体资格。黄某某虽然未经原告同意使用鲁迅照片，但鲁迅作为文化名人，其照片早已在各类出版物及展览中向公众开放，已经进入公共领域，黄某某属于合理使用。黄某某作为北京鲁迅博物馆的研究员，长期研究鲁迅文化，使用馆藏照片著书系基于学术研究的需要，出版书籍旨在文化传播，符合捐赠者本意，并非以营利为目的。《鲁迅像传》弘扬了鲁迅精神，内容积极向上，原告没有遭受任何经济损失及精神损害，原告主张的赔偿数额没有法律依据。综上，被告黄某某要求法院驳回原告的诉请。❶

问题：

1. 死者没有权利能力，《民法典》是如何规定死者肖像保护的？

2. 原告的主张是否应当获得法院的支持？

【知识要点】

民事主体是民事法律关系的参加者。民事主体包括自然人、法人、非法人组织。自然人作为民事主体，必须具备民事权利能力；自然人独立实施民事法律行为，需要具备民事行为能力；自然人承担民事责任，需要具备民事责任能力。

---

❶ 改编自上海市黄浦区人民法院民事判决书（2014）黄浦民一（民）初字第 1245 号。

民事权利能力是指法律赋予民事主体享受民事权利、负担民事义务的资格。具有权利能力者称为有"人格"。民事权利能力不同于具体民事权利，民事权利能力是民事主体享有具体民事权利的前提，自然人有了民事权利能力才可能享有具体的民事权利。

民法上自然人的民事权利能力制度包含两个原则：一是平等原则。《民法典》总则编第 14 条规定："自然人的民事权利能力一律平等。"法律规定自然人权利平等是社会发展与进步的体现，"在现代民法上，此乃经过历史上长期发展的结果。在古代欧洲法制上，并非每一个自然人都是权利主体。在罗马时代，家属服从于家长（子女服从父权、妻服从于夫的监护权、奴隶服从主人），仅家长享有完全的权利能力。""在封建领主下的多数农民奴隶属于领主，甚至隶属于土地，不能改变职业，不具有权利能力。""到了启蒙时代（17、18 世纪），要求自由与平等的呼声虽高，但是享有权利能力的市民与不具有权利能力的属民仍有区别。稍后随着民族国家的产生，以及工商业的发展，促成商人阶级的兴起，农民脱离土地，有选择职业的自由。在人道的观念及理性主义的指导下，形成以自由及平等观念为基础的'人'。法国大革命及人权宣言使此项观念更加具体化，欧陆各国民法相继规定，自然人自出生开始当然享有权利能力，成为权利主体。"❶二是自然人的民事权利能力不能抛弃。民法关于民事主体权利能力的规定，属于强行性规定，不允许当事人依自由意思予以排除。因此，任何人不得抛弃其民事权利能力。此外，自然人的民事权利能力也不得被剥夺，即使受刑事处罚，其民事权利能力也不因此而受影响。

自然人的民事权利能力始于出生，终于死亡。换言之，自然人享有民事权利能力的时间与其生命的存续时间完全一致。在法律上，出生的意义之一就在于确定民事权利能力开始的时间，死亡则是确定民事权利能力终止的时间。

（一）自然人的出生

出生是自然人脱离母体而成为独立的生命体的生物事实。在法律上，出

---

❶ 施启扬.民法总则（修订第八版）[M].北京：中国法制出版社，2010：63-64.

生是自然人民事权利能力的始期。关于出生的时间，有不同的学说，一般认为，出生是指胎儿与母体分离，且分离后保有生命，独立呼吸。胎儿一旦出生成为婴儿即具有民事权利能力，而不论其出生后存活时间的长短。《民法典》总则编第 15 条规定："自然人的出生时间和死亡时间，以出生证明、死亡证明记载的时间为准；没有出生证明、死亡证明的，以户籍登记或者其他有效身份登记记载的时间为准。有其他证据足以推翻以上记载时间的，以该证据证明的时间为准。"

比较特殊的是胎儿。胎儿是指受精后第七周（即妊娠第九周）起的受精卵。❶换言之，胎儿是指自受胎时起至脱离母体之前的生命体。从逻辑上说，因为自然人的权利能力始于出生，而胎儿尚未出生，是母体的一部分，所以没有权利能力，不是民事权利的主体。但是，如果完全不考虑胎儿的特殊性，会造成胎儿利益受损。一般涉及胎儿利益保护的主要是继承权、受遗赠权、抚养请求权和对侵权行为的损害赔偿请求权等。对此，各国（地区）法律均通过一定方式对胎儿进行一定程度的保护。

各国（地区）对于胎儿的保护主要有三种模式：

一是概括保护，即胎儿以将来非死产者为限，视为已经出生。如我国台湾地区"民法"第 7 条规定："胎儿以将来非死产者为限，关于其个人利益之保护，视为既已出生。"《瑞士民法典》第 31 条第 2 款规定："胎儿，只要其出生时尚生存，出生前即具有权利能力的条件。"

二是例举保护（又称个别保护），即胎儿原则上无权利能力，但法律举出若干例外情形视为有权利能力。如《德国民法典》第 1923 条第 2 款规定："在继承开始时尚未生存但已经孕育的人，视为在继承开始前出生。"第 844 第 2 款规定："……即使第三人在死亡人受害时为尚未出生的胎儿，仍然发生赔偿的义务。"《日本民法典》第 721 条规定："对于损害赔偿请求权，视为胎儿已出生。"第 886 条第 1 款规定："在继承上，视为胎儿已经出生。"《法国民法典》第 725 条规定："只有继承开始时生存的人，或者已受胎、出生时存活的人始能继承。"第 906 条第 1 和第 2 款规定："有能力接受生前赠与者，仅需在赠与之时已经受胎即可。在遗嘱人死亡时已经受胎的胎儿，有

---

❶　辞海（第六版）［M］．上海：上海辞书出版社，2011：4297.

按照遗嘱接受遗产的能力。"

三是绝对主义，即认为胎儿不具有民事权利能力。依此绝对主义，胎儿不具有权利能力，不能成为民事权利主体。依我国《民法通则》的规定，胎儿不具有民事权利能力。但是关于遗产继承，继承法为保护胎儿的利益，设有特殊规定。原《继承法》第 28 条规定："遗产分割时，应当保留胎儿的继承份额。胎儿出生时是死体的，保留的份额按照法定继承处理。"《民法典》第 1155 条虽然保留了此条，但是因为《民法典》总则编增加了第 16 条的规定，我国实际上已经承认胎儿具有民事权利能力。

上述三种保护模式，就对胎儿利益的保护而言，概括的保护主义最为有利。因此，《民法典》通过总则编第 16 条对胎儿利益的保护作了全新的规定："涉及遗产继承、接受赠与等胎儿利益保护的，胎儿视为具有民事权利能力。但是胎儿娩出时为死体的，其民事权利能力自始不存在。"从文字表述看，我国《民法典》究竟采取第一种模式还是第二种模式，较难判断。此外，胎儿的权利能力仅限于胎儿个人利益的享有能力，不包括负担义务的能力。

（二）自然人的死亡

自然人的民事权利能力终于死亡。死亡包括生理死亡和宣告死亡。影响自然人权利能力的是生理死亡，不包括宣告死亡，因为被宣告死亡的人只要事实上没有死亡，仍然具有权利能力。

对生理死亡时间的确定有不同的学说。我国是以心跳停止、呼吸停止及瞳孔放大为标准。随着医学的发展，已有较多国家承认脑死亡。自然人脑死亡后，可能通过人工方法维持较长时间的心跳、呼吸和血液循环，这对器官移植有重要意义。目前已有多个国家立法承认脑死亡为死亡的标准。

依据我国《民法典》，自然人的出生时间和死亡时间，以出生证明、死亡证明记载的时间为准；没有出生证明、死亡证明的，以户籍登记或者其他有效身份登记记载的时间为准。有其他证据足以推翻以上记载时间的，以该证据证明的时间为准。

死亡导致自然人的民事权利能力终止，因此，死者参与的民事法律关系相应终止，继承开始，配偶可以再婚，还发生人身保险合同产生法律效力等后果。

死亡时间的确定在继承中有特别重要的意义，如相互有继承关系的数人共同罹难，死亡时间的确定将决定死者之间的继承顺位。《民法典》第1121条规定："继承从被继承人死亡时开始。相互有继承关系的数人在同一事件中死亡，难以确定死亡时间的，推定没有其他继承人的人先死亡。都有其他继承人，辈分不同的，推定长辈先死亡；辈分相同的，推定同时死亡，相互不发生继承。"

自然人死亡后民事权利能力终止。但是，现实生活中会出现自然人死亡后其姓名、肖像被利用，名誉被损害等情形，对此，我国《民法典》人格权编第994条撇开死者没有权利能力的逻辑障碍，直接规定："死者的姓名、肖像、名誉、荣誉、隐私、遗体等受到侵害的，其配偶、子女、父母有权依法请求行为人承担民事责任；死者没有配偶、子女且父母已经死亡的，其他近亲属有权依法请求行为人承担民事责任。"

此外，《民法典》总则编第185条对英雄烈士的保护作了特别规定："侵害英雄烈士等的姓名、肖像、名誉、荣誉，损害社会公共利益的，应当承担民事责任。"英雄烈士可能没有近亲属，此条实际上赋予了非近亲属基于社会公共利益提起诉讼的可能性。

二、自然人的民事行为能力

【案例一】

2016年6月5日，被告谢某向原告苏某借款5万元。谢某向苏某出具一份借条："谢某于2016年6月5日向出借人苏某借款人民币伍万元整，借款期限2个月，于2016年8月4日归还本息，如不能按时归还愿按每日百分之一违约处理，借款人：谢某，日期：2016.6.5。"同日，李某向苏某出具一份担保书，担保书载明："本人李某自愿为谢某做为借款担保人，如借款人谢某不能按期归还，本人李某愿意替谢某还款，担保人：李某，日期：2016年6月5日。"

谢某出生于 1998 年 12 月 8 日，其在出具本案借条时尚未成年。

后谢某未依照承诺还款，苏某向法院提起诉讼，请求判令谢某、谢某的父母偿还借款本金 5 万元、延期还款违约金 2 万元；判令李某对上述债务承担连带还款责任。

谢某辩称，本案借贷发生时自己未成年，是限制民事行为能力人，因父母对借款行为没有追认，大额借款行为应当无效。

谢某的父母辩称，现在谢某已经成年，应当由其个人承担还款责任。❶

问题：借款合同是否有效？

【案例二】

自 2016 年 9 月 30 日起，原告视琭公司作为甲方，与 16 周岁的乙方陈某（被告）签订了 5 份协议：

1. 2016 年 9 月 30 日双方签订《游戏解说独家签约协议书》一份，约定甲方将乙方推荐至甲方的战略合作伙伴（开讯公司）运营的触手 TV 游戏在线直播平台进行游戏解说，协议期限自 2016 年 9 月 30 日起至 2019 年 9 月 30 日止，乙方以网络名"浪荡成性孤影"在触手 TV 履行本协议项下义务；甲方给予乙方酬金每月 300 元，乙方在触手 TV 平台每月有效直播时间不低于 150 小时，未达到当月有效直播时间，则酬金不予发放。

2. 2016 年 11 月 21 日，双方签订《补充协议书》，报酬变更为酬金每月5000 元，乙方在触手 TV 平台每月有效直播时间不低于 25 天和 150 小时，每日排名不低于 20 名，可以另行享受排名奖励，未达到当月有效直播时间，则酬金不予发放，未达到排名要求则扣除当日酬金。

3. 2016 年 12 月 17 日，双方签订《补充协议书》，报酬变更为酬金每月15000 元，乙方在触手 TV 平台每月有效直播时间不低于 25 天和 150 小时，每日排名不低于 10 名，可以另行享受排名奖励，未达到当月有效直播时间，则酬金不予发放，未达到排名要求则扣除当日酬金。

4. 2017 年 1 月 20 日，双方签订《补充协议书》，报酬变更为酬金每月30000 元，乙方在触手 TV 平台每月有效直播时间不低于 25 天和 120 小时，

---

❶ 改编自安徽省合肥市中级人民法院民事判决书（2019）皖 01 民终 651 号。

每日排名不低于 5 名，可以另行享受排名奖励，未达到当月有效直播时间，则酬金不予发放，未达到排名要求则扣除当日酬金。

5. 2017 年 3 月 26 日，双方签订《主播独家合作协议》一份，约定：甲方推荐乙方在触手平台进行游戏直播，并对乙方进行包装推广；乙方同意在触手平台进行游戏直播，并将其独家经纪代理权全权授予甲方；独家合作期限为 3 年，自 2017 年 3 月 26 日起至 2020 年 3 月 25 日止；双方同意，本协议项下的合作费用包括基本合作费用及平台奖励，由甲方按月支付；双方同意，在乙方按照本协议完全履行其约定义务且没有给甲方造成损失的情况下，甲方应按照以下约定条件及方式向乙方支付基本合作费用：每月 100000元，含税，乙方每月有效直播天数不低于 25 天，每月有效直播时间不低于120 小时，每日排名不低于 5 名；若乙方未达到当月有效直播时间，则基本合作费用不予发放，如某日未达到排名要求，则扣除当日的单日基本合作费用，如未达到有效直播天数，则每少一天扣除一天单日基本合作费用；双方一致同意，本协议期限内，乙方有任何未经甲方或开迅公司允许私自参加线上或线下的游戏解说或与之相近的活动的，乙方因此所获得的收益，归甲方所有；因乙方原因导致本协议提前终止，乙方除承担赔偿责任外，自本协议终止之日起六个月内，不得在与甲方及开迅公司经营相同或相类似业务的任何公司、实体从事游戏解说或提供其他任何形式的游戏解说服务；乙方违反前述约定的，全部所得应归甲方所有，等等。

2017 年 4 月 28 日，陈某在其 QQ 及微博上发布公告，表示"自 2017年 4 月 29 日开始在斗鱼直播了"。此后陈某未再在触手平台进行游戏解说直播，而是自 2017 年 4 月 29 日开始在斗鱼平台进行游戏解说直播。后陈某又于 2017 年 9 月至虎牙平台进行游戏解说直播。陈某在发布上述公告前未与视琭公司及开迅公司协商停止履行案涉协议的事宜。

自 2016 年 10 月至 2017 年 4 月，视琭公司委托案外人共计向陈某支付款项 52 万元。

视琭公司向法院起诉请求：1. 判令解除视琭公司与陈某签订的所有协议，判令陈某向视琭公司支付违约金 1000 万元；2. 判令陈某向视琭公司支付在协议约定期间私自参加斗鱼直播平台、虎牙直播平台游戏解说所获得的全部收益；3. 判令陈某在其个人新浪微博、QQ 空间、QQ 动态以及触手直播平台、虎牙直播平台上公开向视琰公司和开迅公司书面赔礼道歉。陈某辩称自己是限制民事行为能力人，双方订立的合同无效。❶

问题：视琰公司与陈某订立的合同是否有效？

【知识要点】

（一）民事行为能力的概念

民事行为能力，是指法律赋予民事主体可以独立实施民事法律行为的资格。民事主体参加民事法律关系，有一部分是通过实施法律行为进行，如立遗嘱、订立合同。为了保护意思能力不全者的利益，同时也是为了维护交易安全，各国法律均规定，自然人欲通过实施法律行为参与民事法律关系的，必须具有相应的民事行为能力。具有民事行为能力的人，可以不依赖于他人的帮助而独立实施法律行为，为自己取得民事权利或设定民事义务。对于自然人而言，人人都有民事权利能力，即自然人以生存为条件，民事权利能力平等，一经出生即当然具有民事权利能力。但自然人的民事行为能力，并不是从一出生即当然享有，也不是一切自然人都具有民事行为能力。法律为了保护意思能力不全者的利益，同时也是为了维护交易安全，仅赋予有一定判断能力的自然人民事行为能力。

民事行为能力以意思能力为基础。意思能力，也称为识别能力，是指表意人理解自己行为的性质，了解自己行为后果的能力。不同的自然人因为其智力发育状况不同，导致其识别能力存在差异。意思能力的有无是事实问题，因此，要真正判断自然人的意思能力，最符合事实的方法是根据每个自然人智力状况，针对其实施的具体法律行为，一一判断其为表意行为时是否具有意思能力。但在现实生活中这种方法很难操作，不方便交易。从常识上看，自然人的意思能力往往是随着其年龄增长而发展的，达到一定的年龄段就完全具备识别能力了。所以，各国立法均未采取对自然人的民事行为能力个案审查的做法，而是采取以年龄和精神状况为依据统一规定的做法，即首先以年龄为标准区分自然人为不同的民事行为能力人，同时，又考虑到自然

---

❶ 改编自浙江省杭州市中级人民法院民事判决书（2019）浙 01 民终 6611 号。

人的精神状况，对患有精神疾病者的民事行为能力作出特别规定。这种方法既方便实际操作，又有利于维护交易的安全。换言之，在法律上，民事行为能力是"定型化"的：达到一定年龄的人，只要精神状况正常，就具有完全民事行为能力。至于该自然人的实际智力状况如何，对其民事行为能力的认定没有影响。

（二）民事行为能力的分类

对民事行为能力分类的立法，大致有两种模式：一种是两分法，即分为完全行为能力和限制行为能力，如《日本民法典》，以成年人为完全行为能力人，未成年人等为限制行为能力人。另一种是三分法，即将行为能力分为完全行为能力、限制行为能力和无行为能力，如《德国民法典》和我国台湾地区"民法"。我国《民法典》也采取三分法。

1. 完全民事行为能力

具有完全民事行为能力的自然人，可以独立实施法律行为。各国立法一般以成年作为自然人享有完全民事行为能力的分界线。但是对成年的年龄，各国规定不完全一致。有规定十八周岁的，如英国、土耳其、匈牙利等；有规定二十周岁的，如瑞士、日本等；还有规定二十一周岁的，如法国、奥地利、意大利等。我国《民法典》总则编第 17 条规定："十八周岁以上的自然人为成年人。不满十八周岁的自然人为未成年人。"

依据我国《民法典》，十八周岁以上的自然人是成年人，具有完全民事行为能力，可以独立实施民事法律行为。但是我国《劳动法》第 15 条规定："禁止用人单位招用未满十六周岁的未成年人。文艺、体育和特种工艺单位招用未满十六周岁的未成年人，必须依照国家有关规定，履行审批手续，并保障其接受义务教育的权利。"考虑到我国《劳动法》规定的一般就业年龄是十六周岁，因此《民法典》总则编第 18 条特别规定："十六周岁以上的未成年人，以自己的劳动收入为主要生活来源的，视为完全民事行为能力人。""主要生活来源"的认定标准是看其是否能够以自己的劳动取得收入并维持当地群众一般生活水平。这一规定是法律为了缓解依年龄为标准划分民事行为能力造成的僵化和不便。在其他国家和地区也有类似的规定，如未成年人结婚或者独立营业的，视为具有完全民事行为能力。我国台湾地区"民法"第 980 条规定的结婚年龄是男满十八周岁，女满十六周岁，而第 12 条规定的成年年龄是二十周岁，作为缓解，第 13 条第 3 款规定："未成年人已结婚者，有行为能力。"

2. 限制民事行为能力

《民法典》总则编第 19 条规定："八周岁以上的未成年人为限制民事行为能力人，实施民事法律行为由其法定代理人代理或者经其法定代理人同意、追认，但是可以独立实施纯获利益的民事法律行为或者与其年龄、智力相适应的民事法律行为。"《民法典》第 22 条规定："不能完全辨认自己行为的成年人为限制民事行为能力人，实施民事法律行为由其法定代理人代理或者经其法定代理人同意、追认，但是可以独立实施纯获利益的民事法律行为或者与其智力、精神健康状况相适应的民事法律行为。"可见，我国民法规定的限制行为能力人有两种，一是八周岁以上不满十八周岁的未成年人；二是不能完全辨认自己行为的成年人。

限制行为能力人可以独立实施与他的年龄、智力、精神健康状况相适应的民事法律行为，其他民事法律行为由他的法定代理人代理，或者征得他的法定代理人的同意实施。八周岁以上不满十八周岁的未成年人都是限制民事行为能力人，他们能够独立实施的民事法律行为的范围不完全相同。法律规定他们可以独立实施的是与其年龄、智力、精神健康状况相适应的法律行为。判断未成年的限制民事行为能力人实施的民事法律行为是否与其年龄、智力状况相适应，可以从行为与本人生活相关联的程度、本人的智力能否理解其行为，并预见相应的行为后果，以及行为标的数额等方面认定；判断不能完全辨认自己行为的成年人实施的民事法律行为是否与其精神健康状况相适应，可以从行为与本人生活相关联的程度、本人的精神状况能否理解其行为，并预见相应的行为后果，以及行为标的数额等方面认定。

但是，如果限制民事行为能力人实施的民事法律行为属于纯获利益的法律行为的，则一律有效。所谓纯获利益，是指在某一法律行为中，限制民事行为能力人单纯享有法律上的利益，而不负任何法律上的义务。在某一法律行为中，限制民事行为能力人虽然享有优厚利益而只负担甚少义务，对限制民事行为能力人虽然"绝对有利"，仍非"纯获利益"。但是，也有学者认为，此条是为限制民事行为能力人的利益而规定，对于"纯获法律上利益"不宜作过分严格而不合理的解释，否则反而失去保护的目的，例如出卖人以象征性的价格出售机车，似宜解为纯获利益或参酌隐藏行为的规定，解为赠与，使其行为独立有效。❶

3.无民事行为能力

《民法典》总则编第 20 条规定："不满八周岁的未成年人为无民事行为能力人，由其法定代理人代理实施民事法律行为。"《民法典》第 21 条规定："不能辨认自己行为的成年人为无民事行为能力人，由其法定代理人代理实施民事法律行为。八周岁以上的未成年人不能辨认自己行为的，适用前款规定。"可见，我国民法规定的无民事行为能力人包括三类：一是不满八周岁的未成年人；二是八周岁以上的不能辨认自己行为的未成年人；三是不能辨认自己行为的成年人。

无行为能力人心智发展不成熟，不具有识别能力，因此不能独立实施民事法律行为，其只能通过法定代理人代理其实施民事法律行为。但在现实生活中，有一定意思能力的无行为能力人为了学习和生活，也可以实施一些小额的、日常生活必要的民事法律行为，如购买零食、乘坐公共交通、从自动售货机购买饮料，等等。尤其是利用自动售货机购买物品、乘坐公共汽车或者其他公共交通工具等行为，这些消费行为具有固定价格和服务条件，所有人均是一个交易价格，未成年人订立此种合同不会受到损害，应当认定为有效。

由于《民法典》仅规定限制民事行为能力人可以独立实施纯获利益的行为，无民事行为能力人实施的纯获利益的行为是否有效，学界有不同的观点。最高人民法院认为，因为未成年人接受奖励、赠与、报酬等行为对未成年人有益，他们只是获得利益而不承担责任，因此，他人不能以行为人无民事行为能力为由主张无效。❷

4.民事行为能力宣告制度

自然人的行为能力取决于自然人的意思能力。这种意思能力的有无一般

---

❶ 施启扬.民法总则（修订第八版）[M].北京：中国法制出版社，2010：225.

❷ 沈德咏.《中华人民共和国民法总则》条文理解与适用（上）[M].北京：人民法院出版社，2017：231.

是以年龄为标准，但这是以自然人的智力发展正常为前提。自然人智力发展不正常也是常有之事，因此，法律规定判断意思能力有无的另一个标准是智力发展状况。智力发展状况如何，是一个事实认定问题。考虑到认定自然人智力发展状况关涉重大，各国法律一般均规定必须由法院通过司法程序予以认定。为此，许多国家民法规定了民事行为能力宣告制度。

民事行为能力宣告制度是指精神疾病患者的利害关系人，向法院申请宣告该患者为无民事行为能力人或者限制民事行为能力人的制度。《民法典》第 24 条规定："不能辨认或者不能完全辨认自己行为的成年人，其利害关系人或者有关组织，可以向人民法院申请认定该成年人为无民事行为能力人或者限制民事行为能力人。被人民法院认定为无民事行为能力人或者限制民事行为能力人的，经本人、利害关系人或者有关组织申请，人民法院可以根据其智力、精神健康恢复的状况，认定该成年人恢复为限制民事行为能力人或者完全民事行为能力人。本条规定的有关组织包括：居民委员会、村民委员会、学校、医疗机构、妇女联合会、残疾人联合会、依法设立的老年人组织、民政部门等。"

宣告成年人无民事行为能力或者限制民事行为能力必须具备三个条件：第一，被宣告的对象只能是不能辨认或者不能完全辨认自己行为的成年人，未成年人不适用宣告制度；第二，必须由不能辨认或者不能完全辨认自己行为的成年人的利害关系人向法院提出。不能辨认或者不能完全辨认自己行为的成年人的利害关系人是指与不能辨认或者不能完全辨认自己行为的成年人之间存在法律上的权利义务关系的人，包括不能辨认或者不能完全辨认自己行为的成年人的父母、成年子女等近亲属以及不能辨认或者不能完全辨认自己行为的成年人的债权人、债务人或者有关组织，如居民委员会、村民委员会、学校、医疗机构、妇女联合会、残疾人联合会、依法设立的老年人组织、民政部门等。法院不得主动宣告自然人为无民事行为能力人或者限制民事行为能力人。利害关系人可以根据不能辨认或者不能完全辨认自己行为的成年人的具体情况，申请宣告其为无民事行为能力或者限制民事行为能力。第三，必须由法院依照民事诉讼法规定的程序做出宣告，其他任何机关或者个人都不能行使此项权力。自法院做出宣告之日起，被宣告的自然人即丧失或部分丧失其民事行为能力。被法院宣告为无民事行为能力人或者限制民事行为能力人的，根据其健康恢复的状况，经本人、利害关系人或者有关组织申请，人民法院可以认定并恢复其为限制民事行为能力人或者完全民事行为能力人。

宣告与未宣告的区别：已依法被宣告为无行为能力的自然人，其所实施的法律行为当然无效，不再考虑其实施该行为时事实上有无意思能力。因为宣告制度旨在使自然人行为能力的有无确定化，避免就行为人的各个行为审究其行为时的意思能力，以保护交易安全，并兼顾精神障碍者的利益。未依法宣告的，其实施的法律行为原则上有效，但当事人仍然可以以意思能力欠缺而主张该行为无效。在这种情形下，当事人须负举证责任。我国实务中，一般是中止案件审理，先进行行为能力认定的审理。

三、自然人的民事责任能力

【案例】

甲患有间歇性精神疾病，经子女提出申请，法院依法判决宣告甲为无民事行为能力人。某日，甲在清醒时拿着房产证去某房产中介公司，与乙签订了房屋买卖合同。甲在签完合同骑自行车回家途中，闯红灯并撞伤行人丙。

问题：

1. 甲乙之间的房屋买卖合同是否有效？

2. 对丙的损害应当由甲还是甲的监护人承担赔偿责任？

【知识要点】

民事责任能力，指民事主体据以独立承担民事责任的法律资格。凡具有民事责任能力的主体，将对自己的行为所造成的违法后果承担民事责任。反之，无民事责任能力的主体，在其行为给他人造成损害时，其本人将不受法律追究，而由其监护人承担民事责任。具体而言，责任能力"是指一个人对于自己行为的危害性是否能够认识，从而是否能够独自承担该侵权行为产生

的法律责任的资格"。❶

我国民法没有明确使用责任能力一词，对民事责任能力的性质学界存在不同的观点。有人认为民事责任能力只是民事权利能力的一个方面；有人认为民事责任能力被包含在民事行为能力中；有人认为民事责任能力区别于民事权利能力和民事行为能力。本书认为，民事责任能力不同于民事权利能力和民事行为能力，是一种独立的民事能力，只是我国是以民事行为能力的有无，作为认定责任能力的标准。我国《民法典》侵权责任编第 1188 条规定："无民事行为能力人、限制民事行为能力人造成他人损害的，由监护人承担侵权责任。监护人尽到监护职责的，可以减轻其侵权责任。有财产的无民事行为能力人、限制民事行为能力人造成他人损害的，从本人财产中支付赔偿费用。不足部分，由监护人赔偿。"可见，在我国，有行为能力即有责任能力，无行为能力或者限制行为能力即无责任能力，其实施违法行为造成损害的，由其监护人承担民事责任。

民事责任能力与民事行为能力二者区别如下：民事行为能力是决定民事法律行为是否有效的根据，民事责任能力是决定行为主体是否自己承担民事责任的根据。

对民事责任能力的认定，也有采取不依据民事行为能力而单独判断的立法例。如我国台湾地区"民法"将民事责任能力单独规定，其第 187 条第 1 项规定："无行为能力人或者限制行为能力人，不法侵害他人之权利者，以行为时有识别能力为限，与其法定代理人连带负损害赔偿责任。行为时无识别能力者，由其法定代理人负损害赔偿责任。"依据我国台湾地区"民法"，无民事行为能力人或者限制行为能力人应否承担侵权责任，视其行为时有无识别能力而定。所谓识别能力，指对事物有正常认识及预见其行为能发生法律效果的能力，相当于构成行为能力基础的意思能力。换言之，在侵权行为，行为人有无侵权责任能力，系就个案进行判断，即使行为人已经被宣告为无民事行为能力人，若其在行为时有识别能力，仍然需要承担民事责任。而行为能力的认定，一般均适用法律统一规定的标准。被宣告为无民事行为能力的自然人，在实施法律行为时即使有意思能力，其实施的法律行为仍然

---

❶ 程啸. 侵权责任法（第二版）[M]. 北京：法律出版社，2015：288.

无效。所以作此区别，主要理由是，法律行为上的行为能力，须予以制度化，使有客观的标准，期能对智虑不周者的保护及交易安全，兼筹并顾。反之，侵权行为涉及行为人应否在法律上负损害赔偿的责任，宜采具体判断标准，就个案加以判定。❶责任能力还包括合同责任能力。我国台湾地区"民法"第 221 条规定："债务人为无行为能力人或者限制行为能力人，其责任（指契约责任）依第 187 条之规定定之。"可见，在我国台湾地区，契约责任也相同，也是个案认定有无责任能力。

四、监护

【案例一】

钟某女诉赵某某民事行为能力案判决书：

申请人：钟某女。

被申请人：赵某某。

代理人：钟某男（系被申请人赵某某的儿子）。

申请人钟某女申请宣告被申请人赵某某无民事行为能力一案，本院于 2017 年 12 月 29 日立案后，依法适用特别程序进行了审理。现已审理终结。

申请人钟某女称，被申请人赵某某系其母亲，患脑梗多年，瘫痪在床，行动不便，意识时而模糊。为更好地维护被申请人赵某某的合法权益，故申请宣告被申请人赵某某为无民事行为能力人，同时指定申请人钟某女为其监护人。

被申请人赵某某及其代理人钟某男未作答辩。

经审理查明，申请人钟某女与被申请人赵某某系母女关系。被申请人赵某某与丈夫钟某某共生育了一子一女，即儿子钟某男、女儿钟某女。钟某某于 2010 年 5 月 30 日死亡。被申请人赵某某的父母也均于多年前死亡。2017 年 7 月 10 日，钟某男、钟某女、赵某某三人共同签订"协议书"1 份，约定"一、若日后母亲赵某某随着年龄增长，丧失或者限制民事行为能力时，三

---

❶　王泽鉴.民法总则［M］.北京：中国政法大学出版社，2001：95.

方决定由钟某女担任监护人，尽主要照顾义务……"。

2017年12月14日，上海宋慈法律咨询有限公司出具司法鉴定意见书1份（宋慈［2017］精残鉴字第54号），鉴定意见为："1.被鉴定人赵某某患有多发脑梗塞性痴呆；2.被鉴定人赵某某为无民事行为能力。"钟某女为此支付鉴定费3150元（人民币）。

法院认为，基于以上事实，申请人钟某女的申请符合相关法律规定，应予支持。据此，依照《中华人民共和国民法总则》第28条、第30条、第31条第1款，《中华人民共和国民事诉讼法》第189条规定，判决如下：

一、赵某某为无民事行为能力人；

二、指定钟某女为赵某某的监护人。❶

问题：

1.《民法典》规定了哪几种监护？

2.该案属于哪种监护？法律适用是否正确？

【案例二】

原告罗某、谢某系夫妻，他们的儿子罗某1与被告陈某于2007年4月28日登记结婚。罗某1与陈某双方均系再婚，再婚前，罗某1已育有一子一女，陈某未曾生育。婚后，罗某1与陈某通过购买他人卵子，并由罗某1提供精子，通过体外授精联合胚胎移植技术，出资委托其他女性代孕，于××年××月××日生育一对异卵双胞胎即罗某2（男）、罗某3（女）。两名孩子出生后随罗某1和陈某共同生活。2014年2月7日罗某1因病去世，陈某携罗某2、罗某3共同生活。

2014年12月29日，罗某、谢某向法院提起诉讼，要求获得对双胞胎的监护权。

罗某、谢某诉称，罗某1为罗某2、罗某3的生物学父亲，陈某并非生物学母亲；以非法代孕方式生育子女违反国家现行法律法规，陈某与罗某2、罗某3之间未形成法律规定的拟制血亲关系；二原告是罗某2、罗某3之祖父母，在罗某1去世而孩子生母不明的情况下，应由其作为法定监护人并

---

❶ 改编自上海市闵行区人民法院民事判决书（2017）沪0112民特842号。

抚养两名孩子。

陈某辩称，两名孩子出生后即随罗某1、陈某共同生活，2014年2月7日罗某1因病去世后，孩子随自己共同生活至今。陈某认为，采用代孕方式生育子女系经夫妻双方同意，孩子出生后亦由其夫妻实际抚养，故应推定为罗某1与陈某的婚生子女，陈某为孩子的法定监护人；如无法认定罗某2、罗某3为罗某1与陈某的婚生子女，则基于两名孩子自出生之日起由其夫妻共同抚养的事实，应认定陈某与之形成了事实收养关系；如无法作出上述认定，则应在卵子提供人或代孕人两者中确定孩子的生母，即法定监护人，在不能确定生母是否死亡或丧失监护能力的情况下，应驳回罗某、谢某要求作为孩子监护人的诉讼请求。❶

问题：

1. 陈某与罗某2、罗某3之间是否形成了法律规定的拟制血亲关系？
2. 谁应当获得双胞胎的监护权？

【案例三】

原告黄某宇生于2001年1月11日，为海门市海南中学学生。在黄某宇出生的当年，黄某宇的祖父黄某新出资为其购买了房屋一套（即涉案房屋），房屋产权登记在黄某宇名下。黄某、杨某系黄某宇的父母。2012年4月16日，黄某、杨某以黄某宇监护人的身份，以黄某宇的名义与朋友沈某某签订房屋买卖合同，将涉案房屋出卖给了沈某某，房屋产权当日过户至沈某某及妻子名下。

黄某宇的祖父黄某新代理黄某宇提起诉讼，要求确认黄某、杨某与沈某某之间订立的房屋买卖合同无效。

一审法院认为，未成年人为无民事诉讼行为能力人，应由其监护人作为法定代理人代为诉讼。未成年人的父母是其法定的第一顺位监护人，非有法定事由，并经法定程序，不得随意变更、否定未成年人父母的监护人身份。本案中，黄某宇父母健在，且无证据证明其父母监护资格被撤销或丧失监护能力，故黄某宇的监护人仍为其父母。黄某宇祖父黄某新并非黄某宇的监护人，其无权以法定代理人身份代理黄某宇进行诉讼。另，涉案房屋登记所有权人为黄某宇，案涉房屋的买卖合同、售房协议书的出卖方也为黄某宇，而非黄某、杨某。黄某、杨某系以黄某宇的监护人身份代黄某宇与沈某某签订合同，其二人与沈某某不存在法律意义上的房屋买卖关系。故黄某、杨某并非本案适格被告。据此，一审法院裁定驳回黄某宇的起诉。❶

问题：

1. 黄某新是否有权代理黄某宇起诉？

2. 房屋买卖合同是否有效？

【案例四】

申请人郑某与被监护人郑某某系父子关系，与被申请人段某某系继母子关系。2013年2月，郑某某突发疾病，经医院诊断为"脑梗死、左侧颈内动脉闭塞、右侧椎动脉闭塞、高血压3级"等，经多家医院治疗未能治愈。

2013年7月2日段某某以夫妻感情破裂，无法共同生活为由，诉至法院要求与郑某某离婚，法院未予准许。

2014年7月2日法院依据郑某的申请，依法宣告郑某某为无民事行为能力人。

现申请人郑某以被申请人段某某作为监护人侵害了被监护人郑某某的人身健康权利及财产权益为由，申请撤销被申请人段某某对郑某某的监护资格，变更自己为郑某某的监护人。理由是：在父亲患病后的治疗、康复期间，被申请人段某某在仅支付部分医疗费用后便弃郑某某不顾。经申请人及亲属多次恳求，段某某于2013年5月23日用其与郑某某夫妻共同所有的企业账户通过网银打款7.7万元给申请人，称"同意用该笔钱给郑某某看病"。其后段某某于2013年7月提起离婚诉讼要彻底离弃郑某某，且于2014年3月又以公司名义提起"返还不当得利"诉讼，要求申请人返还上述为郑某某治病的款项。段某某对其与郑某某共有公司不尽经营管理职责，致公司被吊销营业执照。在继母抛弃父亲的情况下，申请人自愿承担起照顾父亲郑某某的义务，为父亲看病、聘请护工、康复治疗等付出了大量费用及心血。郑某

---

❶ 改编自江苏省南通市中级人民法院（2015）通中民终字第0139号。

某的病情还需长期护理、治疗，必将产生巨额花销。综上，申请人认为段某某作为监护人明显侵害了被监护人郑某某的人身健康权利及财产权益，已不适宜继续担任郑某某的监护人，故申请撤销段某某对郑某某的监护资格，变更自己为郑某某的监护人。

被申请人段某某辩称：第一，自己切实履行了监护人的职责，没有侵害被监护人的人身与财产权益，不存在法律规定撤销监护权的法定情形；第二，申请人申请撤销被申请人对被监护人的监护权，其真正目的不是保护被监护人的身体、健康权与财产权益，而是为了侵占被监护人与自己的钱财；第三，申请人在外地工作居住，与被监护人不在同一地居住，且因工作原因，无法对被监护人履行监护职责，变更申请人为监护人，显然不利于保护被监护人的健康权和财产权益；自己与被监护人系夫妻关系，根据法律规定，自己被赋予监护职责。综上，申请人的申请事项，不符合法律规定，请求依法驳回申请人的申请。

法院查明：申请人郑某在北京居住、工作。被监护人目前在北京市通州区康福星养老院生活。❶

问题：

1. 撤销监护人资格与变更监护人有什么区别？
2. 法院是否应当支持申请人郑某的诉请？

【案例五】

宗某某（事发时 86 周岁）和被告一吴某某系夫妻关系，其余被告宗云一、宗云二、宗云三、宗云四系宗某某和吴某某的子女。宗某某、吴某某与各子女分家独立生活。

2012 年 9 月 7 日上午 5 时许，宗某某和吴某某在义亭镇新西河村将原告宗某菊的丈夫殴打致死。义乌市公安局将宗某某和吴某某抓获归案，经鉴定吴某某系精神病人，无刑事责任能力；宗某某被取保候审，于 2013 年 3 月 2 日因病死亡。2012 年 9 月 12 日经义乌市义亭镇人民调解委员会调解，宗云一、宗云二替其母亲付给被害人吴某某的家属 5 万元，并约定其余部分通过

---

❶ 改编自安徽省宿州市埇桥区人民法院（2014）宿埇民特字第 00037 号。

诉讼程序解决。

原告宗某菊认为，宗某某和吴某某故意将其丈夫殴打致死，虽宗某某死亡、吴某某为精神病人免予追究刑事责任，但作为吴某某的监护人，宗云一、宗云二、宗云三、宗云四在明知吴某某是无民事行为能力人的情况下未尽到监护责任，造成自己丈夫死亡，应承担相应的民事赔偿责任，现诉请法院判令各被告赔偿原告损失 29 万元。

被告吴某某的法定代理人辩称：事情发生是事实，吴某某作为直接侵权人应当承担相应的民事责任，但是吴某某为无民事行为人，其侵权责任应当由当时的监护人即其丈夫宗某某承担。

被告宗云一、宗云二、宗云三辩称：本案案发时间是 2012 年 9 月 7 日，当时吴某某与宗某某系夫妻关系，宗某某是吴某某的法定监护人，应当由当时的监护人承担赔偿责任，自己不应该承担民事责任。被告宗云四未作答辩。❶

问题：原告的请求是否应当获得法院的支持？

【知识要点】

监护是为对无民事行为能力人和限制民事行为能力人的人身、财产及其他合法权益进行保护而设置的一项民事法律制度。其目的在于保护无民事行为能力人和限制民事行为能力人的权益，弥补无民事行为能力人和限制民事行为能力人行为能力的缺陷，使他们的民事权利能力得到真正实现。履行监护职责的人称为监护人，被保护监督的人称为被监护人。

（一）监护的性质

对监护的性质，学术界存在不同的观点，有监护权利说、监护义务说和监护职责说三种。

1. 监护权利说

该说认为监护是一种权利，并把监护称为监护权。该说认为只有从性质上把监护视为权利，才能使监护人正确、主动地行使权利，并实现监护的目的。对于监护权是一种什么性质的权利，又有两种观点：一是认为监护权是

---

❶ 改编自浙江省金华市中级人民法院民事判决书（2014）浙金民终字第 365 号。

一种身份权，二是否定监护权为身份权。前者认为监护权产生于身份权，是基于监护人的特定身份才产生的。后者认为，在被监护人没有相关的亲属时，法律规定可以由其他公民、组织担任监护人，所以将监护权归于身份权有失全面。

2. 监护义务说

该说认为监护并未赋予监护人任何利益，而只课以沉重的负担，因此就事理之性质而言，监护是法律课加给监护人的片面义务。

3. 监护职责说

该说认为，我国民法设立监护制度纯粹是为保护被监护人的利益，所以，监护是一种社会公益性质的公职。监护是一种职责，是权利与义务的有机统一。监护人既享有职权（权利），又负有责任（义务）。任何人不能根据自己的意志和利益而推卸或不适当地履行这种职责。

《民法典》第 34 条规定："监护人的职责是代理被监护人实施民事法律行为，保护被监护人的人身权利、财产权利以及其他合法权益等。监护人依法履行监护职责产生的权利，受法律保护。监护人不履行监护职责或者侵害被监护人合法权益的，应当承担法律责任。"我国立法使用职责一词，可见采用监护职责说。

与监护比较接近的一个概念是亲权。德国、瑞士、日本民法以及我国台湾地区"民法"区分亲权与监护。如我国台湾地区"民法"对未成年子女首先设置亲权，即父母对未成年子女享有亲权。在未成年人无父母，或者父母不能行使、负担对于其未成年子女之权利、义务时，法律才为未成年子女设置监护。即父母对其未成年子女，得因特定事项，于一定期限内以书面委托他人行使监护之职务。父母对无民事行为能力的成年子女则直接适用监护制度。

史尚宽先生认为，亲权系父母基于身份，对未成年子女以教养保护为目的之权利义务集合。换言之，由为父母之事实支生之权限（包括形成权、支配权、请求权），集合的称为亲权，为一身份权。❶

亲权的内容不同于监护，例如，法国民法上亲权的内容包括父母对未成

---

❶　史尚宽.亲属法论［M］.北京：中国政法大学出版社，2000：34，658.

年子女的教育权、惩戒权、财产管理权。我国台湾地区"民法"第1084条至第1088条规定的亲权的内容包括：（1）父母对于未成年之子女，有保护及教养之权利义务；（2）父母得于必要范围内惩戒其子女；（3）父母为其未成年子女之法定代理人；（4）未成年子女之特有财产，由父母共同管理。父母对于未成年子女之特有财产，有使用、收益之权。但非为子女之利益，不得处分之。

相较于亲权，监护人受到的限制较多。如我国台湾地区"民法"第1101条规定："监护人对于受监护人之财产，非为受监护人之利益，不得使用、代为或同意处分。监护人为下列行为，非经法院许可，不生效力：一、代理受监护人购置或处分不动产。二、代理受监护人，就供其居住之建筑物或其基地出租、供他人使用或终止租赁。监护人不得以受监护人之财产为投资。但购买公债、国库券、中央银行储蓄券、金融债券、可转让定期存单、金融机构承兑汇票或保证商业本票，不在此限。"

在英美法上，亲权与监护不分，皆以之为监护，有父母时以父母为自然的监护人。❶我国《民法典》也使用监护一词，没有出现亲权的概念，一般认为，我们与英美法同。但也有学者认为，我国民法实质上也规定了亲权。《民法典》总则编第26规定："父母对未成年子女负有抚养、教育和保护的义务。成年子女对父母负有赡养、扶助和保护的义务。"此条其实就是亲权的规定，因为此条不是规定监护人有抚养、教育和保护义务，而是仅规定父母对未成年子女有此义务。而监护人的职责则规定在《民法典》总则编第34条："监护人的职责是代理被监护人实施民事法律行为，保护被监护人的人身权利、财产权利以及其他合法权益等。"

（二）监护的设立

设立监护人的方式主要有三种：法定监护、指定监护、遗嘱监护。法定监护是由法律直接规定监护人；指定监护是指在对监护人的确定有争议时由有权指定的机关或者法院指定监护人；遗嘱监护指是父母通过遗嘱的方式为需要监护的子女指定监护人。我国《民法典》在这三种监护的基础上，又增加了成年人意定监护。

---

❶ 史尚宽.亲属法论［M］.北京：中国政法大学出版社，2000：657.

1. 法定监护

我国《民法典》区分未成年人和无行为能力人、限制行为能力人的成年人，对二者法定监护的设立分别作了规定。

（1）未成年人的监护。

《民法典》总则编第 27 条规定："父母是未成年子女的监护人。未成年人的父母已经死亡或者没有监护能力的，由下列有监护能力的人按顺序担任监护人：（一）祖父母、外祖父母；（二）兄、姐；（三）其他愿意担任监护人的个人或者组织，但是须经未成年人住所地的居民委员会、村民委员会或者民政部门同意。"

可见，父母为未成年人的当然法定监护人。即使父母离婚，父母双方仍然是未成年子女的监护人。未与子女共同生活的一方间接行使监护职责。

（2）无民事行为能力或者限制民事行为能力的成年人的监护。

《民法典》总则编第 28 条规定："无民事行为能力或者限制民事行为能力的成年人，由下列有监护能力的人按顺序担任监护人：（一）配偶；（二）父母、子女；（三）其他近亲属；（四）其他愿意担任监护人的个人或者组织，但是须经被监护人住所地的居民委员会、村民委员会或者民政部门同意。"

《民法典》总则编第 32 条规定："没有依法具有监护资格的人的，监护人由民政部门担任，也可以由具备履行监护职责条件的被监护人住所地的居民委员会、村民委员会担任。"

监护人可以将监护职责部分或者全部委托给他人，但监护人的身份不变。因被监护人的侵权行为需要承担民事责任的，除非存在约定，否则仍然由监护人承担；被委托人确有过错的，承担连带责任。

2. 指定监护

《民法典》总则编第 31 条规定："对监护人的确定有争议的，由被监护人住所地的居民委员会、村民委员会或者民政部门指定监护人，有关当事人对指定不服的，可以向人民法院申请指定监护人；有关当事人也可以直接向人民法院申请指定监护人。居民委员会、村民委员会、民政部门或者人民法院应当尊重被监护人的真实意愿，按照最有利于被监护人的原则在依法具有监护资格的人中指定监护人。依照本条第一款规定指定监护人前，被监护人的人身权利、财产权利以及其他合法权益处于无人保护状态的，由被监护人住所地的居民委员会、村民委员会、法律规定的有关组织或者民政部门担任临时监护人。监护人被指定后，不得擅自变更；擅自变更的，不免除被指定的监护人的责任。"

指定监护的特征是：（1）对监护人的确定存在争议；（2）有权指定的机构包括被监护人住所地的居民委员会、村民委员会、民政部门以及人民法院；（3）指定的原则是尊重被监护人的真实意愿，最有利于被监护人；（4）监护人被指定后，不得擅自变更。

3. 遗嘱监护

《民法典》总则编第 29 条规定："被监护人的父母担任监护人的，可以通过遗嘱指定监护人。"

遗嘱监护的特征是：（1）只有作为监护人的父母可以通过遗嘱指定他们去世后谁来担任子女的下一任监护人；（2）遗嘱指定的监护人没有范围限制，可以是法定监护人中的一人或者数人，也可以是法定监护人以外的人；（3）被指定者可以不接受。这是因为任何人不能为他人设定义务，此时应当转而适用法定监护。

4. 成年人意定监护

基于我国人口老龄化带来的社会问题，立法者参考部分发达国家的经验，在民法典中设置了成年人意定监护制度。

成年人因为年龄关系导致行为能力丧失可能有一段过程，早期其智力和精神状况仍属正常时可以为自己确定今后的监护人。《民法典》总则编第 33 条规定："具有完全民事行为能力的成年人，可以与其近亲属、其他愿意担任监护人的个人或者组织事先协商，以书面形式确定自己的监护人。协商确定的监护人在该成年人丧失或者部分丧失民事行为能力时，履行监护职责。"

成年人意定监护的特征是：（1）成年人意定监护通过协议的方式进行；（2）协议必须采取书面形式；（3）协议的监护人可以是自然人，也可以是组织。自然人不必是近亲属。

（三）监护人的职责及责任

1. 监护人的职责

《民法典》总则编第34条规定："监护人的职责是代理被监护人实施民事法律行为，保护被监护人的人身权利、财产权利以及其他合法权益等。"可见，监护人的职责主要包括两个方面：一是代理被监护人实施民事法律行为；二是保护被监护人的合法权益。

监护人履行监护职责应当符合法律规定的要求。《民法典》总则编第35条规定："监护人应当按照最有利于被监护人的原则履行监护职责。监护人除为维护被监护人利益外，不得处分被监护人的财产。未成年人的监护人履行监护职责，在作出与被监护人利益有关的决定时，应当根据被监护人的年龄和智力状况，尊重被监护人的真实意愿。成年人的监护人履行监护职责，应当最大程度地尊重被监护人的真实意愿，保障并协助被监护人实施与其智力、精神健康状况相适应的民事法律行为。对被监护人有能力独立处理的事务，监护人不得干涉。"

具体而言，监护人履行监护职责的要求是：（1）按照最有利于被监护人的原则履行监护职责；（2）除为维护被监护人利益外，不得处分被监护人的财产；（3）履行监护职责时要尊重被监护人的真实意愿；（4）被监护人有能力独立处理的事务，监护人不得干涉。

2. 监护人的责任

监护人的责任包括监护人因自己行为造成被监护人损害时的责任，以及监护人因被监护人对第三人造成损害时的替代责任。

关于前者，《民法典》总则编第34条第3款规定："监护人不履行监护职责或者侵害被监护人合法权益的，应当承担法律责任。"

关于后者，《民法典》侵权责任编第1188条规定："无民事行为能力人、限制民事行为能力人造成他人损害的，由监护人承担侵权责任。监护人尽到监护职责的，可以减轻其侵权责任。有财产的无民事行为能力人、限制民事行为能力人造成他人损害的，从本人财产中支付赔偿费用；不足部分，由监护人赔偿。"

（四）监护人资格的撤销和恢复

监护人资格的撤销不同于变更监护人。（1）在变更监护人的情况下，原监护人的监护资格不一定丧失。而监护人资格被撤销后，其丧失监护资格。（2）二者适用的条件不同。变更监护人，可能是因为原监护人因健康原因不再具有监护能力，也可能是因为原监护人未尽监护职责，对被监护人不利，但其行为又未达到撤销监护资格的程度。两者的相同之处是：均需要重新指定监护人。

关于撤销监护人资格的条件，《民法典》总则编第36条规定："监护人有下列情形之一的，人民法院根据有关个人或者组织的申请，撤销其监护人资格，安排必要的临时监护措施，并按照最有利于被监护人的原则依法指定监护人：（一）实施严重损害被监护人身心健康行为的；（二）怠于履行监护职责，或者无法履行监护职责并且拒绝将监护职责部分或者全部委托给他人，导致被监护人处于危困状态的；（三）实施严重侵害被监护人合法权益的其他行为的。本条规定的有关个人和组织包括：其他依法具有监护资格的人，居民委员会、村民委员会、学校、医疗机构、妇女联合会、残疾人联合会、未成年人保护组织、依法设立的老年人组织、民政部门等。前款规定的个人和民政部门以外的组织未及时向人民法院申请撤销监护人资格的，民政部门应当向人民法院申请。"

《民法典》总则编第37条同时规定："依法负担被监护人抚养费、赡养费、扶养费的父母、子女、配偶等，被人民法院撤销监护人资格后，应当继续履行负担的义务。"

关于监护人资格的恢复，《民法典》总则编第38条规定："被监护人的父母或者子女被人民法院撤销监护人资格后，除对被监护人实施故意犯罪的外，确有悔改表现的，经其申请，人民法院可以在尊重被监护人真实意愿的前提下，视情况恢复其监护人资格，人民法院指定的监护人与被监护人的监护关系同时终止。"

监护人资格恢复的条件是：（1）监护人中，只有被监护人的父母或者子女可能恢复监护人资格；（2）当初被撤销监护资格不是因为对被监护人实施故意犯罪；（3）确有悔改表现；（4）自己申请；（5）由人民法院决定是否恢复。

（五）监护的终止

监护制度的功能之一是弥补被监护人行为能力的不足，民法理想的自然人是自律、自治的人，而非处于他人监护状态中的人。所以，当被监护人获得完全民事行为能力时，如未成年人成年，精神疾病患者恢复正常精神状态，监护就应当终止。此外，因监护人需要履行监护职责，当监护人丧失监护能力时，监护也应当终止。

《民法典》总则编第39条规定："有下列情形之一的，监护关系终止：（一）被监护人取得或者恢复完全民事行为能力；（二）监护人丧失监护能力；（三）被监护人或者监护人死亡；（四）人民法院认定监护关系终止的其他情形。监护关系终止后，被监护人仍然需要监护的，应当依法另行确定监护人。"

五、宣告失踪和宣告死亡

【案例一】

申请人戴某与被申请人覃某系母子关系。1981年5月，戴某之父因患狂犬病死亡，被申请人覃某因此受到精神刺激，随后离家出走，下落不明。2014年，申请人戴某向法院起诉，申请法院宣告覃某失踪。

法院受理案件后，于2014年11月13日在《人民法院报》上发出寻找覃某的公告，法定公告期为三个月，期限届满，覃某仍然下落不明。法院于2015年2月12日作出判决，宣告覃某失踪。❶

问题：

1. 宣告自然人失踪需要满足哪些条件？

2. 宣告自然人失踪产生什么法律后果？

【案例二】

潘某于2000年10月12日失踪，经公安机关寻找仍然下落不明。潘某

---

❶ 改编自湖南省石门县人民法院民事判决书（2014）石民磨特字第19号。

的妻子李某、父亲潘宝某向法院申请宣告潘某失踪，法院审理后宣告潘某失踪，同时指定李某为潘某的财产代管人。

2008年潘宝某申请宣告潘某死亡，而李某因代管着潘某数百万的财产，不愿宣告潘某死亡。❶

问题：潘宝某申请宣告潘某死亡，是否需要得到李某的同意？

【知识要点】

在现实生活中，常有自然人因各种原因下落不明的情况发生。此时会产生下落不明者的权益保护以及因自然人长期音讯不明致使与其相关的财产关系和身份关系不确定的问题。民法为了解决这一问题，专门规定了宣告失踪制度和宣告死亡制度。

（一）宣告失踪

宣告失踪，是指经利害关系人的申请，由法院依照法定条件和程序，宣告下落不明满一定期限的自然人为失踪人的民事法律制度。

1. 宣告失踪的条件及程序

《民法典》总则编第40条规定："自然人下落不明满两年的，利害关系人可以向人民法院申请宣告该自然人为失踪人。"

宣告自然人失踪的具体条件是：

（1）自然人离开其住所下落不明满两年。所谓"下落不明"是指公民离开最后居住地后没有音讯，不明生死。下落不明的起算时间，从其失去音讯之日起计算。如果自然人是在战争期间下落不明的，考虑到战争持续期间通讯往往比较困难甚至无法通讯，下落不明的时间是自战争结束之日或者有关机关确定的下落不明之日起计算。

（2）必须由利害关系人向法院提出申请。利害关系人包括失踪人的配偶、父母、子女、兄弟姐妹、祖父母、外祖父母、孙子女、外孙子女以及与失踪人有民事权利义务关系的人，如失踪人的合伙人、债权人或债务人。利害关系人的申请没有顺序限制，不受与失踪人关系亲疏远近的影响，也无需征得其他利害关系人的同意。如失踪人的配偶不愿意申请宣告其丈夫（妻

❶ 案例来源：北大法宝 .（www.pkulaw.cn）【法宝引证码】CLI.C.290903.

子）失踪，而其他利害关系人提出申请的，法院也应受理。利害关系人应到失踪人住所地或者最后居所地的基层人民法院提出失踪宣告的申请。

（3）人民法院依照法定程序作出失踪宣告。法院依法受理宣告自然人失踪申请案件后，应发出寻找失踪人的公告。公告期为三个月。公告期满，失踪人仍无音讯的，人民法院应作出宣告失踪的判决。

2.宣告失踪的效力

宣告失踪并非推定失踪人死亡，它解决的仅是失踪人的财产代管问题，以防止失踪人的财产利益因其失踪而遭受损失，也避免其利害关系人的利益受到损失。所以，宣告失踪并不直接发生财产关系上的法律效果，也不能发生身份关系上的法律效果。它的直接后果是为失踪人设定财产代管人。

关于财产代管人的范围，《民法典》总则编第 42 条规定："失踪人的财产由其配偶、成年子女、父母或者其他愿意担任财产代管人的人代管。代管有争议，没有前款规定的人，或者前款规定的人无代管能力的，由人民法院指定的人代管。"

关于财产代管人的职责，《民法典》总则编第 43 条规定："财产代管人应当妥善管理失踪人的财产，维护其财产权益。失踪人所欠税款、债务和应付的其他费用，由财产代管人从失踪人的财产中支付。财产代管人因故意或者重大过失造成失踪人财产损失的，应当承担赔偿责任。"

同时，《民法典》总则编第 44 条规定："财产代管人不履行代管职责、侵害失踪人财产权益或者丧失代管能力的，失踪人的利害关系人可以向人民法院申请变更财产代管人。财产代管人有正当理由的，可以向人民法院申请变更财产代管人。人民法院变更财产代管人的，变更后的财产代管人有权要求原财产代管人及时移交有关财产并报告财产代管情况。"

3.宣告失踪的撤销

根据《民法典》总则编第 45 条的规定，失踪人重新出现的，经本人或者利害关系人申请，人民法院应当撤销失踪宣告，被宣告失踪人有权要求财产代管人及时移交有关财产并报告财产代管情况。

（二）宣告死亡

宣告死亡，是指经利害关系人申请，由法院依照法律规定的条件和程序，判决宣告下落不明满一定期限的自然人死亡的民事法律制度。

宣告失踪制度的功能主要是保护下落不明者的权益，而宣告死亡制度的主要功能是稳定法律关系，保障生存者的利益。

1.宣告死亡的条件和程序

《民法典》总则编第46条规定："自然人有下列情形之一的，利害关系人可以向人民法院申请宣告该自然人死亡：（一）下落不明满四年；（二）因意外事件，下落不明满二年。因意外事件下落不明，经有关机关证明该自然人不可能生存的，申请宣告死亡不受二年时间的限制。"

宣告自然人死亡的具体条件是：

（1）自然人离开其住所下落不明满一定期限：在一般情况下，需下落不明满四年；因意外事件下落不明的，需满二年；因意外事件下落不明，经有关机关证明该自然人不可能生存的，申请宣告死亡不受二年时间的限制。

（2）必须由利害关系人向法院提出申请。利害关系人的范围与宣告失踪制度中申请人的范围一致。但是，《最高人民法院关于贯彻执行〈中华人民共和国民法通则〉若干问题的意见》（以下简称为《民通意见》）第25条曾经规定宣告死亡的利害关系人之间有先后顺序："申请宣告死亡的利害关系人的顺序是：（一）配偶；（二）父母、子女；（三）兄弟姐妹、祖父母、外祖父母、孙子女、外孙子女；（四）其他有民事权利义务关系的人。"之所以规定顺序，主要是考虑到夫妻之间的感情。而且，在一般情况下，其他利害关系人与失踪人之间仅有财产上的关系，完全可以通过宣告失踪制度来解决，而宣告失踪的申请人是没有顺序限制的。但是，因为宣告死亡制度会发生继承的效力，规定顺序可能造成配偶利用自己的优先顺序阻止其他继承人继承下落不明者的财产，因此，《民法典》没有再规定申请人申请的顺序。

（3）人民法院依照法定程序作出死亡宣告。法院受理后，应发出寻找失踪人的公告，普通公告期间为一年。因意外事故下落不明，经有关机关证明其不可能生存的，公告期间为三个月。公告期间届满，法院根据下落不明者死亡的事实是否得到确认，作出终结审理的裁定或者宣告死亡的判决。根据《民法典》总则编第48条："被宣告死亡的人，人民法院宣告死亡的判决作出之日视为其死亡的日期；因意外事件下落不明而宣告死亡的，意外事件发生之日视为其死亡的日期。"

宣告失踪不是宣告死亡的前置程序。利害关系人可以不经过申请宣告失踪而直接申请宣告死亡。如果利害关系人只申请宣告失踪的，应当宣告失踪；对同一自然人，有的利害关系人申请宣告死亡，有的利害关系人申请宣告失踪，符合法律规定的宣告死亡条件的，人民法院应当宣告死亡。宣告死亡与宣告失踪的申请并存时，宣告死亡之所以优先，是为了保护生存者的利益，而且宣告死亡的效力完全可以满足申请宣告失踪者的要求。

2. 宣告死亡的效力

自然人被宣告死亡的，发生与自然人生理死亡同样的法律后果。（1）其婚姻关系终止，配偶可另行缔结婚姻关系；（2）其个人合法财产作为遗产按继承程序处理，其债权人有权向其继承人请求清偿债务。

但宣告死亡是依法对下落不明者作出的死亡的推定，如果被宣告死亡人实际上没有死亡，其所实施的民事法律行为并不因其被宣告死亡而无效。对此，《民法典》总则编第49条规定："自然人被宣告死亡但是并未死亡的，不影响该自然人在被宣告死亡期间实施的民事法律行为的效力。"

3. 宣告死亡的撤销

被宣告死亡的人重新出现，经本人或者利害关系人申请，人民法院应当撤销对他的死亡宣告。死亡宣告被撤销后，会产生一系列的问题，如原来的婚姻关系是否恢复、被继承的财产是否返还等。对这些问题，《民法典》作了专门规定。

（1）婚姻关系的处理。《民法典》总则编第51条规定："被宣告死亡的人的婚姻关系，自死亡宣告之日起消除。死亡宣告被撤销的，婚姻关系自撤销死亡宣告之日起自行恢复。但是，其配偶再婚或者向婚姻登记机关书面声明不愿意恢复的除外。"

可见，死亡宣告如果被撤销，一般情况下婚姻关系可以自行恢复。但是存在两个例外：一是其配偶再婚。再婚包括配偶已经与他人结婚，也包括与他人结婚后又离婚，或者再婚的配偶死亡。二是其配偶向婚姻登记机关书面声明不愿意恢复婚姻关系。

（2）财产关系的处理。《民法典》总则编第53条规定："被撤销死亡宣告的人有权请求依照本法第六编取得其财产的民事主体返还财产。无法返还的，应当给予适当补偿。利害关系人隐瞒真实情况，致使他人被宣告死亡取得其财产的，除应当返还财产外，还应当对由此造成的损失承担赔偿责任。"即原则上，只要财产还在的，应当予以返还。无法返还，主要是指财产已经被消费，或者已经合法转让给第三人。

（3）收养关系的处理。《民法典》总则编第52条规定："被宣告死亡的人在被宣告死亡期间，其子女被他人依法收养的，在死亡宣告被撤销后，不得以未经本人同意为由主张收养关系无效。"需要注意的是，只有合法的收养关系才可以得到法律的保护，否则被撤销宣告死亡的人有权主张收养关系无效。

六、自然人的住所

【案例】

2017年2月24日，被告北方公司的驾驶员史某某驾驶苏H×××××号洒水车，沿淮阴区钱江路由西向东行驶至钱江路与经十路交叉路口，与原告张某某驾驶的电动自行车发生碰撞，造成原告受伤及车辆损坏。苏H×××××号洒水车在英大保险公司（被告二）投保了交强险和不计免赔的商业三责险100万元，事故发生在保险期限内。原告受伤后至淮安市淮阴医院住院治疗80天。淮安市第一人民医院司法鉴定所出具的司法鉴定意见认定原告张某某因交通事故分别构成五级伤残和十级伤残。

该案争议的焦点是计算残疾赔偿金的标准究竟是农村标准，还是城镇标准。

原告张某某主张按照城镇居民标准计算残疾赔偿金。为此，张某某提供了王兴镇练湖村村民委员会出具的证明一份、协议书一份，并申请证人赵某、张某出庭作证，证明张某某虽有土地2.71亩，但由其妹妹耕种；张某某在事故发生前帮人家看鱼塘。

二被告认为，残疾赔偿金不能按照城镇居民标准赔偿。

一审法院认为，依据原告提供的证据，能够证明其居住于农村、收入来源于农村，并据此判定了原告的残疾赔偿金。

原告张某某提起上诉，认为一审法院认定上诉人收入来源于农村不当。自己一审提供的证据证明其不耕种土地，非以耕种土地为收入来源，而是以打工为生。自己供职的鱼塘系外地人承包经营并雇佣人员进行经营，向城市供货。虽鱼塘在农村，但一审法院不能以此认定自己收入来源于农村。根据《最高人民法院关于审理人身损害赔偿案件适用法律若干问题的解释》第25条、《最高人民法院民一庭关于经常居住地在城镇的农村居民因交通事故伤亡如何计算赔偿费用的复函》等相关规定，自己主张按照城镇居民人均可支配收入计算伤残赔偿金，具有事实和法律依据。❶

问题：

1. 自然人住所具有什么法律意义？

2. 一审法院认定原告的住所是农村是否正确？

【知识要点】

（一）住所的法律意义

住所在法律上具有重要意义：第一，据此确定自然人民事义务的履行地。如《民法典》合同编第511条第3项规定，合同"履行地点不明确，给付货币的，在接受货币一方所在地履行；交付不动产的，在不动产所在地履行；其他标的，在履行义务一方所在地履行"。这里的所在地，包括法人的住所，也包括自然人的住所。第二，据此确定管辖权。在民事诉讼中，住所是决定案件管辖法院的依据，而大部分民事案件是由被告住所地的法院管辖。第三，在某些涉外民事案件中，自然人的住所是决定涉外民事法律关系准据法的依据。第四，据此决定法律文书的送达地。第五，在某些案件中，住所是确定损害赔偿数额的依据。如《最高人民法院关于审理人身损害赔偿案件适用法律若干问题的解释》第25条规定："残疾赔偿金根据受害人丧失劳动能力程度或者伤残等级，按照受诉法院所在地上一年度城镇居民人均可支配收入或者农村居民人均纯收入标准，自定残之日起按二十年计算。但六十周岁以上的，年龄每增加一岁减少一年；七十五周岁以上的，按五年计算。"第29条规定："死亡赔偿金按照受诉法院所在地上一年度城镇居民人均

---

❶ 改编自江苏省淮安市中级人民法院民事判决书（2018）苏08民终644号。

可支配收入或者农村居民人均纯收入标准，按二十年计算。但六十周岁以上的，年龄每增加一岁减少一年；七十五周岁以上的，按五年计算。"由于我国存在城乡差异，城镇居民人均可支配收入和农村居民人均纯收入是不一样的。

（二）确定住所的原则

《民法典》总则编第 25 条规定："自然人以户籍登记或者其他有效身份登记记载的居所为住所；经常居所与住所不一致的，经常居所视为住所。"

居所，是指民事主体因为特定目的而一时居留的处所。《民通意见》第 9 条规定："公民离开住所地最后连续居住一年以上的地方，为经常居住地。但住医院治疗的除外。公民由其户籍所在地迁出后至迁入另一地之前，无经常居住地的，仍以其原户籍所在地为住所。"

由于我国经济的快速发展，出现了大量农民进城务工的现象。这些农民工住所的确定对损害赔偿案件的审理提出了特殊要求。对此，最高人民法院民一庭在 2006 年通过〔2005〕民他字第 25 号给云南省高级人民法院的《关于经常居住地在城镇的农村居民因交通事故伤亡如何计算赔偿费用的复函》中对受害人住所的认定增加了主要收入来源地这一标准："人身损害赔偿案件中，残疾赔偿金、死亡赔偿金和被扶养人生活费的计算，应当根据案件的实际情况，结合受害人住所地、经常居住地等因素，确定适用城镇居民人均可支配收入（人均消费性支出）或者农村居民人均纯收入（人均年生活消费支出）的标准。本案中，受害人唐顺亮虽然农村户口，但在城市经商、居住，其经常居住地和主要收入来源地均为城市，有关损害赔偿费用应当根据当地城镇居民的相关标准计算。"此外，2011 年《全国民事审判工作会议纪要》（法办〔2011〕442 号）第 37 条也提出："审理人身损害赔偿案件时，应根据案件的实际情况，结合受害人住所地、经常居住地、主要收入来源等因素，确定适用城镇居民人均可支配收入（人均消费性支出）或者农村居民人均纯收入（人均年生活消费支出）的标准计算受害人的残疾赔偿金或死亡赔偿金。受害人是农村居民但经常居住地在城镇的，应适用城镇居民标准，其被扶养人经常居住地也在城镇的，被扶养人生活费也采用城镇居民标准计算。"

第六章　民事主体——法人

一、法人的概念、特征和分类

【案例】

原告郭某某系原山丹县三益生煤矿的负责人，后由于煤矿资源整合，三益生煤矿被山丹县位奇镇煤矿收购，收购后的企业名称变更为山丹县丰华煤矿，即本案被告。收购合同约定的收购价为550万元，被告已支付原告400万元，尚欠150万元未支付。

2010年11月28日，原告郭某某与被告丰华煤矿达成还款协议。协议达成后，被告向原告支付部分款项，尚欠75万元未按协议约定期限支付。原告向法院起诉，要求被告清偿欠款75万元。

被告山丹县丰华煤矿的负责人杨某某对该煤矿的诉讼主体资格提出异议，认为该煤矿的诉讼主体不适格。经法院查证，被告山丹县丰华煤矿虽已被工商部门预先核准企业名称，取得《采矿许可证》，但至今未办理工商登记注册手续，尚未取得营业执照。

法院审理认为，该矿事实上尚未具备法人资格的权利能力，不具有独立法人资格，不具备诉讼主体资格，故裁定驳回原告郭某某的起诉。❶

问题： 承担还款义务的主体应当是谁？

---

❶ 改编自甘肃省山丹县人民法院（2014）山民初字第1333号。

【知识要点】

（一）法人的概念和特征

民法中的权利主体不限于自然人。现代社会，除自然人参与民事活动外，还有各种组织体以团体的名义参加民事活动。由多数自然人集合而成的组织体，为人合组织体，由财产集合而成的组织体，为财合组织体。在这些人合组织体或者财合组织体中，有经法律规定具有民事权利能力，并独立承担责任者，也有法律虽规定具有民事权利能力，但不能独立承担民事责任者。其中，经法律规定具有民事权利能力和民事行为能力，并能独立承担民事责任的组织体，称为法人。《民法典》总则编第57条对法人下的定义是："法人是具有民事权利能力和民事行为能力，依法独立享有民事权利和承担民事义务的组织。"

自然人因出生而取得权利能力，并得依其行为能力，从事各种活动，满足个人的生活需求。但如果两个以上的人欲投资开设企业从事具有共同目的之事业时，即会面临采何种形式的问题。选择之一是成立合伙。合伙能够满足团体性，而且合伙成立方式简便，经营方式灵活。但合伙与每个合伙人的人格、财产、信用有密切关系。合伙最主要的特征是当合伙财产不足以清偿合伙债务时，每个合伙人对于不足部分承担无限连带责任。因为合伙人承担无限连带责任，合伙比较强调合伙人之间的信赖，适合于经营人数较少的事业。若经营者人数较多，欲经营大规模的事业，则最好选择设立人格信赖相对较弱的法人从事此项经营，因为法人是独立的民事主体，法人独立承担民事责任，设立人仅承担有限的责任，这样可以避免过大的投资风险。

人的集合，在法律上有赋予人格之必要，财产的集合也不例外。例如，某人热心社会公益，长年捐款救助弱势群体，但是本身工作繁忙，没有精力事必躬亲，而且若欲长久坚持此项事业，可能需要具有相同理念的后代的接棒。为了克服这些障碍，法律特别创设财团法人制度，使一定范围的财产得以独立化，成为权利主体，享受权利，负担义务，并经由其机关进行民事活动，完成其事业目的。因此，设立法人制度，具有相当的现实意义。

法人具有以下法律特征：

（1）法人是依法成立的社会组织。法人是组织体，可以是人的结合，可以是财产的结合，这是法人与自然人最主要的区别。法人必须根据法律规定的条件建立。

（2）法人具有民事权利能力和行为能力。法人的民事权利能力和民事行为能力从法人成立时产生，到法人终止时消灭。法人可以独立进行民事活动。

（3）法人独立承担民事责任。法人拥有独立的财产，法人的财产独立于法人成员或者出资者的财产。法人以其财产独立承担民事责任，法人成员无需对法人的债务承担责任。这是法人与非法人组织的主要区别。

关于法人的本质存在不同的学说：（1）法人拟制说。拟制说认为，权利义务的主体应以自然人为限，非自然人而得为权利义务之主体者，是以法律之力拟制其为自然人。即法人是拟制的自然人，但因事实上没有意思能力，其欲实施法律行为如同无行为能力的自然人，需要他人代理。（2）法人实在说。此说认为法人非拟制的自然人，而是独立的实体存在。此说又分为两种观点：其一，有机体说。认为法人为社会的有机体，有其团体意思。对于此种社会的有机体，赋予法律的人格，使之为权利义务之主体，即所谓法人。其二，组织体说。此说乃针对有机体说，认为法人非社会的有机体，而是法律上的组织体。所谓法人，乃适于为权利义务主体之法律上的组织体。❶

拟制说与实在说两者的区别在于是否认可法人有意思能力，体现在立法上，就是将法人的负责人视为法人的代理人还是法定代表人。拟制说主张法人为法律之拟制，并无自然人的意思能力与行为能力，因此需要为他们设立代理人；而组织体说认为法人有团体意思，与自然人有个人意思相同，因此有行为能力，仅发生由谁代表行使的问题。

根据《民法典》总则编第57条对法人定义的表述，我国《民法典》关于法人的本质，系采法人实在说中的组织体说。

（二）法人的分类

各国法律及学说对法人的分类采取不同的标准，主要包括如下分类：

1.公法人与私法人

以设立法人所依据的法律为标准，法人分为公法人与私法人。凡依公法

---

❶ 梁慧星.民法总论［M］.北京：法律出版社，2017：119-120.

设立的法人为公法人；依私法设立的法人为私法人。依此标准，民商法为私法，依民商法设立的法人为私法人。

2.社团法人与财团法人

以法人成立的基础为标准，私法人可再分为社团法人与财团法人。社团法人为人的组织体，其成立基础在于人，例如公司、合作社、协会、学会等法人是社团法人。财团法人为财产的集合体，其成立基础在于财产，例如基金会、私立学校、医院、图书馆、博物馆、科研机构、宗教场所、慈善机构等是财团法人。❶

3.公益性法人与营利法人

以法人的目的为标准，可将私法人分为公益法人和营利法人。其目的为公益者为公益法人；其目的为营利者为营利法人。

所谓公益，指社会一般利益，即不特定多数人的利益，且一般是非经济的利益。例如，目的在于发展科学、学术、文化、艺术、教育、卫生、宗教和慈善事业的各种学会、协会、学校、医院、博物馆、图书馆、教堂、寺庙、救济院等，属于公益法人。所谓营利，指积极的营利并将所得利益分配于其成员，即非指法人自身的营利，而是指为其成员营利。因此，仅法人自身营利，如果不将所获得利益分配于成员，而是作为自身发展经费，则不属于营利法人。❷

此种分类可能不能涵盖所有的法人，因为有些法人既非公益也非营利，如部分协会、学会等，这些法人被称为中间法人。

4.营利法人与非营利法人

这是我国《民法典》对法人的分类。我国《民法通则》曾经根据设立目的和活动内容，将法人分为企业法人、机关法人、事业单位法人和社会团体法人。但是，《民法典》对法人进行了重新分类，依据法人设立的宗旨将法人分为营利性法人、非营利性法人和特别法人。

（1）营利法人。

《民法典》总则编第76条规定："以取得利润并分配给其股东等出资人

---

❶ 梁慧星.民法总论［M］.北京：法律出版社，2017：122.
❷ 梁慧星.民法总论［M］.北京：法律出版社，2017：124.

为目的成立的法人，为营利法人。营利法人包括有限责任公司、股份有限公司和其他企业法人等。"

营利法人的特征不在于是否从事经营活动，也不在于是否以营利为目的，而在于是否向出资人分配利润。凡是以取得利润并分配给出资人、设立人或者会员为目的成立的法人，为营利法人。

营利法人主要是指企业法人。企业法人是指以营利为目的，独立从事商品生产和经营活动的法人。根据企业的组织形式，企业法人可分为公司法人和非公司企业法人。根据我国公司法的规定，公司包括有限责任公司和股份有限公司。有限责任公司是指股东以其认缴的出资额为限对公司承担责任的公司；股份有限公司是指公司股权分成等额份额，股东以其认购的股份为限对公司承担责任的公司。其他企业法人是指有限责任公司和股份有限公司以外的企业法人，如未采取公司制的国有企业。

（2）非营利法人。

非营利法人是与营利法人相对应的概念。《民法典》总则编第87条第1款规定："为公益目的或者其他非营利目的成立，不向出资人、设立人或者会员分配所取得利润的法人，为非营利法人。"

关于"非营利目的"的具体含义，最高人民法院的解释是："'非营利目的'或'非营利性'的含义，并不是经济学意义上的无利润，也不是不从事经营活动，而是一个用以界定组织性质的词汇，它指这种组织的运作目的不是为获取利润。"它"可以从事非营利性的经营活动"。❶

《民法典》总则编第87条第2款规定："非营利法人包括事业单位、社会团体、基金会、社会服务机构等。"

事业单位法人是指为了社会公益事业目的，从事文化、教育、卫生、体育、新闻等公益事业的单位。事业单位法人不以营利为目的，其从事的活动有时也能取得一定的收益，但该收益只能用于目的事业，不能分配给出资人。它的独立经费主要来源于国家财政拨款，也可以通过其他出资等方式取得。《民法典》总则编第88条规定："具备法人条件，为适应经济社会发展

---

❶ 沈德咏.《中华人民共和国民法总则》条文理解与适用（上）[M].北京：人民法院出版社，2017：621.

需要，提供公益服务设立的事业单位，经依法登记成立，取得事业单位法人资格；依法不需要办理法人登记的，从成立之日起，具有事业单位法人资格。"第 89 条规定："事业单位法人设理事会的，除法律另有规定外，理事会为其决策机构。事业单位法人的法定代表人依照法律、行政法规或者法人章程的规定产生。"

国务院颁布的《社会团体登记条例》第 2 条规定："本条例所称社会团体，是指中国公民自愿组成，为实现会员共同意愿，按照其章程开展活动的非营利性社会组织。国家机关以外的组织可以作为单位会员加入社会团体。"《民法典》总则编第 90 条规定："具备法人条件，基于会员共同意愿，为公益目的或者会员共同利益等非营利目的设立的社会团体，经依法登记成立，取得社会团体法人资格；依法不需要办理法人登记的，从成立之日起，具有社会团体法人资格。"《民法典》总则编第 91 条规定："设立社会团体法人应当依法制定法人章程。社会团体法人应当设会员大会或者会员代表大会等权力机构。社会团体法人应当设理事会等执行机构。理事长或者会长等负责人按照法人章程的规定担任法定代表人。"

基金会、社会服务机构和宗教活动场所法人在性质上属于捐助法人，相当于某些大陆法系国家所称的财团法人。

《民法典》总则编第 92 条规定："具备法人条件，为实现公益目的以捐助财产设立的基金会、社会服务机构等，经依法登记成立，取得捐助法人资格。依法设立的宗教活动场所，具备法人条件的，可以申请法人登记，取得捐助法人资格。法律、行政法规对宗教活动场所有规定的，依照其规定。"《民法典》总则编第 93 条规定："设立捐助法人应当依法制定法人章程。捐助法人应当设理事会、民主管理组织等决策机构，并设执行机构。理事长等负责人按照法人章程的规定担任法定代表人。捐助法人应当设监事会等监督机构。"第 94 条规定："捐助人有权向捐助法人查询捐助财产的使用、管理情况，并提出意见和建议，捐助法人应当及时、如实答复。捐助法人的决策机构、执行机构或者法定代表人作出决定的程序违反法律、行政法规、法人章程，或者决定内容违反法人章程的，捐助人等利害关系人或者主管机关可以请求人民法院撤销该决定，但是捐助法人依据该决定与善意相对人形成的民事法律关系不受影响。"

按照《民法典》的规定，上述为公益目的成立的非营利法人终止时，不得向出资人、设立人或者会员分配剩余财产。剩余财产应当按照法人章程的规定或者权力机构的决议用于公益目的；无法按照法人章程的规定或者权力机构的决议处理的，由主管机关主持转给宗旨相同或者相近的法人，并向社会公告。

（3）特别法人。

《民法典》规定的特别法人包括机关法人、农村集体经济组织法人、城镇农村的合作经济组织法人和基层群众性自治组织法人。

机关法人是指依法享有国家赋予的权力，并因开展工作的需要而享有相应的民事权利能力和民事行为能力的国家机关。在我国，国家机关包括权力机关、行政机关、司法机关和军事机关。《民法典》总则编第97条规定："有独立经费的机关和承担行政职能的法定机构从成立之日起，具有机关法人资格，可以从事为履行职能所需要的民事活动。"第98条规定："机关法人被撤销的，法人终止，其民事权利和义务由继任的机关法人享有和承担；没有继任的机关法人的，由作出撤销决定的机关法人享有和承担。"

农村集体经济组织和城镇农村的合作经济组织，顾名思义是指一种经济组织，不同于村民委员会这种群众自治组织。《宪法》第8条规定："农村集体经济组织实行家庭承包经营为基础、统分结合的双层经营体制。农村中的生产、供销、信用、消费等各种形式的合作经济，是社会主义劳动群众集体所有制经济。"《宪法》第17条规定："集体经济组织在遵守有关法律的前提下，有独立进行经济活动的自主权。"《民法典》总则编第99条规定："农村集体经济组织依法取得法人资格。法律、行政法规对农村集体经济组织有规定的，依照其规定。"第100条规定："城镇农村的合作经济组织依法取得法人资格。法律、行政法规对城镇农村的合作经济组织有规定的，依照其规定。"根据这些规定，农村集体经济组织和城镇农村的合作经济组织符合法律规定条件的才成为特殊法人。

我国《宪法》第111条规定："城市和农村按居民居住地区设立的居民委员会或者村民委员会是基层群众性自治组织。居民委员会、村民委员会的主任、副主任和委员由居民选举。居民委员会、村民委员会同基层政权的相互关系由法律规定。居民委员会、村民委员会设人民调解、治安保卫、公共卫生等委员会，办理本居住地区的公共事务和公益事业，调解民间纠纷，协助维护社会治安，并且向人民政府反映群众的意见、要求和提出建议。"

居民委员会、村民委员会等基层群众性自治组织实际承担基层政府的部分职能，但是，它们可以以独立的法人地位实施民事法律行为。《民法典》第101条规定："居民委员会、村民委员会具有基层群众性自治组织法人资格，可以从事为履行职能所需要的民事活动。未设立村集体经济组织的，村民委员会可以依法代行村集体经济组织的职能。"

二、法人的成立、组织机构、住所

【案例】

本溪集中供热工程是被告本溪市政府以世界银行贷款为主要资金来源，以解决城市改造、新房供暖、减少污染、改善环境为目的进行的城市基础设施建设。为此工程，本溪市政府于1992年8月27日成立了本溪热电厂工程指挥部。1993年5月12日，本溪市政府召开本溪热电厂工程筹建办公会议，该会议的纪要载明："为热电厂建成后经营管理更好衔接，需尽快组建经济实体——本溪热电厂筹建处（以下简称筹建处），以筹建处为主体，全权主持热电厂建设，并承担经济责任。"经工程指挥部申请，本溪市计划委员会于同年6月22日作出批复："同意成立'本溪热电厂筹建处'。筹建处隶属本溪市计划委员会代管，全权主持热电厂的建设，并承担经济责任。"并任命张某为筹建处主任。同年6月30日，经工商行政管理机关核准，本溪热电厂成立，张某任法定代表人。

1994年3月26日，筹建处与原告沈阳化建公司签订《本溪集中供热工程（东坟地区）合同》。合同约定，筹建处将本溪集中供热工程中的太子河泵站工程、供热管道工程和热力交换站工程发包给沈阳化建公司施工。合同签订后，原告履行了建设施工义务，本溪市政府无异议。

1994 年 4 月 5 日，为适应世界银行对贷款及国家对环保的要求，热电厂组建了本溪市供热公司，并经工商行政管理机关核准。供热公司的法定代表人也为张某。该公司与热电厂为"一套人马，两块牌子"。

2001 年 10 月 28 日，热电厂因多年未参加企业年检，被工商行政管理机关吊销企业法人营业执照。

2003 年 9 月 4 日，沈阳化建公司向法院提起诉讼，请求判令本溪市政府支付拖欠的工程款 1225 万元，支付工程款利息 849 万元。

本溪市政府答辩称，本溪市政府是热电厂集中供热工程的发起人或筹建人，筹建处是该工程"筹建中的法人"。筹建处签订合同所形成的债务，应由筹建成立的热电厂承担，故应将热电厂列为本案的被告。分立的供热公司享有热电厂的财产权，也应承担集中供热工程的连带债务，应将供热公司亦追加为本案的共同被告。本溪市政府既不是债务人，也不是合同纠纷诉讼的被告，请求法院驳回沈阳化建公司的起诉。❶

问题：应当由谁承担还款义务？

【知识要点】

（一）法人的成立条件

法人的成立，是指具备了法律规定的条件，依照法律规定或行政命令，经过设立程序，取得法人资格的一种法律事实。

《民法典》总则编第 58 条是关于法人成立条件的规定："法人应当依法成立。法人应当有自己的名称、组织机构、住所、财产或者经费。法人成立的具体条件和程序，依照法律、行政法规的规定。设立法人，法律、行政法规规定须经有关机关批准的，依照其规定。"

《民法典》第 58 条有下列三层含义：

（1）《民法典》仅规定法人成立的一般条件。包括：①依法设立；②有自己的名称、组织机构、住所；③有自己的财产或者经费。

（2）法人成立的具体条件和程序，依照其他法律、行政法规的规定。如公司法人的成立，依照公司法规定的条件和程序。我国《公司法》第 23 条

---

❶ 改编自中华人民共和国最高人民法院民事调解书（2004）民一终字第 98 号。

规定了成立有限责任公司应当具备的条件：①股东符合法定人数；②有符合公司章程规定的全体股东认缴的出资额；③股东共同制定公司章程；④有公司名称，建立符合有限责任公司要求的组织机构；⑤有公司住所。

（3）部分法人的成立，法律、行政法规规定必须经有关机关批准的，需要履行批准程序。法人的成立需经设立和资格取得两个阶段。法人设立是指设立人创办法人组织，使其取得民事主体资格而进行各种活动。法人的设立是法人成立的前置阶段。从各国立法看，法人设立的原则主要包括以下几种：①放任主义，即法人设立完全由当事人决定，国家不加干涉和限制。②特许主义，即法人的设立需要有专门的法令特别许可。③行政许可主义，即法人设立需要经过行政机关的许可。④准则主义，又称登记主义，即设立法人仅需向登记机关申请登记，经过登记法人即告成立。

我国设立法人采取的原则因不同性质的法人而有所不同。有采取特许主义的，如机关法人；有采取行政许可主义的，如营利法人中的股份有限公司法人；也有采取准则主义的，如有限责任公司法人。

《民法典》总则编第75条规定了设立人的责任："设立人为设立法人从事的民事活动，其法律后果由法人承受；法人未成立的，其法律后果由设立人承受，设立人为二人以上的，享有连带债权，承担连带债务。设立人为设立法人以自己的名义从事民事活动产生的民事责任，第三人有权选择请求法人或者设立人承担。"

（二）法人机关

法人机关是指根据法律或者章程的规定，对内管理法人事务，对外代表法人从事民事活动的个人或集体。法人机关是法人组织体之构成部分，故法人机关与法人的关系，为部分与全体之关系。

以营利法人为例，我国《民法典》规定，营利法人的机关包括权力机构、执行机构和监督机构。《民法典》第80条规定："营利法人应当设权力机构。权力机构行使修改法人章程，选举或者更换执行机构、监督机构成员，以及法人章程规定的其他职权。"《民法典》第81条规定："营利法人应当设执行机构。执行机构行使召集权力机构会议，决定法人的经营计划和投资方案，决定法人内部管理机构的设置，以及法人章程规定的其他职权。"

《民法典》第82条规定："营利法人设监事会或者监事等监督机构的，监督机构依法行使检查法人财务，监督执行机构成员、高级管理人员执行法人职务的行为，以及法人章程规定的其他职权。"有限责任公司是典型的营利法人，有限责任公司的法人机关包括股东会、董事会、监事会。

法人应当设哪些机关，取决于法人的性质。如对事业单位法人，《民法典》仅要求其设理事会作为决策机构。对社会团体法人，《民法典》不仅要求其设会员大会或者会员代表大会等权力机构，还要求其设理事会等执行机构。对捐助法人，《民法典》则要求其设理事会、民主管理组织等决策机构、执行机构以及监事会等监督机构。

（三）法人的住所

根据《民法典》总则编第63条，法人以其主要办事机构所在地为住所。依法需要办理法人登记的，应当将主要办事机构所在地登记为住所。

三、法人的民事能力

【案例一】

2017年7月26日，原告中安百联公司与被告维斯可尔公司签订《借款合同》，约定中安百联公司向维斯可尔公司出借人民币1.5亿元。《借款合同》对借款期限、借款利率等作了约定。《借款合同》签订后，中安百联公司与另三位被告东方网力公司、刘某、王某分别签订《保证合同》，由东方网力公司、刘某、王某为维斯可尔公司履行《借款合同》项下还款付息等义务承担无限连带保证责任。以上协议签订后，中安百联公司依约于2017年8月8日履行了全部出借义务，但维斯可尔公司截至2019年7月5日尚欠中安百联公司部分款项，东方网力公司、刘某、王某亦未承担担保责任。

中安百联公司向法院提起诉讼，请求法院：1.判令维斯可尔公司立即偿还欠付中安百联公司的借款本金及罚金；2.判令东方网力公司、刘某、王某对上述款项的清偿承担无限连带责任。

作为担保人的被告方东方网力公司、刘某、王某辩称，中安百联公司违法开展贷款业务,《借款合同》无效,因此《保证合同》也无效。理由是,依据《商业银行法》第3条第2项"商业银行可以经营下列部分或者全部业务:……(二)发放短期、中期和长期贷款"以及《银行业监督管理法》第19条"未经国务院银行业监督管理机构批准,任何单位或者个人不得设立银行业金融机构或者从事银行业金融机构的业务活动"之规定,中安百联公司并非经过中国银行保险监督管理委员会批准的银行金融机构,其不得从事贷款发放业务。而事实上自2018年至今,中安百联公司多次从事贷款发放业务,频次远超正常的民间借贷,而且各被告与中安百联公司之间亦无关联关系,这足以证明中安百联公司违法开展贷款发放业务。中安百联公司从事贷款发放业务的行为违反法律效力性强制性规定,涉案《借款合同》属于无效合同。依据《担保法》第5条之规定,作为主合同的《借款合同》无效,作为从合同的《保证合同》亦无效。

法院查明的中安百联公司出借款项的来源、经营范围、实际从事业务等情况如下。

(一)关于出借款项的来源

中安百联公司称案涉出借款项来源为"懒财网"P2P平台,为此其提交了落款时间为2019年12月4日北京懒财公司出具的《证明》:我懒财公司为"懒财网"P2P平台的运营管理主体,为接受平台用户委托,撮合其与底层借款人建立信贷法律关系。具体到本案,公司就案涉借款项目委托中安百联公司代表平台三万三千多名用户与维斯可尔公司、东方网力公司、刘某、王某签订案涉《借款合同》及《保证合同》。中安百联公司主张其与懒财公司系委托关系,其系受托人;懒财公司与投资人签订的借款合同中约定的利率是8%,中安百联公司与懒财网的借款合同约定的利率也是8%,在此过程中,中安百联公司不存在获利。东方网力公司、刘某、王某表示其在签订涉案保证合同时并不知道中安百联公司出借款项的来源及其经营范围。

(二)关于中安百联公司的经营范围

中安百联公司成立于2013年7月9日,注册资本5亿元,经营范围为:资产管理;企业管理;投资管理;投资咨询;企业管理咨询;企业策划;教育咨询;经济贸易咨询;会议服务。("1.未经有关部门批准,不得以公开方式募集资金；2. 不得公开开展证券类产品和金融衍生品交易活动；3. 不得发放贷款；4. 不得对所投资企业以外的其他企业提供担保；5. 不得向投资者承诺投资本金不受损失或者承诺最低收益"；企业依法自主选择经营项目，开展经营活动；依法须经批准的项目，经相关部门批准后依批准的内容开展经营活动；不得从事本市产业政策禁止和限制类项目的经营活动。）

（三）关于中安百联公司近两年向外出借资金的情况

中安百联公司自认其自 2016 年 12 月至 2017 年 7 月底有 7 笔以民间借贷或其他方式向个人或相关企业出借款项的情况，其资金来源与本案一致，均来源于懒财公司经营的懒财网平台，借款利息的收取标准也与本案基本一致，年利率为 8% 左右。法院同时查明，除本案外中安百联公司还有 6 笔出借业务。❶

问题：

1. 借款合同是否有效？

2. 担保合同是否有效？

【案例二】

原告唐某、唐某某为父子关系。唐某是 2018 届高中毕业生。为提高唐某在高考中的艺术专业水平，2017 年 2 月，唐某某向胜大公司交纳 1.4 万元培训费，让唐某参加胜大公司摄影培训。

2018 年 1 月 6 日，为获得优质培训，提高应试能力，唐某、唐某某（乙方）与胜大公司（甲方）签订《胜大培养协议》，协议主要内容为：1. 乙方向甲方交纳各种费用 18 万元。2. 甲方承诺保证乙方（学生）在 2018 年艺术高考考试中取得中国传媒大学南广学院专业合格证，如果完不成目标则全额退费。

协议签订后，胜大公司对唐某进行了相应的专业课培训。唐某在 2018 年高考中，达到了中国传媒大学南广学院艺术类专业考试合格的成绩（第 66 名），但文化课成绩未达到该校的录取标准，未能考入中国传媒大学南广学院。之后，唐某、唐某某以胜大公司未取得办学许可证、经营范围没有教

❶ 改编自北京市中级人民法院（2019）京民初 396 号。

育培训内容等为由诉至法院，要求胜大公司退还培训费 18 万元。

法院查明，胜大公司的经营范围为"教育信息咨询（不含培训、办学、出国留学）"。2018 年 7 月 25 日，临沂市兰山区工商行政管理局针对胜大公司擅自变更经营地址及超范围经营的行为，向其送达责令改正通知书，责令其于十五日内变更公司登记地址及变更公司经营范围。❶

问题：请从法人经营范围的角度分析培训协议是否有效。

【案例三】

原告凯利公司向法院起诉称：2003 年 7 月，被告聚融公司因经营资金不足向凯利公司借款，凯利公司通过银行汇入聚融公司 5 笔资金，共计 798 万美元。此后凯利公司多次索要，聚融公司均以各种理由推迟给付。据此，请求法院判令聚融公司偿还本金及利息，两项合计人民币 7342 万元。起诉时，凯利公司向法院提交了一张盖有聚融公司圆形印章，并由聚融公司法定代表人王某签字，落款时间为 2003 年 11 月 3 日的《借款确认函》，其内容是：确认截至 2003 年 11 月底，聚融公司向凯利公司借款 798 万美元。

被告聚融公司答辩称：聚融公司与凯利公司之间没有签订借款合同，也没有事实上的借款关系。《借款确认函》系凯利公司伪造，因为《借款确认函》上聚融公司的圆形印章在 2003 年 7 月就已销毁（未否认涉案《借款确认函》上法定代表人王某签名的真实性）；涉案 5 笔资金是凯利公司受吴某某委托转汇至聚融公司，用于聚融公司的全资母公司吉斯达公司对本公司的出资，并非聚融公司的借款。凯利公司只是款项经手人，对该款不享有所有权。请求驳回凯利公司的诉讼请求。

法院查明：

1. 2003 年，光大公司与吴泰集团约定组建吉斯达公司，合作开发海门国际商务港项目，项目所需资金由吴泰集团的吴某某负责筹措，光大公司给予配合。吉斯达公司是为设立聚融公司而成立，是一个空壳公司。2003 年 6 月 10 日，吉斯达公司在海门独资设立了聚融公司，投资总额及注册资本均为 2600 万美元。2003 年 6 月至 2004 年 12 月，王某担任聚融公司的法定代

---

❶ 改编自山东省临沂市中级人民法院民事判决书（2019）鲁 13 民终 6311 号。

表人。在此期间，王某同时担任原告凯利公司和光大公司的法定代表人。

2. 2003年7月至10月，凯利公司通过中国银行（香港）有限公司汇给聚融公司5笔资金，共计798万美元。以上款项均作为吉斯达公司的出资并经验资程序投入到聚融公司。

3. 在2004年11月王某代表光大公司、吴某某代表吴泰公司签署的《吉斯达公司股权及权益转受让协议》中，光大公司保证王某在担任聚融公司法定代表人期间，没有未经聚融公司董事会同意对外以聚融公司名义为聚融公司举债或招致任何责任的情形。该协议表明，王某任聚融公司法定代表人期间，未经聚融公司董事会同意，不得以聚融公司名义借款。王某于2004年12月8日出具的《离职函》进一步印证了王某没有独立以聚融公司名义向外借款的权限。❶

问题：聚融公司法定代表人王某超越权限，在《借款确认函》中代表聚融公司向凯利公司确认债务的行为是否具有法律效力？

【知识要点】

（一）法人的民事权利能力

法人的民事权利能力是指作为民事主体的法人依法享有民事权利和承担民事义务的资格。《民法典》总则编第59条规定："法人的民事权利能力和民事行为能力，从法人成立时产生，到法人终止时消灭。"

法人是自然人以外的另一类民事主体，像自然人一样具有民事权利能力。但与自然人不同的是，法人的民事权利能力受到各种限制。对法人民事权利能力的限制，各国（地区）立法有不同的规定，主要有自然性质的限制、法规的限制和法人目的的限制。

（1）自然性质的限制。自然性质的限制是指因法人与自然人在性质上的差异所产生的对法人权利能力的限制。如《民法典》总则编第110条规定自然人享有生命权、身体权、健康权、姓名权、肖像权、名誉权、荣誉权、隐私权、婚姻自主权等权利。但法人、非法人组织仅享有名称权、名誉权、荣誉权。这表明法人不享有基于生命体而享有的权利能力。再如《瑞士民法

---

❶ 改编自最高人民法院（2015）民四终字第31号。

典》第53条规定："法人享有与自然人一样的权利并承担一样的义务，但与自然人的属性不可分离的权利义务除外，例如，性别、年龄、亲属关系。"

（2）法规的限制。法规的限制是指法律对法人权利能力的限制。如我国台湾地区"民法"第26条规定："法人于法令限制内，有享受权利、负担义务之能力。但专属于自然人之权利义务，不在此限。"我国目前不存在对法人权利能力予以限制的一般规定，对法人权利能力的限制往往仅涉及某个方面。如我国《合伙企业法》第3条规定："国有独资公司、国有企业、上市公司以及公益性的事业单位、社会团体不得成为普通合伙人。"这即是对部分法人成为合伙人的权利能力的限制。

（3）法人目的的限制。法人目的的限制是指法人仅在目的范围内享有权利能力。如日本民法第34条（法人的能力）规定："法人依法律规定，在章程及其他基本条款规定的目的范围内，享有权利，承担义务。"与自然人不同，法人是为了实现一定目的而成立的组织体。其章程所规定的目的，成为对法人活动的限制。学界对法人目的限制的性质有不同的观点，有认为属于权利能力限制，有认为属于行为能力限制，还有的认为属于代表权限制。

在我国民法上，与法人目的比较相近的一词是"经营范围"。《民法通则》第42条规定"企业法人应当在核准登记的经营范围内从事经营"。探讨法人经营范围的限制，其意义在于决定法人超越经营范围的行为是否有效。对此，《最高人民法院关于适用〈中华人民共和国合同法〉若干问题的解释（一）》第10条规定"当事人超越经营范围订立合同，人民法院不因此认定合同无效。但违反国家限制经营、特许经营以及法律、行政法规禁止经营规定的除外。"《民法典》合同编第505条规定："当事人超越经营范围订立的合同的效力，应当依照本法第一编第六章第三节和本编的有关规定确定，不得仅以超越经营范围确认合同无效。"虽然文字表述不一致，但其内涵与司法解释基本一致。当事人超越经营范围订立的合同并非一概无效，即使是违反国家限制经营、特许经营以及法律、行政法规禁止经营规定的合同，也应依据《民法典》总则编第153条及《民法典》合同编其他规定判断其效力。换言之，违反限制经营、特许经营以及法律、行政法规禁止经营规定的法律

行为，并非当然无效，须依所违反规定是否属于效力性强制性规定而定。❶

（二）法人民事行为能力

1.法人民事行为能力的特征

与自然人不同，法人不存在无行为能力和限制行为能力问题，法人一经成立，即具有完全的民事行为能力。行为能力的范围与权利能力的范围一致。唯法人终究非自然人，不能自为任何行为，必须由其代表人为之。故民法设立法人的代表人制度，由法定代表人代表法人实施民事法律行为。此代表人的行为，即法人的行为。

2.法人的法定代表人

《民法典》总则编第 61 条规定："依照法律或者法人章程的规定，代表法人从事民事活动的负责人，为法人的法定代表人。"

《民法典》第 81 条、89 条、91 条、93 条分别对营利法人、非利益法人、社会团体法人和捐助法人的法定代表人、法定代表人的产生方法作了规定。《民法典》第 81 条第 3 款规定："营利法人，执行机构为董事会或者执行董事的，董事长、执行董事或者经理按照法人章程的规定担任法定代表人；未设董事会或者执行董事的，法人章程规定的主要负责人为其执行机构和法定代表人。"第 89 条规定："事业单位法人设理事会的，除法律另有规定外，理事会为其决策机构。事业单位法人的法定代表人依照法律、行政法规或者法人章程的规定产生。"第 91 条第 3 款规定："社会团体法人应当设理事会等执行机构。理事长或者会长等负责人按照法人章程的规定担任法定代表人。"第 93 条第 2 款规定："捐助法人应当设理事会、民主管理组织等决策机构，并设执行机构。理事长等负责人按照法人章程的规定担任法定代表人。"

法人的法定代表人不同于法人的代理人，法人的法定代表人的行为即法人自身的行为，其行为所发生的权利、义务和责任均归属于法人。《民法典》总则编第 61 条对法定代表人实施的民事法律行为的后果及超越权限实施法律行为的效力作了规定，《民法典》合同编第 504 条对法定代表人超越权限订立合同的效力作了规定。《民法典》第 61 条规定："法定代表人以法人名

---

❶ 李宇.民法总则要义：规范释论与判解集注［M］.北京：法律出版社，2017：694.

义从事的民事活动，其法律后果由法人承受。法人章程或者法人权力机构对法定代表人代表权的限制，不得对抗善意相对人。"《民法典》第504条规定："法人的法定代表人或者非法人组织的负责人超越权限订立的合同，除相对人知道或者应当知道其超越权限外，该代表行为有效，订立的合同对法人或者非法人组织发生效力。"

（三）法人的民事责任能力

一般认为法人的民事责任能力是指法人对侵权行为承担民事责任的能力。《民法典》总则编第62条对法人的法定代表人因执行职务实施的侵权行为的责任作了规定："法定代表人因执行职务造成他人损害的，由法人承担民事责任。法人承担民事责任后，依照法律或者法人章程的规定，可以向有过错的法定代表人追偿。"《民法典》侵权责任编第1191条第1款对法人工作人员职务侵权行为的责任作了规定："用人单位的工作人员因执行工作任务造成他人损害的，由用人单位承担侵权责任。用人单位承担侵权责任后，可以向有故意或者重大过失的工作人员追偿。"

四、法人的变更和终止

【案例一】

2007年6月20日，原告张某某在原蓝田县邮政局下属的前卫支局柜台申请开户，前卫支局柜台为张某某办理了储蓄卡一张，张某某设置了密码。2017年3月14日1时0分至1时4分，该卡内2万元被他人分七次从蓝田县洩湖镇邮政储蓄所ATM机上取走。当日2时56分，张某某电话联系客服，挂失该卡；9时15分，张某某人工解开挂失，并用该卡在网点柜台取出29万元，留余额6.74元。张某某向蓝田县公安局鹿塬派出所报案，派出所立案侦查，案件未侦破。后张某某诉至法院，请求判令邮政银行蓝田支行与邮政集团蓝田分公司连带赔偿人民币2万元。

被告一邮政银行蓝田支行辩称：张某某丢失存款的银行卡系在前卫营业所开户，其与前卫营业所并非同一单位，前卫营业所是中国邮政集团公司的分支机构，邮政银行蓝田支行是中国邮政储蓄银行股份有限公司西安市分行的下属单位，张某某丢失存款与邮政银行蓝田支行无关，且张某某未提供证据证明邮政银行蓝田支行对丢失存款有过错，请求驳回张某某的诉讼请求。

被告二邮政集团蓝田分公司辩称：其与被告一邮政银行蓝田支行于2016年12月13日签订《代理营业机构县市级委托代理银行业务协议》，根据约定，邮政集团蓝田分公司设立邮储银行代理机构，其设立的代理分支机构以邮政银行名义开展业务，其就邮储业务与邮政银行蓝田支行系代理与被代理关系，因此，其非本案适格被告。张某某丢失的存款是凭借记卡及密码支取，且密码具有唯一性和私密性，由储户自行设定，张某某对密码负有严格保管和防止泄露的义务，因张某某未尽到上述义务导致款项被取出，应承担相应责任，邮政集团蓝田分公司对此无过错。本案已由公安机关刑事立案，应当在查明侵权人后，向侵权人直接求偿。

法院查明：

1. 通过调取2万元被取的视频，发现视频中取款人所持卡有一面为绿色，而张某某在被告处办理的卡颜色为白底金面，两张卡在外观上有明显不同，可以认定张某某卡上的钱被取属伪卡交易。

2. 张某某系在原蓝田县邮政局下属的前卫支局开设账户，办理储蓄卡。后因邮政体制改革，蓝田县邮政局更名为邮政集团蓝田分公司，原前卫支局改名为邮政集团蓝田分公司前卫支局。原蓝田县邮政局的金融业务由邮政银行蓝田支行所承接，邮政集团蓝田分公司前卫支局在代理邮政银行蓝田支行的银行业务时对外使用的名称为邮政银行蓝田县前卫营业所。

3. 《中国邮政储蓄银行个人存款账户管理协议》第6条、《中国邮政储蓄银行绿卡（借记卡）章程》第9条均规定，持卡人应妥善保管绿卡及密码，凡使用密码进行的交易，视为持卡人本人所为；因持卡人泄露密码而造成的损失，由持卡人承担。❶

问题： 请结合《民法典》法人变更的规定分析二被告是否应当承担2万元的赔偿责任。

---

❶ 改编自陕西省西安市中级人民法院（2018）陕01民终91号。

【案例二】

德信公司成立于 1996 年 4 月 22 日，被告城建公司、华厦公司为该公司的股东。2008 年 10 月 29 日，因德信公司未在法定期限内申报企业年度年检被北京市工商行政管理局海淀分局吊销了营业执照。

2009 年 10 月 19 日，北京市海淀区人民法院针对王某与德信公司买卖合同纠纷一案，作出（2009）海民初字第 14905 号民事判决，判决主文为：德信公司在判决生效之日起 7 日内向王某支付货款 17 万元，案件受理费 3774元，公告费 560 元，由德信公司负担，于判决生效后 7 日内交纳。该判决生效后，德信公司仍然没有履行债务，王某依法向法院申请强制执行。在执行过程中，因德信公司已停止经营，无任何可供执行的财产，北京市海淀区人民法院于 2010 年 3 月 15 日裁定终结本次执行程序。

现王某起诉城建公司、华厦公司。原告王某认为，在德信公司被吊销营业执照后，原告对其享有的债权依赖于城建公司和华厦公司依法对该公司进行清算才能获得实现。依据《公司法》的规定，城建公司和华厦公司作为德信公司的股东，应当在公司出现解散事由之日起 15 日内组成清算组对公司债权债务进行清算。但城建公司和华厦公司逾期多年仍未对该公司进行清算，致使该公司财产状况始终处于不明的状态，导致王某的债权一直无法受偿。城建公司和华厦公司该等滥用公司法人独立地位及股东有限责任逃避债务的行为，严重损害了王某作为债权人的合法权益。故请求法院判决被告城建公司和华厦公司连带赔偿王某对德信公司享有的债权 17.8 万元及迟延履行期间的债务利息。❶

问题：请结合《民法典》法人清算的规定分析王某的主张是否应当获得法院支持。

【知识要点】

（一）法人的变更

所谓法人变更是指法人在存续期间内发生的有关组织体、组织形式和性

---

❶ 改编自北京市海淀区人民法院民事判决书（2015）海民（商）初字第 18784 号。

质、财产、活动范围等需要登记的重要事项的变化。

1.法人组织体的变更

法人组织体的变更包括法人的合并和法人的分立。

（1）法人的合并。法人的合并是指两个以上的法人并成一个新的法人。法人的合并，分为吸收合并和新设合并。吸收合并，是指其他法人归并到一个法人中。吸收合并后，吸收其他法人的法人仍然存在，被吸收的法人消灭。新设合并，是指两个以上的法人组成一个新法人。新设合并后，仅合并后的法人存在，原法人全部消灭。

（2）法人的分立。法人的分立是指一个法人分成两个以上的法人。法人的分立，分为派生分立和新设分立。派生分立，是指原法人继续存在，仅是从中分出一部分财产设立一个新法人。新设分立，是指原法人消灭而设立两个以上新法人。

关于法人合并、分立的法律后果，《民法典》总则编第 67 条规定："法人合并的，其权利和义务由合并后的法人享有和承担。法人分立的，其权利和义务由分立后的法人享有连带债权，承担连带债务，但是债权人和债务人另有约定的除外。"

2.法人组织形式的变更

法人组织形式的变更是指法人组织形式的改变。如有限责任公司改变为股份有限公司，非公司企业法人改变为公司法人。

3.法人其他重要事项的变更

法人其他重要事项的变更包括活动宗旨、业务范围等法人登记中应登记事项的变化。

法人存续期间登记事项发生变化的需要进行变更登记，否则不能对抗善意第三人。对此，《民法典》总则编第 64 条规定："法人存续期间登记事项发生变化的，应当依法向登记机关申请变更登记。"《民法典》第 65 条规定："法人的实际情况与登记的事项不一致的，不得对抗善意相对人。"

（二）法人的终止

法人终止，是指法人丧失民事主体资格。

民法典对法人终止的原因作了规定。

《民法典》总则编第 68 条规定："有下列原因之一并依法完成清算、注销登记的，法人终止：（一）法人解散；（二）法人被宣告破产；（三）法律规定的其他原因。法人终止，法律、行政法规规定须经有关机关批准的，依照其规定。"

《民法典》总则编第 69 条对法人解散的原因作了规定："有下列情形之一的，法人解散：（一）法人章程规定的存续期间届满或者法人章程规定的其他解散事由出现；（二）法人的权力机构决议解散；（三）因法人合并或者分立需要解散；（四）法人依法被吊销营业执照、登记证书，被责令关闭或者被撤销；（五）法律规定的其他情形。"

（三）法人的清算

法人的清算是指法人消灭时，由依法成立的清算组织依职权清理该法人的财产，了结其债权债务，消灭法人的全部财产关系的活动。《民法典》总则编第 70 条规定："法人解散的，除合并或者分立的情形外，清算义务人应当及时组成清算组进行清算。"

就企业法人而言，清算分为破产清算和非破产清算两种。无论哪种清算，都必须成立清算组织，按照法定的清算程序进行清算。清算终结，应由清算组织向企业法人登记机关办理注销登记并公告。完成注销登记和公告，企业法人即告终止。

1. 清算人

《民法典》总则编第 70 条对清算义务主体及其责任作了规定："法人的董事、理事等执行机构或者决策机构的成员为清算义务人。法律、行政法规另有规定的，依照其规定。清算义务人未及时履行清算义务，造成损害的，应当承担民事责任；主管机关或者利害关系人可以申请人民法院指定有关人员组成清算组进行清算。"

2. 清算适用的法律依据

《民法典》总则编第 71 条规定："法人的清算程序和清算组职权，依照有关法律的规定；没有规定的，参照适用公司法的有关规定。"

3. 清算中法人地位及清算后剩余财产的处理

根据《民法典》总则编第 72 条："清算期间法人存续，但是不得从事与清算无关的活动。法人清算后的剩余财产，根据法人章程的规定或者法人权力机构的决议处理。法律另有规定的，依照其规定。清算结束并完成法人注销登记时，法人终止；依法不需要办理法人登记的，清算结束时，法人终止。"

五、法人的分支机构及其责任

【案例】

2007 年 9 月 5 日，林州建总建筑工程公司作为甲方与乙方浚县银河建材厂签订《工程承包合同》，约定将淇县朝歌肾院专科楼 FGC 轻质隔墙板的安装工程交由乙方施工。甲方的签字人为淇县朝歌肾病医院综合楼项目部（该项目部系由林州建总建筑工程公司为承建淇县朝歌肾病医院综合楼工程而设立的，属于林州建总建筑工程公司职能部门，不具有法人资格）负责人杨某某，乙方签字人为浚县银河建材厂的业务员孙某某。2009 年 10 月 29 日，该项目部负责人杨某某向浚县银河建材厂出具内容为"今欠淇县朝歌肾病综合楼安装轻质隔板项目款壹拾万零肆仟元正（104000 元）"的欠条一份。后浚县银河建材厂以拒不支付工程款为由起诉林州建总建筑工程公司。

被告林州建总建筑工程公司答辩称：1. 杨某某承包了其公司承建的淇县朝歌肾病医院综合楼工程，公司已全额将工程款拨付给了杨某某，自己不应当承担责任；2. 浚县银河建材厂营业执照已被吊销，不具有诉讼主体资格。

庭审中，浚县银河建材厂承认其营业执照被吊销，但强调其实际还在经营，自己的诉讼主体适格。❶

问题：

1. 被告林州建总建筑工程公司的抗辩能否成立？

2. 浚县银河建材厂是否是适格的诉讼主体？

---

❶ 改编自河南省鹤壁市中级人民法院（2015）鹤民终字第 184 号。

【知识要点】

法人可以根据业务需要设立分支机构。法人的分支机构是法人设立的从事一定范围经营或者其他业务活动的机构。分支机构与法人内部设置的机构不同,分支机构是具有一定独立性的机构。分支机构通常有自己的名称、组织机构、场所、负责人以及从事业务活动所需要的资金和从业人员,有符合规定的财务制度。法人设立营利性的分支机构还需领取独立的营业执照。如《公司法》第14条第1款规定:"公司可以设立分公司。设立分公司,应当向公司登记机关申请登记,领取营业执照。分公司不具有法人资格,其民事责任由公司承担。"

《民法典》总则编第74条也规定:"法人可以依法设立分支机构。法律、行政法规规定分支机构应当登记的,依照其规定。分支机构以自己的名义从事民事活动,产生的民事责任由法人承担;也可以先以该分支机构管理的财产承担,不足以承担的,由法人承担。"

第七章　民事主体——非法人组织

一、非法人组织概述

【知识要点】

非法人组织是我国《民法典》承认的第三种民事主体。所谓非法人组织，是指不具有法人资格但可以自己的名义从事民事活动的组织体。现代各国民法大抵在法人和自然人之外，承认非法人组织体之存在。民法关于权利主体的理论有一个从单一主体到多元主体的发展过程。从最初承认自然人，到承认法人，再到承认非法人组织为民事主体，均是反映市场经济的要求。《民法典》总则编第 102 条第 1 款规定："非法人组织是不具有法人资格，但是能够依法以自己的名义从事民事活动的组织。"

非法人组织具有如下的法律特征：

（1）是依法成立的组织体。非法人组织已经形成组织体，有自己的名称、组织机构、进行业务活动所需要的场所。非法人组织与法人一样，必须依法成立。《民法典》总则编第 103 条规定："非法人组织应当依照法律的规定登记。设立非法人组织，法律、行政法规规定须经有关机关批准的，依照其规定。"

（2）有自己的目的。非法人组织与法人一样，具有自己的目的。此所谓目的，可以是经济性目的，即以营利为目的，也可以是非经济性目的。

（3）有一定的财产或经费。非法人组织与法人一样，有属于自己的财产或经费。非法人组织要实现其团体目的，从事经济的或非经济的活动，需要有一定的财产或经费。但与法人不同的是，法人对投资者投入法人的财产享有所有权，而非法人组织对这些财产或经费仅需享有支配权，不要求享有所有权。

（4）设有代表人或管理人。非法人组织一般设有代表人或管理人。代表人或管理人对外代表非法人组织从事民事活动。《民法典》总则编第 105 条规定："非法人组织可以确定一人或者数人代表该组织从事民事活动。"

（5）以自己的名义从事民事活动。非法人组织与法人一样，对外以组织体的名义从事民事活动。《民法典》总则编第 102 条指出："非法人组织是不具有法人资格，但是能够依法以自己的名义从事民事活动的组织。"

（6）不能独立承担民事责任。不能独立承担民事责任是非法人组织与法人的关键区别。非法人组织有自己享有处分权的财产或者经费，这是非法人组织进行民事活动的物质基础。但是，当非法人组织的财产不足以清偿债务时，其出资人或者设立人需要对非法人组织的债务承担责任。《民法典》总则编第 104 条规定："非法人组织的财产不足以清偿债务的，其出资人或者设立人承担无限责任。法律另有规定的，依照其规定。"

各国法律承认的非法人组织的类型不完全一致。我国《民法典》总则编第 102 条第 2 款规定："非法人组织包括个人独资企业、合伙企业、不具有法人资格的专业服务机构等。"

二、普通合伙

【案例一】

原告刘某某和被告金某某于 2006 年 2 月 16 日签订《合伙协议》一份，协议约定："一、企业名称：沈阳市铁西区老韩都烧烤城。……五、合作期限：自 2006 年 3 月 1 日起至 2014 年 3 月 1 日止。六、出资额：预计总投资额 400 万元人民币，甲方（金某某）投资股 43%，乙方（刘某某）投资股 57%。七、盈余分配和债务承担：按甲方（金某某）持有 60%、乙方（刘某某）持有 40% 的股份比例分配红利。经营期间，除留有固定数额的流动资金外，利润按月结算。根据经营情况需要追加投资时双方按合同约定仍按原投资股比例投资。"协议签订后，原被告依照约定履行了出资义务。

后双方对分红比例发生纠纷，诉至法院。

原告刘某某诉称：由于司法机关在办案中认为原告刘某某涉案，查封了其在合伙企业分红的财产。司法机关解封后，原告才领取了部分利润。鉴于被告仅按25%的股份支付利润，经交涉未果，无奈之下诉至法院。请求人民法院根据法律规定和协议约定，依法判令被告支付少付的15%股份利润即212万元。

被告金某某辩称，刘某某实际投资仅占总股份的25%，刘某某应按其实际投资的比例分得利润。虽然《合伙协议》约定了投资比例，但在店铺设立过程中，随着情况的变化、物价的上涨，原有400万元的投资预算根本无法满足实际需要，需要双方按照《合伙协议》的约定追加投资，金某某积极追加了投资，但刘某某当时由于涉案，被省公安厅立案侦查（即"530"专案），无法追加投资，刘某某同意金某某单方承担追加投资，金某某只好单独承担了追加投资部分，总投资额达到了627万元。当时，"530"专案组通过对双方《合伙协议》及实际执行情况的了解，认定刘某某的实际投资额度为总股份的25%，要求金某某每月按照这一比例将刘某某在老韩都烧烤城中的利润支付至指定账户，并将账户查封。之后，金某某一直按照这一比例向指定帐户支付刘某某应得利润。被告认为，由于刘某某未按照《合伙协议》的约定支付投资款，致使金某某实际承担了追加投资，因此应按照二人实际投资款在总股份中的比例确定二人的实际分红比例。❶

问题：原告刘某某的主张能否获得法院的支持？

【案例二】

2016年4月，甲出资18万元购买二手货车一辆，与邻居乙协议成立合伙企业，从事货物运输，由甲负责联系业务，乙负责开车，所得收入按5∶1的比例在甲乙之间分配。合伙企业依法进行了登记。

8月4日，乙出车途中由于未将货物盖好，导致大雨将货物淋湿，造成货物损失2.4万元，货主丙向二人索赔。甲认为货物受损是乙的责任，与乙

---

❶　改编自辽宁省沈阳市中级人民法院（2014）沈中民一终字第447号。

发生争执。乙一怒之下于8月10日宣布退伙，并向甲交纳了自己应当承担的4800元货损赔偿费。

一周后，甲又与丁达成入伙协议并办理了企业变更登记。甲与丁约定，由丁负责开车，仍按照5∶1的比例在两人之间分配收入。

8月25日，丙与甲在交涉货物赔偿问题时发生推搡，甲将丙打伤，随后驾驶货车潜逃。丙的兄弟找到乙和丁，要他们负责赔偿货物损失2.4万元以及丙的医药费6.7万元。乙辩称自己已经退伙，而且已经在退伙时给了甲4800元。丁辩称自己是新入伙的，对入伙之前的债务不承担责任，甲打伤丙产生的债务与自己无关。丙遂向人民法院起诉。

问题：

1. 乙和丁是否应当对丙的2.4万货物损失承担赔偿责任？

2. 乙和丁是否应当对丙的6.7万元医药费承担赔偿责任？

【知识要点】

（一）普通合伙的概念

从行为角度看，合伙是指两个以上的民事主体共同出资、共同经营、共同承担盈亏的行为；从组织角度看，合伙是指两个以上的民事主体共同出资、共同经营、共负盈亏的组织形态。

我国目前调整合伙的法律规范，主要有《民法典》合同编关于合伙合同的规定和2006年修订的《合伙企业法》。合伙如果没有成立企业，受《民法典》调整，如果登记设立合伙企业，则优先适用《合伙企业法》这一单行法。作为非法人组织的合伙，主要是指合伙企业。根据我国合伙企业法，合伙企业分为普通合伙、有限合伙和特殊普通合伙（有限责任合伙）。

普通合伙是指由两个以上的人根据协议，互约出资，经营共同事业，并对合伙债务承担无限连带责任的社会组织。

（二）普通合伙的设立

根据《合伙企业法》第9条至第11条的规定，申请设立合伙企业，应当向企业登记机关提交登记申请书、合伙协议书、合伙人身份证明等文件。合伙企业的经营范围中有属于法律、行政法规规定在登记前须经批准的项目的，该项经营业务应当依法经过批准，并在登记时提交批准文件。申请人提交的登记申请材料齐全、符合法定形式，企业登记机关能够当场登记的，应予当场登记，发给营业执照。不能够当场登记的，企业登记机关应当自受理申请之日起二十日内，作出是否登记的决定。予以登记的，发给营业执照；不予登记的，应当给予书面答复，并说明理由。合伙企业的营业执照签发日期，为合伙企业成立日期。合伙企业领取营业执照前，合伙人不得以合伙企业名义从事合伙业务。

根据《合伙企业法》第14条："设立合伙企业，应当具备下列条件：（一）有二个以上合伙人。合伙人为自然人的，应当具有完全民事行为能力；（二）有书面合伙协议；（三）有合伙人认缴或者实际缴付的出资；（四）有合伙企业的名称和生产经营场所；（五）法律、行政法规规定的其他条件。"

1.有二个以上的合伙人

一人为独，二人为伙，合伙人需两人以上。合伙人可以是自然人，也可以是法人或其他组织。结合形式除法律另有规定外，不受限制，可以是自然人与法人或其他组织的结合，也可以是自然人之间、法人之间、其他组织之间的结合。

合伙企业法对普通合伙人的资格作了一定的限制：第一，根据《合伙企业法》第14条，合伙人为自然人的，应当具有完全民事行为能力；第二，根据《合伙企业法》第3条，国有独资公司、国有企业、上市公司以及公益性的事业单位、社会团体不得成为普通合伙人。

国有独资公司，是指国家单独出资，由国务院或者地方人民政府授权本级人民政府国有资产监督管理机构履行出资人职责的有限责任公司。国有企业，是指国家单独出资，由国务院或者地方人民政府授权本级人民政府国有资产监督管理机构履行出资人职责的非公司制企业。上市公司，是指企业的股票在证券交易所上市交易的股份有限公司。公益性的事业单位、社会团体，是指从事公益性活动、不以营利为目的的组织。

规定国有独资公司、国有企业不能成为普通合伙人的原因是，国有独资公司、国有企业如果成为普通合伙人，也就意味着出资人要对合伙企业的债务承担无限连带责任。作此限制规定是为了避免国有公司、国有企业以其全部财产为合伙企业的债务承担无限连带责任，保护国有资产。

规定上市公司不能成为普通合伙人的原因是，上市公司一般都属于大型的企业，涉及的股东人数多，影响面广，如果允许它成为普通合伙人，其可能需要对合伙企业的债务承担无限连带责任，一旦出现其承担无限连带责任的情况，会给证券市场造成很大的冲击，甚至可能影响社会的安定。

规定公益性的事业单位、社会团体不能成为普通合伙人的原因是，公益性的事业单位、社会团体是以发展公益事业为宗旨，如果允许它们成为普通合伙人，其可能需要对合伙企业的债务承担无限连带责任，一旦出现其承担无限连带责任的情况，会影响其公益目标的实现，这与它们成立的宗旨相悖，也不利于公益事业的健康发展。

2. 有书面合伙协议

《合伙企业法》第4条规定："合伙协议依法由全体合伙人协商一致、以书面形式订立。"根据《合伙企业法》第18条，合伙协议应当载明下列事项：（一）合伙企业的名称和主要经营场所的地点；（二）合伙目的和合伙经营范围；（三）合伙人的姓名或者名称、住所；（四）合伙人的出资方式、数额和缴付期限；（五）利润分配、亏损分担方式；（六）合伙事务的执行；（七）入伙与退伙；（八）争议解决办法；（九）合伙企业的解散与清算；（十）违约责任。

根据《合伙企业法》第19条，合伙协议经全体合伙人签名、盖章后生效。合伙人按照合伙协议享有权利，履行义务。除非合伙协议另有约定，修改或者补充合伙协议，应当经全体合伙人一致同意。合伙协议未约定或者约定不明确的事项，由合伙人协商决定；协商不成的，依照合伙企业法和其他有关法律、行政法规的规定处理。

3. 有合伙人认缴或者实际缴付的出资

根据《合伙企业法》第16条，合伙人可以用货币、实物、知识产权、土地使用权或者其他财产权利出资，也可以用劳务出资。

（1）货币。货币可以是人民币或者其他币种，如美元。

（2）实物。实物是指企业生产经营所需要的各种有形财产，通常指厂房、机器设备、原材料、零部件等。

（3）知识产权。知识产权包括商标权、著作权、专利权以及《民法典》第 123 条所列的其他知识产权。

（4）土地使用权或者其他财产权利。我国《宪法》第 10 条规定，城市的土地属于国家所有。农村和城市郊区的土地，除由法律规定属于国家所有的以外，属于集体所有；宅基地和自留地、自留山，也属于集体所有。任何组织或者个人不得侵占、买卖或者以其他形式非法转让土地。土地的使用权可以依照法律的规定转让。所以，作为对合伙企业出资的只能是土地的使用权。其他财产权利主要是指债权等财产性权利。

（5）劳务出资。劳务出资是指出资人以自己的劳动技能等所体现的财产价值进行出资。

合伙人以实物、知识产权、土地使用权或者其他财产权利出资，往往需要评估作价。作价多少，可以由全体合伙人协商确定，也可以由全体合伙人委托法定评估机构评估。合伙人以劳务出资的，其评估办法由全体合伙人协商确定，并在合伙协议中载明。

《合伙企业法》第 17 条规定："合伙人应当按照合伙协议约定的出资方式、数额和缴付期限，履行出资义务。以非货币财产出资的，依照法律、行政法规的规定，需要办理财产权转移手续的，应当依法办理。"

因为合伙人对合伙债务承担连带无限责任，所以法律对合伙企业没有最低资本要求，对出资时间也没有规定，均由合伙人商定。合伙人违反约定，延迟出资给其他合伙人造成损失的，应当承担赔偿责任。

4. 有合伙企业的名称和生产经营场所

合伙企业作为独立的民事主体，应当有自己的名称，而且，合伙企业名称中应当标明"普通合伙"字样，这样便于交易对象了解其责任承担形式。合伙企业是从事经营活动的民事主体，需要有相应的经营场所，该场所可以是租借的。

（三）合伙企业的财产

《合伙企业法》第 20 条规定："合伙人的出资、以合伙企业名义取得的收益和依法取得的其他财产，均为合伙企业的财产。"从条文表述看，合伙企业的财产由两部分构成：一是合伙人的出资，二是以合伙企业名义取得的收益和依法取得的其他财产。但事实上，合伙人的出资并不全部构成合伙企业的财产，如劳务出资不构成合伙企业财产。因此，合伙财产主要包括原始财产和积累的财产。原始财产是全体合伙人实际投入合伙企业的财产，积累财产包括两个部分：（1）合伙企业成立后取得的营业性收入；（2）依法取得的其他财产，如合伙企业受赠的财产。

关于合伙企业财产的性质，有观点认为属于合伙人按份共有，也有观点认为属于合伙人共同共有，目前的通说认为属于合伙人共同共有。合伙财产由合伙企业统一管理和使用，合伙企业对合伙财产拥有相对独立的财产权利，并先以合伙财产对外承担责任。

（四）合伙事务的执行

合伙的特点之一是共同经营，因此，合伙人对合伙事务的执行享有同等的权利，每个合伙人都有合伙事务的执行权，合伙人之间互为代理人，一个合伙人的行为对其他合伙人产生效力。但是，每个合伙人均有合伙事务的执行权可能不一定有利于企业的经营管理。根据《合伙企业法》，合伙人可以通过合伙协议约定或者经全体合伙人决定，委托一个或者数个合伙人对外代表合伙企业，执行合伙事务。如果决定委托一个或者数个合伙人执行合伙事务的，其他合伙人不再执行合伙事务。不执行合伙事务的合伙人有权监督执行事务合伙人执行合伙事务的情况。

约定由一个或者数个合伙人执行合伙事务的，执行事务合伙人应当定期向其他合伙人报告事务执行情况以及合伙企业的经营和财务状况，其执行合伙事务所产生的收益归合伙企业，所产生的费用和亏损由合伙企业承担。其他合伙人为了解合伙企业的经营状况和财务状况，有权查阅合伙企业会计账簿等财务资料。

受委托执行合伙事务的合伙人不按照合伙协议或者全体合伙人的决定执行事务的，其他合伙人可以决定撤销该委托。合伙人分别执行合伙事务的，执行事务合伙人可以对其他合伙人执行的事务提出异议。提出异议时，应当暂停该项事务的执行。如果发生争议，依照《合伙企业法》第30条的规定作出决定。

《合伙企业法》第30条是对合伙企业表决方式的规定。其内容是：合伙人对合伙企业有关事项作出决议，按照合伙协议约定的表决办法办理。合伙协议未约定或者约定不明确的，实行合伙人一人一票并经全体合伙人过半数通过的表决办法。合伙企业法对合伙企业的表决办法另有规定的，从其规定。

对于特别重要的事项，合伙企业法规定必须经合伙人一致同意。根据《合伙企业法》第31条，除合伙协议另有约定外，合伙企业的下列事项应当经全体合伙人一致同意：（一）改变合伙企业的名称；（二）改变合伙企业的经营范围、主要经营场所的地点；（三）处分合伙企业的不动产；（四）转让或者处分合伙企业的知识产权和其他财产权利；（五）以合伙企业名义为他人提供担保；（六）聘任合伙人以外的人担任合伙企业的经营管理人员。

被聘任的合伙企业的经营管理人员应当在合伙企业授权范围内履行职务。合伙企业对合伙人执行合伙事务以及对外代表合伙企业权利的限制，不得对抗善意第三人。被聘任的合伙企业的经营管理人员，超越合伙企业授权范围履行职务，或者在履行职务过程中因故意或者重大过失给合伙企业造成损失的，依法承担赔偿责任。

（五）合伙企业的损益分配和债务承担

1. 损益分配

损益分配指合伙企业的利润分配和亏损分担。根据《合伙企业法》第33条，合伙企业的利润分配和亏损分担，按照合伙协议的约定办理；合伙协议未约定或者约定不明确的，由合伙人协商决定；协商不成的，由合伙人按照实缴出资比例分配、分担；无法确定出资比例的，由合伙人平均分配和分担。合伙协议不得约定将全部利润分配给部分合伙人或者由部分合伙人承担全部亏损。

2. 债务承担

合伙债务是指在合伙存续期间，以合伙名义进行经营活动而负担的债务以及其他应当由合伙企业承担的债务。合伙企业对其债务应先以其全部财产进行清偿。合伙企业不能清偿到期债务的，合伙人承担无限连带责任。所谓无限责任，指合伙人以自己的全部财产对合伙债务承担责任，所谓连带责任，是指每个合伙人对外都必须对全部合伙债务承担清偿责任，债权人可以向任何一个合伙人请求清偿全部合伙债务，合伙人不得以合伙协议约定的债务承担比例对抗债权人。某一合伙人由于承担连带责任，清偿数额超过其分担比例的，有权向其他合伙人追偿。

（六）对合伙人的限制

1. 请求分割合伙财产的限制

除非合伙企业法另有规定，如退伙，合伙人在合伙企业清算前，不得请求分割合伙企业的财产。合伙人在合伙企业清算前私自转移或者处分合伙企业财产的，合伙企业不得以此对抗善意第三人。

2. 合伙财产份额转让限制

除合伙协议另有约定外，合伙人向合伙人以外的人转让其在合伙企业中的全部或者部分财产份额时，须经其他合伙人一致同意；合伙人向合伙人以外的人转让其在合伙企业中的财产份额的，在同等条件下，其他合伙人有优先购买权。合伙人以外的人依法受让合伙人在合伙企业中的财产份额的，经修改合伙协议即成为合伙企业的合伙人，依照合伙企业法和修改后的合伙协议享有权利，履行义务。

除合伙协议另有约定外，合伙人之间转让在合伙企业中的全部或者部分财产份额时，无需其他合伙人同意，但是应当通知其他合伙人。

合伙人的自有财产不足清偿其与合伙企业无关的债务的，该合伙人可以以其从合伙企业中分取的收益用于清偿；债权人也可以依法请求人民法院强制执行该合伙人在合伙企业中的财产份额用于清偿。人民法院强制执行合伙人的财产份额时，应当通知全体合伙人，其他合伙人有优先购买权；其他合伙人未购买，又不同意将该财产份额转让给他人的，依照《合伙企业法》第51条的规定为该合伙人办理退伙结算，或者办理削减该合伙人相应财产份额的结算。

3. 合伙财产份额出质的限制

合伙人以其在合伙企业中的财产份额出质的，须经其他合伙人一致同意；未经其他合伙人一致同意，其行为无效，由此给善意第三人造成损失的，由行为人依法承担赔偿责任。

4. 合伙人的竞业禁止义务与自我交易的限制

合伙人不得自营或者同他人合作经营与本合伙企业相竞争的业务。除合伙协议另有约定或者经全体合伙人一致同意外，合伙人不得同本合伙企业进行交易。

（七）入伙、退伙

1. 入伙

入伙是指在合伙企业存续期间合伙人以外的人加入合伙企业并取得合伙人资格的法律行为。

（1）入伙的条件。新合伙人入伙，除合伙协议另有约定外，应当经全体合伙人一致同意，并依法订立书面入伙协议。同时还应当修改合伙协议并办理变更登记，否则不能对抗善意第三人。

（2）原合伙人的告知义务。订立入伙协议时，原合伙人应当向新合伙人如实告知原合伙企业的经营状况和财务状况。

（3）新合伙人的权利与义务。入伙的新合伙人与原合伙人享有同等权利，承担同等责任。入伙协议另有约定的，从其约定。对外，新合伙人对入伙前合伙企业的债务承担无限连带责任。

2. 退伙

退伙是指在合伙企业存续期间合伙人退出合伙企业并使其合伙人资格归于消灭的法律行为。退伙有三种方式。

（1）任意退伙。任意退伙，又称声明退伙，是指基于合伙人的意思而退伙。《合伙企业法》第45条至第47条规定了任意退伙的条件。具体条件根据合伙企业是否约定了经营期限而有所不同。

合伙协议约定了合伙企业经营期限的，有下列情形之一的，合伙人可以任意退伙：①合伙协议约定的退伙事由出现；②经全体合伙人同意退伙；③发生合伙人难于继续参加合伙企业的事由；④其他合伙人严重违反合伙协议约定的义务。

合伙协议未约定合伙企业的经营期限的，合伙人在不给合伙企业事务的执行造成不利影响的情况下，可以任意退伙，但应当提前30日通知其他合伙人。合伙人违反上述规定擅自退伙的，应当赔偿由此给他人造成的损失。

可见，有约定期限的合伙，合伙人退伙的要求略高，需要满足法条列出的四种情形之一。而未约定期限的合伙，在不给合伙企业事务的执行造成不利影响的情况下，仅需提前 30 日通知其他合伙人即可退伙。

（2）法定退伙。法定退伙，又称当然退伙，是指基于法律的直接规定而退伙。

根据《合伙企业法》第 48 条，合伙人有下列情形之一的，当然退伙：①作为合伙人的自然人死亡或者被依法宣告死亡；②个人丧失偿债能力；③作为合伙人的法人或者其他组织依法被吊销营业执照、责令关闭、撤销，或者被宣告破产；④法律规定或者合伙协议约定合伙人必须具有相关资格而丧失该资格；⑤合伙人在合伙企业中的全部财产份额被人民法院强制执行。

合伙人被依法认定为无民事行为能力人或者限制民事行为能力人的，经其他合伙人一致同意，可以依法转为有限合伙人，普通合伙企业依法转为有限合伙企业。其他合伙人未能一致同意的，该无民事行为能力或者限制民事行为能力的合伙人退伙。

退伙事由实际发生之日为退伙生效日。

（3）强制退伙。强制退伙，又称除名退伙，是指当某一合伙人有某种行为发生时，其他合伙人决议将其除名。

根据《合伙企业法》第 49 条，合伙人有下列情形之一的，经其他合伙人一致同意，可以决议将其除名：①未履行出资义务；②因故意或者重大过失给合伙企业造成损失；③执行合伙企业事务时有不正当行为；④合伙协议约定的其他事由。

对合伙人的除名决议应当书面通知被除名人。被除名人接到除名通知之日，除名生效，被除名人退伙。被除名人对除名决议有异议的，可以自接到除名通知之日起 30 日内，向人民法院起诉。

3.退伙的效力

退伙的效力是原合伙人丧失合伙人资格，此时，合伙企业需要退还其在合伙企业中的财产份额，并对合伙债务进行清算。

合伙人退伙，其他合伙人应当与该退伙人按照退伙时的合伙企业财产状况进行结算，退还退伙人的财产份额。退伙人对给合伙企业造成的损失负有赔偿责任的，相应扣减其应当赔偿的数额。退伙时有未了结的合伙企业事务的，待该事务了结后进行结算。退伙人在合伙企业中财产份额的退还办法，由合伙协议约定或者由全体合伙人决定，可以退还货币，也可以退还实物。

合伙人退伙时，合伙企业财产少于合伙企业债务的，退伙人应当依照合伙协议的约定或者合伙企业法的规定分担亏损。退伙人对基于其退伙前的原因发生的合伙企业债务，承担无限连带责任。

可见，合伙人退伙应当按照约定分担合伙经营期间发生的合伙债务。合伙人对其退伙前已发生的合伙债务，未按约定分担或者未合理分担的，应当承担清偿责任；退伙时已经分担的，对其参加合伙期间的全部债务对外仍然需要承担无限连带责任。

合伙人死亡或者被依法宣告死亡的，对该合伙人在合伙企业中的财产份额享有合法继承权的继承人，按照合伙协议的约定或者经全体合伙人一致同意，从继承开始之日起，取得该合伙企业的合伙人资格。但是有下列情形之一的，合伙企业应当向合伙人的继承人退还被继承合伙人的财产份额：（1）继承人不愿意成为合伙人；（2）法律规定或者合伙协议约定合伙人必须具有相关资格，而该继承人未取得该资格；（3）合伙协议约定不能成为合伙人的其他情形。

合伙人的继承人为无民事行为能力人或者限制民事行为能力人的，经全体合伙人一致同意，可以依法成为有限合伙人，普通合伙企业依法转为有限合伙企业。全体合伙人未能一致同意的，合伙企业应当将被继承合伙人的财产份额退还该继承人。

三、有限合伙

【案例】

2008 年杨某与他人一起承包了某村的采石场，并注册成立池塘采石厂，投入原始股金共计 331 万元，其中杨某入股 72 万元。2011 年 1 月，杨某欲转让其股份，在其他合伙人未主张优先受让的情况下，池塘采石厂的员工夏某（被告）表示有意受让杨某的股份。因资金困难，夏某找到袁某（原告），希望与袁某合伙受让杨某的股份。经杨某同意，夏某以 128 万元买下杨某的 72 万元股份（其中袁某出资 44 万元）。杨某于 2011 年 3 月向夏某出具收据。

夏某和袁某协商决定，由夏某以合伙人身份参与池塘采石厂的生产经营和管理。该厂其他合伙人均只认可夏某的合伙人身份。夏某主要负责采石厂的安全生产。2013 年年初，池塘采石厂根据合伙人股本金的比例进行了分红，夏某在收到分红后，按每 1 万元给付袁某分红款 1125 元，共计支付袁某 4.95 万元。

因政府要求相关企业进行整合，村委会于 2013 年 5 月决定注销池塘采石厂，并办理了注销登记。经各方协商，某矿业公司与池塘采石厂的合伙负责人于 2013 年 9 月 1 日签订了一份《企业整合合同书》，合同约定：对内，矿业公司和池塘采石厂是两个独立存在的经济实体，原先各自的设备、生产占有场地等资产仍归各自所有，各自实行独立经营、自产自销、自负盈亏、责任自负；对外，矿业公司是企业主体，池塘采石厂是矿业公司的一个采石点，仍由原池塘采石厂的全体合伙人承包。双方还就其他事项进行了约定。

池塘采石厂整合后，夏某和其他合伙人继续合伙承包矿业公司名下的原池塘采石厂，每年只需向村委会上交 2 万元承包金，不需向矿业公司上交承包金及其他任何费用。

因池塘采石厂几年没有分红，袁某遂以其没有参与经营管理，至今不是合伙人身份，池塘采石厂已注销，但夏某却未返还其投资款为由，诉至法院，请求夏某返还其当初的投资款 44 万元，并赔偿利息损失 11 万元。❶

问题： 袁某是有限合伙人，隐名合伙人，还是投资款的出借人？

【知识要点】

有限合伙，指由普通合伙人和有限合伙人组成，普通合伙人对合伙企业债务承担无限连带责任，有限合伙人以其认缴的出资额为限对合伙企业债务承担责任的合伙企业。

---

❶ 改编自江西省新余市中级人民法院民事判决书（2015）余民二终字第 20 号。

（一）有限合伙的法律特征

（1）有限合伙企业由两种合伙人组成，即普通合伙人和有限合伙人。除法律另有规定外，有限合伙企业由二个以上五十个以下合伙人设立。有限合伙企业至少应当有一个普通合伙人。法律之所以规定有限合伙企业合伙人的上限，是为了防止利用有限合伙这种企业形式搞非法集资。

（2）有限合伙人不执行合伙事务。有限合伙企业由普通合伙人执行合伙事务，负责企业的经营管理，有限合伙人不得执行合伙企业事务，不得对外代表有限合伙企业，否则可能构成表见合伙。所谓表见合伙是指第三人有理由相信有限合伙人为普通合伙人并与其交易，该有限合伙人应当就该笔交易承担如同普通合伙人一样的责任。《合伙企业法》第76条规定："第三人有理由相信有限合伙人为普通合伙人并与其交易的，该有限合伙人对该笔交易承担与普通合伙人同样的责任。有限合伙人未经授权以有限合伙企业名义与他人进行交易，给有限合伙企业或者其他合伙人造成损失的，该有限合伙人应当承担赔偿责任。"但是，有限合伙人的下列行为不视为执行合伙事务：①参与决定普通合伙人入伙、退伙；②对企业的经营管理提出建议；③参与选择承办有限合伙企业审计业务的会计师事务所；④获取经审计的有限合伙企业财务会计报告；⑤对涉及自身利益的情况，查阅有限合伙企业财务会计账簿等财务资料；⑥在有限合伙企业中的利益受到侵害时，向有责任的合伙人主张权利或者提起诉讼；⑦执行事务合伙人怠于行使权利时，督促其行使权利或者为了本企业的利益以自己的名义提起诉讼；⑧依法为本企业提供担保。

（3）有限合伙人承担有限责任。有限合伙企业中的有限合伙人以其认缴的出资额为限对合伙企业的债务承担责任，而有限合伙企业中的普通合伙人对合伙债务承担无限连带责任。

（二）成立有限合伙企业的特殊规定

（1）有限合伙企业名称中应当标明"有限合伙"字样。

（2）有限合伙人不得以劳务出资。基于有限合伙人不执行合伙事务的特点，合伙企业法规定有限合伙人仅可以用货币、实物、知识产权、土地使用权或者其他财产权利作价出资，而不得以劳务出资。有限合伙人应当按照合伙协议的约定按期足额缴纳出资；未按期足额缴纳的，应当承担补缴义务，并对其他合伙人承担违约责任。有限合伙人的出资应在企业登记事项中予以载明。规定登记有限合伙人出资的目的是起公示作用，以保护债权人利益。

（3）有限合伙协议的内容除包含普通合伙协议的内容外，还应当载明下列事项：①普通合伙人和有限合伙人的姓名或者名称、住所；②执行事务合伙人应具备的条件和选择程序；③执行事务合伙人的权限与违约处理办法；④执行事务合伙人的除名条件和更换程序；⑤有限合伙人入伙、退伙的条件、程序以及相关责任；⑥有限合伙人和普通合伙人相互转变程序。

（三）有限合伙人权利义务的特殊规定

（1）自己交易自由。除非合伙协议另有约定，有限合伙人可以同本有限合伙企业进行交易；有限合伙人可以自营或者同他人合作经营与本有限合伙企业相竞争的业务。法律之所以不限制有限合伙人的交易自由，是因为有限合伙人没有合伙事务执行权，允许其自由交易不会损害合伙企业的利益。

（2）转让份额自由。有限合伙人可以按照合伙协议的约定向合伙人以外的人转让其在有限合伙企业中的财产份额，不需要其他合伙人的同意，但应当提前30日通知其他合伙人。其他合伙人也没有优先购买权。但是，《合伙企业法》第74条又规定，有限合伙人的自有财产不足清偿其与合伙企业无关的债务的，债权人可以依法请求人民法院强制执行该合伙人在有限合伙企业中的财产份额用于清偿。人民法院强制执行有限合伙人的财产份额时，应当通知全体合伙人。在同等条件下，其他合伙人有优先购买权。

（3）出质自由。除非合伙协议另有约定，有限合伙人可以将其在有限合伙企业中的财产份额出质。

（四）有限合伙人的入伙、退伙

新入伙的有限合伙人对入伙前有限合伙企业的债务，以其认缴的出资额为限承担责任。

有限合伙人有下列情形之一的，当然退伙：（1）作为合伙人的自然人死亡或者被依法宣告死亡；（2）作为合伙人的法人或者其他组织依法被吊销营业执照、责令关闭、撤销，或者被宣告破产；（3）合伙人在合伙企业中的全部财产份额被人民法院强制执行。

作为有限合伙人的自然人在有限合伙企业存续期间丧失民事行为能力的，其他合伙人不得因此要求其退伙。作为有限合伙人的自然人死亡、被依法宣告死亡或者作为有限合伙人的法人及其他组织终止时，其继承人或者权利承受人可以依法取得该有限合伙人在有限合伙企业中的资格，无需其他合伙人同意。这是因为有限合伙人不执行合伙事务，而且承担有限责任，其有无行为能力、个人信誉如何等对合伙企业没有影响。

有限合伙人退伙后，对基于其退伙前的原因发生的有限合伙企业债务，以其退伙时从有限合伙企业中取回的财产为限承担责任。

（五）合伙人责任性质的转变

除合伙协议另有约定外，普通合伙人转变为有限合伙人，或者有限合伙人转变为普通合伙人，应当经全体合伙人一致同意。

有限合伙人转变为普通合伙人的，对其作为有限合伙人期间有限合伙企业发生的债务承担无限连带责任。普通合伙人转变为有限合伙人的，对其作为普通合伙人期间合伙企业发生的债务承担无限连带责任。

有限合伙企业仅剩有限合伙人的，应当解散；有限合伙企业仅剩普通合伙人的，转为普通合伙企业。

四、特殊普通合伙

【案例】

被告红星评估所是特殊普通合伙企业，股东为本案另三位被告张某某、卢某某和李某某。合伙事务执行合伙人为张某某。

2013 年 4 月 24 日，张某某代表被告红星评估所与原告何某某签订《借款协议书》，向原告借款，同时，由被告张某某为借款作担保。借款协议加盖有红星评估所印章。协议约定，2013 年 4 月 24 日，原告何某某借给被告红星评估所人民币 55 万元，利息按实际借款总额月 3.5% 计付。借款期限为一年。

借期届满后，被告红星评估所没有按协议偿还原告借款及利息。2014 年

5月7日，原告将红星评估所、张某某、卢某某、李某某四人诉至法院。

被告张某某对原告主张的上述借款本金无异议。

庭审中，被告红星评估所、卢某某、李某某主张被告张某某与原告签订的借款协议无效。理由是：1. 原告将借款直接支付给张某某，该款是张某某个人借款。原告与张某某恶意串通在协议和收据上加盖单位公章，损害了单位的利益，因此借款协议无效。2. 红星评估所的经营范围为房地产评估和经纪，借款协议涉及的"公司垫资、房屋撤押垫资、证券垫资、集资入股"等事项不属于红星评估所的经营范围，张某某不是按照合伙协议的约定或经过合伙人决定向原告借款，因此，虽然张某某是合伙执行人，但张某某与原告签订借款协议及立下收据的行为并不是执行合伙事务的行为。❶

问题：

1. 红星评估所是否应当对该笔债务承担责任？

2. 红星评估所是特殊普通合伙，如果应当承担还款义务，在评估所财产不足以偿还借款时，张某某之外的其他合伙人是否应当承担无限连带责任？

【知识要点】

特殊普通合伙，是指一般情况下，合伙人对合伙企业的债务承担无限连带责任，但如果一个合伙人或者数个合伙人在执业活动中因故意或者重大过失造成合伙企业债务的，应当由该合伙人承担无限责任或者无限连带责任，其他合伙人仅以其在合伙企业中的财产份额为限承担责任的合伙企业。

（一）特殊普通合伙的产生

普通合伙最主要的特征是每个合伙人对于超出合伙企业资产的债务承担无限连带责任，这意味着在可能的情况下，无辜合伙人需要用个人财产偿还其他合伙人故意或者过失行为造成的合伙债务。普通合伙制度虽然保护了债权人的利益，但合伙人的利益却没有得到充分的保障。

特殊普通合伙产生于20世纪80年代末的美国，被称为有限责任合伙（Limited Liability Partnership, LLP）。在此之前的美国，以专业职能提供服务的机构被要求采用合伙制，其理由是，专业服务机构掌握专业知识，相对而

❶ 改编自广西壮族自治区百色市中级人民法院民事判决书（2015）百中民一终字第1307号。

言客户是弱势群体，应当要求这些机构的设立者承担相互监督的责任，而采取合伙形式，让合伙人承担无限连带责任，是合适的监督方式。

有限责任合伙产生的导火索是 20 世纪 80 年代末房地产和能源价格崩溃，与之相伴的灾难是大量银行倒闭。当时全美 1/3 的银行破产发生在得克萨斯州。在波及全州的危机中，上百名金融机构的股东、经理、职员被联邦存款保险公司和联邦储贷保险公司起诉，但这些人能够赔偿的财产相较于巨大的损失而言只是九牛一毛。于是联邦存款保险公司和联邦储贷保险公司把注意力转移到了那些曾经在金融机构倒闭前代表他们的律师和会计师们。律师和会计师之所以受到债权人的重视，一方面是因为他们和客户关系密切，金融业的崩溃和他们玩忽职守出具的法律意见书和审计表不无关系。另一方面是因为律师事务所和会计师事务所背后存在的责任保险金和富有的合伙人。律师事务所和会计师事务所的合伙人们也意识到了自己的风险。为了防止再次被这样的恐惧笼罩，他们开始寻求法律上的保护。最初保护无辜合伙人的想法是由一名得州参议员提出的，该参议员最初提出的保护无辜合伙人的建议经由部分律师的改进后以参议院法案的形式提出。其主要内容是，部分合伙人在执业中的过失和渎职造成的合伙债务，无辜合伙人承担有限责任。但有限责任仅被限定在几个特定的职业：律师、会计师、医生、工程师、建筑师、房地产经纪人。1991 年 8 月 26 日，得州州长 Ann Richards 允许该法案在没有她签字的情况下生效，有限责任合伙正式诞生。到 1995 年上半年，美国已经有 24 个州通过了有限责任合伙立法。

有限责任合伙限定了无辜合伙人的个人责任。最初设计此制度的目的就是给那些无辜合伙人提供"心里安宁"保险，它可以使合伙人避免因无法控制的，由于某些合伙人，甚至是素未谋面的合伙人的过失、渎职行为造成的责任承担上的无限性和连带性。

（二）特殊普通合伙制度在我国的引入

和美国有限责任合伙的立法过程由律师主导不同，我国特殊普通合伙的立法进程是由会计师行业推动的。1996 年四川德阳案件是一个里程碑：德阳市东方企业贸易公司注册时，事实上并无资金和财产，但是，德阳市会计师事务所出具了注册资本 81 万的验资证明，验资证明中承诺对德阳市东方企业贸易公司的全部债务在其证明金额内承担赔偿责任。后德阳市东方企业贸易公司与山西太原南郊化工厂订立氯化碱买卖合同，货款 12 万元。山西太原南郊化工厂发货后发现被骗。山西太原南郊化工厂起诉德阳市东方企业贸易公司，并申请追加德阳市会计师事务所为诉讼当事人，要求其承担赔偿责任。最高人民法院在第 56 号批复函中支持了原告的主张。最高人民法院第 56 号函有相当重要的现实意义，它明确了注册会计师在开展业务过程中不仅要对业务的委托人负责，而且也要对与此有关的第三者负责。这实际上是增加了会计师事务所合伙人的责任。因此，在 2006 年修订合伙企业法时，会计师行业坚决要求引入美国的有限责任合伙制度。这集中反映在全国人大常委会《关于〈中华人民共和国合伙企业法（修订草案）〉的说明》中："专业服务机构的发展迫切需要在法律中规定有限责任合伙制度。有限责任合伙是普通合伙的一种发展形式，各合伙人仍对合伙债务承担无限责任，但仅对由本人负责的业务或过错所导致的合伙债务承担无限责任，对因其他合伙人过错造成的合伙债务不负无限连带责任。许多国际专业服务机构，如普华、德勤、安永、毕马威等 4 家国际最大的会计师事务所，都采用了有限责任合伙形式。由于我国合伙企业法没有规定有限责任合伙，只规定了全体合伙人承担无限连带责任的普通合伙，因此，会计师事务所等专业服务机构的发展受到很大限制，规模普遍偏小，难以与国外的专业服务机构展开竞争。这就迫切需要在合伙企业法中明确规定有限责任合伙的组织形式，以利于这类机构发展壮大以及与国际专业服务机构竞争。"但是，我国在引入有限责任合伙制度时为与有限合伙相区别，将其名称改为特殊普通合伙。

修订后的《合伙企业法》第 55 条规定："以专业知识和专门技能为客户提供有偿服务的专业服务机构，可以设立为特殊的普通合伙企业。"《合伙企业法》第 56 条规定："特殊的普通合伙企业名称中应当标明'特殊普通合伙'字样。"

（三）特殊普通合伙的特征

特殊普通合伙是普通合伙的一种，其与普通合伙的唯一区别就是责任承担的特殊性。《合伙企业法》第 57 条和 58 条对特殊普通合伙的责任承担作出了规定。《合伙企业法》第 57 条规定："一个合伙人或者数个合伙人在执业活动中因故意或者重大过失造成合伙企业债务的，应当承担无限责任或者无限连带责任，其他合伙人以其在合伙企业中的财产份额为限承担责任。"第58条规定："合伙人执业活动中因故意或者重大过失造成的合伙企业债务，以合伙企业财产对外承担责任后，该合伙人应当按照合伙协议的约定对给合伙企业造成的损失承担赔偿责任。"

具体而言，其承担责任的方式为：

（1）合伙人承担有限责任的情况：合伙人在执业活动中因故意或者重大过失造成合伙企业债务的，应当由这个或者这些合伙人承担无限责任或者无限连带责任，其他合伙人以其在合伙企业中的财产份额为限承担责任。

（2）合伙人承担无限连带责任的情况：合伙人在执业活动中非因故意或者重大过失造成的合伙企业债务，以及合伙企业的其他债务，由全体合伙人承担无限连带责任。

为了保护债权人的利益，合伙企业法规定，特殊的普通合伙企业应当建立执业风险基金、办理职业保险。执业风险基金用于偿付合伙人执业活动造成的债务。执业风险基金应单独立户管理。具体管理办法由国务院规定。

第八章　民事法律关系客体

一、民事法律关系客体的概念

【知识要点】

民事法律关系客体，又称权利客体，是与民事权利主体相对应的概念。按照民法理论上权利本质的通说，权利由特定利益与法律上之力两要素构成，本质上是受法律保护的特定利益。此特定利益之本体，即是权利的客体，亦可称为权利的标的，或权利的对象。所以，民事法律关系的客体是指民事权利和民事义务共同指向的对象。

民事权利因其种类不同而有不同的客体。所有权的客体是物，用益物权的客体也是物，担保物权的客体既有物也有权利；继承权的客体（遗产）既有物也有权利；债权的客体是债务人的行为，称为给付；人格权的客体是存在于权利人自身的人格利益；身份权的客体是身份利益；知识产权的客体是人的精神的创造物称为智力成果。

其中，物为一切财产关系最基本的要素，不仅为物权之客体，且涉及一切财产关系。如继承关系之客体为遗产，其中大部为物。债权之客体虽为行为，但在多数情形，给付仍以物为其标的，称为标的物。

二、作为民事法律关系客体的物

【案例一】

沈某、刘某夫妇因未能自然生育，于 2012 年 8 月在南京市鼓楼医院接受体外受精—胚胎移植助孕手术。鼓楼医院在治疗过程中，获卵 15 枚，受精 13 枚，分裂 13 枚。为预防"卵巢过度刺激综合征"，鼓楼医院未对刘某移植新鲜胚胎，而是于当天冷冻 4 枚受精胚胎。

刘某曾于 2012 年 3 月 5 日与鼓楼医院签订《辅助生殖染色体诊断知情同意书》，刘某在同意书中明确表示，所取样本如有剩余，同意由诊断中心按国家相关法律、法规代为处理。2012 年 9 月 3 日，沈某、刘某夫妇再次与鼓楼医院签订《配子、胚胎去向知情同意书》，同意书载明二人在鼓楼医院生殖医学中心实施了试管手术，获卵 15 枚，移植 0 枚，冷冻 4 枚，继续观察 6 枚胚胎；对于剩余配子（卵子、精子）、胚胎，二人选择同意丢弃；对于继续观察的胚胎，如果发展成囊胚，二人选择同意囊胚冷冻。同日，沈某、刘某夫妇还与鼓楼医院签订了《胚胎和囊胚冷冻、解冻及移植知情同意书》，鼓楼医院在该同意书中明确：胚胎不能无限期保存，目前保存期限为一年，首次费用为三个月，如需继续冷冻，需补交费用，逾期不予保存；如果超过保存期，沈某、刘某夫妇选择同意将胚胎丢弃。

2013 年 3 月 20 日 23 时许，沈某驾车发生车祸，同车的刘某当日死亡，沈某于 3 月 25 日死亡。

沈某的父母沈某某、邵某某以继承为诉由，起诉刘某的父母刘某某、胡某某，认为其子沈某与儿媳刘某生前留下的胚胎，根据法律规定和风俗习惯应当由他们二人监管处置。

因涉案胚胎保存于鼓楼医院，与案件审理结果存在关联性，原审法院追加该院作为第三人参加诉讼。

一审法院认为：1. 沈某、刘某夫妇因自身原因无法自然生育，为实现生育目的至鼓楼医院施行体外受精—胚胎移植手术。现夫妻双方死亡，双方父母均遭受了巨大的痛苦，沈某某、邵某某主张儿子与儿媳留下的胚胎应由其继承，但施行体外受精—胚胎移植手术过程中产生的受精胚胎为具有发展为生命的潜能，含有未来生命特征的特殊之物，不能像一般之物一样任意转让或继承，故其不能成为继承的标的。2. 夫妻双方对其权利的行使应受到限制，即必须符合我国人口和计划生育法律法规，不违背社会伦理和道德，并且必须以生育为目的，不能买卖胚胎等。沈某、刘某夫妇已死亡，通过手术达到生育的目的已无法实现，故二人对手术过程中留下的胚胎所享有的受限制的权利不能被继承。❶

问题：沈某、刘某夫妇留下的胚胎能否成为继承的客体？

【案例二】

原告张一与被告张二系兄弟，被告张三系被告张二之女。2005 年被告张二名下房屋拆迁，取得经济适用房购买资格。2006 年 3 月 23 日被告张二、张三与天津市安居建设发展总公司签订《经济适用房买卖合同》，购买位于天津市河东区彩丽园的 ×× 号房屋，价款为 31 万元，首付 10 万元，以被告张三的名义贷款 21 万元。

上述《经济适用房买卖合同》中乙方签名"张二、张三"系由原告张一亲笔书写。该房屋首付款系由原告张一存入被告张三名下账户。自签订贷款合同起至 2007 年 3 月 5 日，每期贷款均由原告张一偿还。2007 年 3 月 6 日原告张一一次性清偿剩余贷款 20 万元，涉诉房屋贷款全部还清。涉诉房屋的买卖合同、契税发票、维修基金收据、还贷手续及原始房屋产权证等均在原告张一处。该房屋于 2006 年 7 月 15 日交付给原告张一，原告张一之女于房屋验收单上签名，并与开发商签订业主公约，与物业公司签订消防、装饰装修、车位使用等协议，与自来水公司签订用水协议书。原告张一为涉诉房屋交纳了自房屋交付至 2014 年 7 月 15 日的物业费及自房屋交付至 2013 年度的采暖费。涉诉房屋交付后由原告张一进行装修，并居住使用。2010 年 3 月 10 日被告张二取得涉诉屋的产权证，张三为共有权人，首次办理房屋产权证，由原告张一保存。

2013 年 11 月 14 日被告张二、张三再次办理涉诉房屋产权证，引发

---

❶ 改编自江苏省无锡市中级人民法院民事判决书（2014）锡民终字第 01235 号。

诉讼。

原告张一请求法院确认位于天津市河东区彩丽园的××房屋归原告所有，请求二被告将房屋转移登记在原告名下。

庭审中，二被告否认与原告存在借名买房关系，提出二被告因与原告关系很好，委托原告签订购房合同。因经济困难，房款均系向原告所借，分期偿还的贷款均由原告出资及办理，二被告不清楚还贷数额，曾一次性偿还原告还贷款8000至1万元。一次性清偿贷款的20万元确系原告支付，但乃系二被告向原告借款。

庭审中，原、被告均认可被告张二系经由拆迁取得涉诉经济适用房的购买资格。二被告主张经济适用房是政府为了改善居民生活条件，提供优惠政策，具有保障性质的政策性住房，国家对该房屋的交易有特殊规定和限制，原告不可以借名买房的形式购买经济适用房。

另据法院查明，在诉讼时，该经适房限制上市交易期届满。❶

问题：请结合限制流通物的理论分析房屋所有权的归属。

【案例三】

原告杨某与被告李某系同村村民，双方之间有债权债务纠纷。2010年农历九月，被告李某以原告杨某欠其债务为由将杨某所有的母耕牛一头拉回家中，意作为抵偿原告所欠的债务，母牛价值约7500元。在他人的协调过程中，原告表示不同意将该牛抵偿给被告。

在被告将原告的母耕牛拉回家后，母耕牛生产小牛一头。被告将该小牛以5800元的价格出售给了他人。❷

问题：请结合原物与孳息的理论，分析小牛出生时的所有权归属。

【案例四】

2007年3月16日原告陈某某与被告王某某签订房屋买卖合同，约定原

---

❶ 改编自天津市第二中级人民法院民事判决书（2015）二中民四终字第173号。
❷ 改编自河南省平顶山市中级人民法院民事判决书（2013）平民二终字第232号。

告将位于万佛湖镇雨林村舒岳路北侧的两层楼住房出卖给被告，价款 20.3 万元。此后，原告将房产证、土地使用证交给被告，并协助被告办理了所有权变更。

被告购买的两层楼住房后面还有房产（即诉争房产），其中一层两间为厨房和餐厅，二层两间为卫生间和储物间，三层两间搭盖房屋以及院落，这些房产没有所有权证，土地性质为国有划拨土地，在合同签订后一直由被告占有使用，直至 2014 年被告起诉要求原告协助办理房产登记时，原告主张诉争财产的所有权。

一审法院认为：诉争房产虽具有空间的相对独立性，但除一层可从侧门出入，其他房屋均须从被告已经获得所有权证的房屋楼梯进入。诉争的院落面积包含在原告交给被告的土地证用地范围。可以看出诉争财产的功能和价值依附于双方已经完成物权交付的两层楼房，并为之服务，为从物与主物的关系。诉争财产虽没有进行产权登记，不能进行物权变动，但其占有、使用权依法可以交付，原被告双方对此没有特别约定，原告也没有举证证明被告使用诉争财产系借用，应认定其已一并出卖。同时，从实际交易看，原告也不可能保留诉争财产，利用被告室内楼梯使用。综上所述，被告依据合同在取得具有所有权证的房屋使用权时，也依法同时取得了诉争财产的所有权和使用权，原告诉请返还财产，缺乏法律依据。依照原《物权法》第 115 条（《民法典》第 320 条）规定判决驳回原告陈某某的诉讼请求。❶

问题： 请结合主物与从物的理论对一审法院的判决作出评述。

【案例五】

2013 年 11 月 26 日，原告陈某通过世纪卓越公司经营的亚马逊网站购买了长虹 LED32538 32 英寸电视机 1 台，价格为 161.99 元。同日，陈某的电子邮箱收到亚马逊网站发来的电子邮件 1 封，确认其订购了"CHANGHONG 长虹 LED32538 32 英寸 LED 电视"，送货地址为陈某的地址，并注明：此邮件仅确认收到了订单，但不代表接受订单，只有亚马逊网站发出发货确认的电子邮件，订购合同才成立。当日，亚马逊网站再次给上

---

❶ 改编自安徽省六安市中级人民法院（2017）皖 15 民终 2015 号。

述电子邮箱发送了邮件，确认邮箱用户已就涉案订单支付货款 161.99 元。

2013 年 11 月 28 日，亚马逊网站给陈某的上述电子邮箱发送邮件称：由于缺货，将无法满足您对商品 CHANGHONG 长虹 LED32538 32 英寸 LED 电视的订购意向；如果您已经完成付款，相应款项将退回。

对此，世纪卓越公司的解释是：2013 年 11 月 20 日网站的后台系统故障将错误的商品信息上传至前台，直到 2013 年 11 月 26 日 13 点左右，出现大量异常订单时世纪卓越公司才发现此错误。

法院另外查明，在亚马逊网站进行注册时，注册页面最下端以链接方式公布了"使用条件"，但若不点击"使用条件"也不妨碍注册程序的进行。下单后的检查订单页面中，"检查订单"以加粗加大字体出现在页面最上端，下面普通字体载明："当您选择了我们的商品和服务，即表示您已经接受了亚马逊的隐私声明、使用条件和商品的退换货政策。您点击提交订单按钮后，我们将向您发送电子邮件或短信确认我们已收到您的订单，只有我们向您发出发货确认的电子邮件或短信，方构成我们对您的订单的确认，我们和您之间的订购合同才成立。"该页面对产品型号、订购数量、送货地址、付款方式等内容进行了字体加粗加黑处理。随后消费者点击提交订单按钮，购买成功。在整个购买过程中，"使用条件"和"隐私声明"均以普通字体的链接按钮形式出现在页面最下端。

亚马逊网站中公布的"使用条件"载明：如果您通过本网站订购商品，本网站上展示的商品和价格等信息仅仅是要约邀请，您的订单将成为购买商品的申请或要约。收到您的订单后，我们将向您发送电子邮件或短信确认我们已经收到您的订单，其中载明订单的细节，但该确认不代表我们接受您的订单。只有当我们向您发出送货确认的电子邮件或短信，通知您我们将您订购的商品发出时，才构成我们对您的订单的接受，我们和您之间的订购合同才成立。

陈某向法院提起诉讼，要求世纪卓越公司继续履行原订单并交付货物（长虹 LED3253832 英寸 LED 电视机 1 台，订单价格 161.99 元）。

被告世纪卓越公司辩称：不同意陈某的诉讼请求。理由是双方之间的买卖合同关系未成立。首先，依据法律规定，亚马逊网站上展示商品应为要约邀请，消费者选择后提交订单为要约，亚马逊网站确认收到订单后要约生效，亚马逊网站发出确认发货的邮件视为承诺，而亚马逊网站取消订单则视为拒绝要约，故世纪卓越公司取消订单的行为应当视为拒绝了陈某发出的要约。此外，涉案商品的展示页面上已明确表明涉案商品状态为"暂时缺货"，故陈某在购买商品时完全可以预见也应当预见世纪卓越公司有权取消订单，且可能无法实际交付商品。综上，陈某的诉讼请求缺乏事实、合同和法律依据，应当予以驳回。❶

问题：

1. 世纪卓越公司与陈某之间买卖合同是否已经成立？

2. 如果买卖合同成立，请结合特定物与种类物的理论分析世纪卓越公司是否应当承担继续履行合同的责任？

3. 世纪卓越公司有无其他途径挽回因发送错误的商品信息造成的损失？

【案例六】

原告袁某与被告熊某某于1999年1月1日登记结婚，次年生育一女熊某。其间，袁某、熊某某与熊某某的母亲曾某某、父亲熊正某共同生活，共同经营茶馆。2015年2月17日，熊某某在唐某某所经营的彩票店中购买了双色球福利彩票一张，并于当晚知悉中得巨额大奖。2015年2月25日（兑奖前一天），袁某与熊某某协议离婚并办理离婚登记。

2015年2月26日，熊某某在弟弟熊建某、妹夫崔某的陪同下到重庆市福利彩票中心完成兑奖，兑得税后奖金460万元并存入熊某某在中国建设银行的个人账户。兑奖当日，熊某某即分别向熊建某、崔某账户各转入50万元，次日向彩票店经营者唐某某银行账户转入14万元。随后，熊某某以本人名义支付220万元购买幸福人寿保险公司重庆分公司某万能型保险，另有46万余元转存于熊某某在重庆农村商业银行的个人账户。

离婚后几天，袁某从朋友处得知熊某某中得巨额大奖，袁某认为奖金为夫妻共同财产，自己理应分得一半，但遭熊某某拒绝。2015年3月10日，袁某向法院提起诉讼，要求分得彩票奖金230万。熊某某的母亲曾某某以中奖彩票系其购买为由，作为第三人参加诉讼。

原告诉称：被告熊某某故意隐瞒中奖事实，于兑奖前一天欺骗原告与其办理离婚登记。虽然熊某某兑付彩票奖金行为在离婚后第二天完成，但该彩票系在离婚前购买并于当日获知中了巨额奖金，因此该彩票奖金属于夫妻共同财产。原告作为夫妻一方，有权要求对夫妻共同财产予以分割并获得该彩票奖金的一半，即230万元。

被告辩称：双色球中奖彩票并非被告购买，而是由第三人曾某某购买，且原、被告协议离婚不存在胁迫或者欺诈，系双方真实意思表示，请求法院依法驳回原告诉求。

第三人述称：双色球中奖彩票系第三人购买，因春节期间不能兑奖，便委托被告熊某某与儿子熊建某、女婿崔某一起去兑奖，请求法院判决确认中奖彩票归第三人所有。

重庆市梁平区人民法院审理认为：家庭共有财产是指家庭成员在家庭共同生活期间共同创造、共同所得的财产。袁某与熊某某在婚姻关系存续期间，均无固定工作，与熊某某的母亲曾某某、父亲熊正某共同生活，共同经营茶馆，茶馆收益及第三人曾某某的养老金共同用于家庭开支。本案讼争的彩票虽系第三人曾某某购买，但应视为以家庭开支购买，彩票奖金应作为曾某某、熊正某、熊某某、袁某的家庭共同财产为宜。彩票奖金依法应当由家庭成员曾某某、熊正某、熊某某、袁某4人进行分割。袁某主张彩票奖金应按夫妻共同财产进行分割，未提供足够证据证实该彩票系熊某某购买，对该请求不予支持。判决第三人曾某某购买双色球福利彩票中奖所得奖金460万元属袁某、熊某某、第三人曾某某、熊正某的家庭共同财产，由熊某某支付袁某应分得的彩票奖金115万元，驳回袁某、第三人曾某某的其他诉讼请求。

宣判后，袁某不服一审判决，提起上诉，认为双色球中奖彩票并非曾某某购买而系熊某某购买；袁某和熊某某虽与曾某某、熊正某共同居住，但并不属于法律意义上的共同生活、共同经营，购买彩票的资金应属于个人支出而非家庭支出。熊某某、第三人曾某某亦不服一审判决，提起上诉，认为虽然对一审法院认定的事实没有异议，但袁某在离婚前即已离家，袁某在经济上与熊某某、曾某某已无任何关系，用于购买彩票的资金亦与袁某无关，故袁某应分得的彩票奖金数额不应超过 50 万元。

重庆市第二中级人民法院审理认为：一审法院认定双色球中奖彩票系第三人曾某某购买错误，应认定为熊某某购买；认定熊某某所购买彩票的奖金属于袁某、熊某某与其母曾某某、其父熊正某的家庭共有财产错误，应认定为袁某和熊某某的夫妻共同财产；熊某某故意隐藏夫妻共同财产本应少分或不分，但袁某一、二审均主张分配彩票奖金 230 万元，应视为袁某对其权利的正当处分。故此，袁某请求分得彩票奖金 230 万元的上诉请求成立，予以支持；一审法院认定事实错误，适用法律错误，予以纠正。判决撤销一审民事判决，熊某某购买双色球福利彩票中得奖金 460 万元属熊某某和袁某在婚姻关系存续期间共同所有的财产，熊某某应在规定期限内支付袁某彩票奖金 230 万元；驳回袁某其他诉求；驳回第三人曾某某的诉求。❶

问题：

1. 请对一审、二审法院的判决作出评价。

2. 假设熊某某购买福利彩票的钱是从第三人曾某某钱包里偷的，所中大奖应当归谁？

【知识要点】

（一）物的概念与特征

学界对法律上物的界定表述不尽相同。比较有代表性的是王泽鉴先生的界定：物者，指除人之身体外，凡能为人力所支配，独立满足人类社会生活需要的有体物及自然力而言。❷民法上的物，既具有物理属性，也是哲学意义上的物质。但是，物理学及哲学意义上的物及物质却并不都能成为法律上的物，如日月星辰等人类尚不能控制或者支配的物就不属于法律上的物。但随着科学技术的发展，法律上物的范围将随着人类征服自然的能力不断增强而扩大。

民法上的物具有以下特征。

1. 存在于人身之外

物不包括人的身体。人类社会自从废除奴隶制后，就不再把人当作权利

---

❶ 改编自重庆市梁平区人民法院（2013）梁法民初字第 01060 号；重庆市第二中级人民法院（2013）渝二中发民终字第 01824 号。

❷ 王泽鉴 . 民法总则［M］. 北京：中国政法大学出版社，2001：208.

客体了。因此，作为民事法律关系客体的物，只能是存在于人的身体之外的物。与人体未分离的假牙、假肢、假眼、安装在人体内的心脏起搏器等，应视为人体的一部分，不得视为物；反之，人的头发、牙齿、血液、器官等与身体分离后，即属于物，其所有权属于其所从分离的身体的权利主体，该权利主体可以自由支配该物，如将血液、肾脏、眼角膜依法捐献。但是，此种分离应当是不再与所从分离的身体重新结合的永久性分离。若非永久分离，其仍然构成身体的一部分，对此部分的侵害，应当认定为对身体的侵害。死者遗骸属于物，属于继承人共有，但限于埋葬、祭祀、供奉的目的，不得转让。

2. 须为人力所能支配的有体物或自然力

法律上的物须为人力所能支配。日月星辰，非人力所能支配，仅为物理上的物，而非法律上的物。物分有体物与无体物。有体物是指占据空间之一部分，依人的五官可以感觉的物质，包括固体、液体、气体。电、热、声、光、气味等自然力，以在法律上有支配可能性为限，作为物对待。无体物如专利、商标、著作、商业秘密、数据等，均非民法上的物，只能依其所涉及的问题适用专门的法律规定。虚拟财产可以成为民事法律关系客体，但对虚拟财产是否属于物存在争议。

3. 须独立为一体且能满足人类社会生活上的需要

物必须独立为一体。有体物的要件之一，是具有独立性，即要求物应独立于其他物。空气、海水等，因不具有独立性，仅为物理上的物，而非法律上的物。但输水管中的水、输气管中的天然气，则属于法律上的物。物必须能满足人类社会生活上的需要。一滴油、一滴水、一粒米，在交易上不能认为能够独立为人类之生活资料，故非法律上之物。❶

（二）物的分类

对物的分类可以从不同的角度进行。

1. 动产与不动产

民法关于动产与不动产的分类方法，是先决定不动产，不动产之外的物均属于动产。如《法国民法典》第518条规定："土地与建筑物，依其性质

---

❶ 梁慧星. 民法总论［M］. 北京：法律出版社，2017：153.

为不动产。"《日本民法典》第86条规定："(一)土地及其定着物为不动产。(二)不动产以外的物,均为动产。"

我国《民法典》物权编未直接规定不动产的范围。一般认为,不动产包括土地及其定着物。所谓定着物,是指持续密切依附于土地,不易移动,按交易惯例非为土地的构成部分,而有独立使用价值的物。最主要的定着物是房屋,其他如纪念碑、电视塔、桥梁等。依附于土地但性质上成为土地一部分的财产,如下水道等,应成为土地的一部分,而非定着物。临时搭设者如庙会戏台,非不动产。❶学理上,所谓不动产是指依其性质不可移动或者移动将损害其价值或者功能的物。

各国立法处理土地与建筑物的关系,有两种模式:其一,将土地与其上的建筑物结合作为一个不动产,视为一个物,土地上的建筑物非独立的不动产。此为结合主义;其二,将土地与其上的建筑物分别作为独立的不动产,视为两个不同的物。此为分别主义。德国民法、瑞士民法采结合主义,日本民法采分别主义。我国自改革开放以来,一直将土地和建筑物分别作为独立的财产。《民法典》物权编第352条规定:"建设用地使用权人建造的建筑物、构筑物及其附属设施的所有权属于建设用地使用权人,但是有相反证据证明的除外。"从该条文可以推导出,我国是将土地和建筑物分别作为独立的不动产。

区分动产与不动产的意义是:

(1)物权变动的要件不同。不动产的物权变动一般以登记为要件,如房屋买卖,当事人订立买卖合同后,须向不动产登记机关办理过户登记,才能发生所有权转移的法律后果;而动产的物权变动一般以交付为要件。

(2)物权类型不同。不动产之上可以设立用益物权,而动产上则不能设立用益物权。动产上可以成立留置权和设立质权,而不动产上则不能成立留置权和设立质权。

(3)管辖和法律适用不同。因不动产提起的诉讼,由不动产所在地法院专属管辖;在涉外继承案件中,不动产继承适用不动产所在地的法律。

---

❶ 魏振瀛.民法〔M〕.北京:北京大学出版社,高等教育出版社,2017:135.

2. 主物与从物

主物与从物之区分，是首先确定从物，有从物才有主物。从物是指非主物的构成部分而从属于主物，并辅助主物发挥效用之物。如船桨是船的从物，电视遥控器是电视机的从物。判断从物的标准有四：（1）从物非主物之部分。如船桨非船的构成部分。反之，轮胎是汽车的部分，不是汽车的从物。但备胎一般被认为是从物。鞋子的左右脚，不是主物与从物关系，而是物的部分之间的关系。（2）从物辅助主物发挥作用，离开主物显示不出其价值。如船桨是船的从物，船桨离开船，则体现不出其应有的价值。（3）从物须与主物同属于一人。（4）交易习惯上视为从物。

区分主物与从物之意义是，法律规定主物之处分及于从物。《民法典》第320条规定："主物转让的，从物随主物转让，但是当事人另有约定的除外。"法律作如此规定是为了发挥物之效用。但此规定为任意性规范，当事人可依约定排除其适用。

3. 流通物与限制流通物

流通物指可作为交易标的之物。限制流通物指法律规定不得作为交易标的之物，或者限制交易之物。流通物与限制流通物之区分，是先确定限制流通物，限制流通物之外的物，皆为流通物。物大多为流通物。在我国，禁止或者限制流通物主要有：（1）土地、矿藏、水流、海域、森林、滩涂等自然资源；（2）武器、弹药、毒品、麻醉品等；（3）部分文物；（4）淫秽物品；（5）其他法律禁止或者限制流通的物品。

区分流通物与限制流通物之意义是，以禁止或者限制流通物为标的物的买卖合同可能无效。因此，民事主体在进行民事活动时，必须了解国家有关限制流通物范围的规定。

4. 特定物与种类物

特定物是指依当事人的意思具体指定的物。种类物是指当事人仅依抽象的种类、品质、数量予以限定的物。如甲与乙商店订立买卖合同，约定甲向乙购买"联想"某型号电脑一台，乙商店三天后送货上门，此时合同约定的物是种类物。但如果甲乙双方约定，甲向乙购买其选定的某台电脑，此时合同约定的物则是特定物。

区分特定物与种类物的意义是，涉及债的履行问题时，特定物与种类物灭失的法律效果不同。如特定物在交付前灭失的，由于其具有不可替代性，可以免除出卖方继续履行的义务，买受人只能请求赔偿损失。在特定物因意外灭失的情况下，出卖人可以主张不可抗力的抗辩；而一定范围的种类物如果在交付前灭失，由于可以替代，不能免除义务人继续履行的义务，债权人可要求义务人以同种类物交付，除非继续履行在经济上不可行。

5. 可分物与不可分物

可分物指其性质不因分割而改变，其价值不因分割而减少的物。不可分物指一经分割将改变其性质或减少其价值的物。货币、米、汽油等为可分物，电视机、汽车、马、牛、羊等为不可分物。

区分可分物与不可分物的意义，一是决定多数主体之债属于可分之债或不可分之债，不可分之物不能成为按份之债的客体；二是决定共有物之分割方法，为现物分割抑或变价分割。如夫妻离婚时共同共有的一台电视机因其不可分，不能采取现物分割。

6. 单一物、合成物与集合物

单一物指形态上独立成为一体的物，如牛、马、羊等。合成物，指数个物未失其个性，而结合成一体的物，如钻石项链、宝石戒指等。集合物，指多数的单一物或合成物，未失其个性及经济上价值，而集合成为有独立经济上价值之一体性的物，可分为事实上的集合物，如畜群，及法律上的集合物，如财产或者企业。❶

7. 原物与孳息

原物指孳息所从出之物。孳息指自原物或权利而产生的收益。孳息分为天然孳息与法定孳息。天然孳息，指依原物的自然性质而产生的物，如自植物上采摘的果实。若果实未与植物分离，其属于植物的一部分，而非孳息。再如鸡蛋、牛奶、幼仔等动物的产物，也属于天然孳息。法定孳息，指依法律关系而产生的收益，包括利息、租金等。

区分原物与孳息之意义在于决定原物所生利益的归属。《民法典》物权编第 321 条规定："天然孳息，由所有权人取得；既有所有权人又有用益物

---

❶　王泽鉴. 民法总则 [M]. 北京：中国政法大学出版社，2001：212.

权人的，由用益物权人取得。当事人另有约定的，按照约定。法定孳息，当事人有约定的，按照约定取得；没有约定或者约定不明确的，按照交易习惯取得。"《民法典》合同编第 630 条规定："标的物在交付之前产生的孳息，归出卖人所有；交付之后产生的孳息，归买受人所有。但是，当事人另有约定的除外。"

8. 货币

货币在法律上属于物的一种，是消费物。消费物，指依其使用方法，仅能使用一次即归消灭或不能再以同一目的或方法使用之物。❶货币的使用，其物质形态虽然没有消灭，但对于使用之人而言等于消灭。相较于一般动产，货币有其特殊性。第一，货币是具有高度替代性的物。货币是市场交换之媒介，债务支付的手段，请求给付货币之债权人，对于货币的个性，多不考虑。第二，货币的所有权不得与货币的占有相分离，即所谓的"占有即所有"。对货币的占有者，无论是合法占有还是非法占有，均取得货币所有权；凡丧失对货币的占有者，不论是自愿还是非自愿，均丧失货币的所有权。因此，对于货币，不适用《民法典》物权编第 235 条、第 462 条关于原物返还请求权的规定。丧失货币所有权的人，只能根据合同关系、不当得利制度或侵权责任制度获得救济。此外，对货币也不发生善意取得问题。❷

❶ 施启扬 . 民法总则（修订第八版）［M］. 北京：中国法制出版社，2010：192.
❷ 梁慧星 . 民法总论［M］. 北京：法律出版社，2017：159.

第九章　民事法律行为

一、民事法律行为的概念和特征

【案例】

2014 年 8 月 17 日 19 时 30 分，张某（被告一）驾车与王某（被告二）驾驶的二轮摩托车相撞，致王某和搭乘二轮摩托车的同事颜某二人受伤及车辆损坏，颜某被送到医院抢救治疗，于 2014 年 8 月 31 日因抢救无效死亡。事故发生后，公安局物证鉴定所理化鉴定书证实，在送检的张某的血中检出乙醇，含量为 8 mg／100ml。事故经交警部门认定，张某承担此次事故的主要责任，王某承担此次事故的次要责任，颜某不承担事故责任。

颜某的子女（原告）将张某、王某和车辆保险公司告上法庭，要求予以赔偿。

被告王某辩称，同事颜某主动要求搭乘其摩托车，自己免费搭载颜某的行为系好意施惠行为，不应承担赔偿责任。❶

问题： 王某是否应当对颜某的死亡承担损害赔偿责任？

【知识要点】

（一）民事法律行为的概念

民事法律关系的产生、变更、消灭是基于一定的法律事实，其中主要的法律事实就是法律行为。民法是私法，私法的基本原则之一是意思自治，即民事主体可以依其个人意思形成私法上的权利义务关系。这种通过自己的表

---

❶ 改编自江苏省宿迁市宿豫区人民法院（2014）宿豫民初字第 2086 号。

意行为，依自己的意思形成权利义务关系的行为就是法律行为。在我国，法律行为被称为民事法律行为。《民法典》第 133 条对民事法律行为的定义是："民事法律行为是民事主体通过意思表示设立、变更、终止民事法律关系的行为。"

法律行为是德国民法学为追求法律体系化而创造的概念。虽然订立合同、立遗嘱是法律行为，但是，法律行为不等同于具体的合同、遗嘱行为。法律行为是对民事主体所为的，欲意产生法律效果的诸如订立合同、立遗嘱等表意行为进行抽象和概括的结果。法律行为概念之采用和法律行为制度之创立，是民法立法体例采取"总则与分则"结构的结果（又称"提取公因式"）。设置民法总则，将分则中共同的东西提取出来，可以避免民法典对某些相同问题的重复立法。换言之，总则原属分则规定的各种私权共通适用之通则。❶ 就其内容而言，主要包括私权主体之通则；私权客体之通则；私权变动之通则等。私权变动的原因有二：行为和行为以外的事实。而其中的法律行为是私权变动的主要原因，因此，总则关于私权变动之通则的内容就是关于法律行为的规定。但也因为法律行为概念所具有的抽象性特征，使得民法与社会现实生活产生了距离感，增加了一般人了解民法的困难。因此，在立法例上，除了英美法系国家外，大陆法系部分国家的民法典没有规定法律行为制度，如《法国民法典》。

我国自清变法开始制定民法，在立法模式上继受德国民法已有一百多年。德国民法的这套概念体系已经成为中国法律文化传统的重要组成部分，成为中国民事立法、司法、教学、研究的基础。大清民律草案及我国台湾地区"民法"均采用法律行为概念，并规定法律行为制度。1986 年我国制定的《民法通则》，专设第四章规定法律行为制度。法律行为概念的采用，决定了日本、韩国、我国大陆及台湾地区属于大陆法系的德国法系。但《民法通则》的起草者曾经认为，法律行为是合法行为，而法律行为下又存在无效法律行为的情形，这在逻辑上存在矛盾；此外，法律行为一词在其他法律部门也存在。为了克服表述上的逻辑矛盾，也为了与其他法律部门用语相区别，起草者在《民法通则》中对法律行为一词进行了改造，将法律行为改

---

❶　胡长清 . 中国民法总论［M］. 北京：中国政法大学出版社，1997：45.

为"民事行为",作为表意行为的总概念,而将其中的合法行为称为"民事法律行为"。《民法通则》的这一改造遭到不少学者的反对。他们认为,法律行为是大陆法系民法普遍采用的概念,在比较法上有坚实的理论基础,采用法律行为概念有助于国际交流,且法律行为以意思表示为要素,以发生私法上效果为目的,属于民法特有概念,绝无与其他部门法的概念发生混淆的可能,《民法通则》起草者对法律行为一词的改造属于多余。因此,2017年通过的《民法总则》又恢复了法律行为这一概念,但是在法律行为前加了"民事"二字,用民事法律行为一词取代法律行为。《民法典》沿用了《民法总则》的表述,继续以民事法律行为一词代替法律行为。

(二)民事法律行为的特征

(1)法律行为是一种法律事实。法律事实包括行为和非行为事实,行为又包括表意行为和非表意行为(事实行为)。所谓表意行为,指以发生私法上效果的意思表示为要素的一种法律事实,法律行为属于表意行为。

(2)法律行为以意思表示为要素。法律行为属于表意行为,当然以意思表示为其构成要素,即法律行为通过意思表示进行。法律行为至少须有一个以发生私法效果为目的的意思表示,但意思表示不等于法律行为。法律行为有以一个意思表示构成者,如立遗嘱;也有以两个或多个意思表示构成者,如合同这一法律行为由要约、承诺这两个意思表示构成,并因两个意思表示一致而成立。有的法律行为除了需要意思表示,还需要有交付等行为才能成立,如实践性法律行为,需要有意思表示加上交付行为构成。因此,法律行为与意思表示不是同一概念,也并非一一对应关系,即并非一个意思表示就是一个法律行为。当然,在某些情况下一个意思表示即构成一个法律行为,如行使合同解除权。

(3)法律行为是民事主体实施的旨在发生一定私法上效果的行为。法律行为旨在发生私法上的效果,此私法之效果,是指私法权利的变动:产生、变更、消灭。如通过订立合同获得债权,又如通过立遗嘱将财产所有权移转给指定的民事主体。另外,只有民事主体所实施的旨在发生民事法律效果的意思表示行为才是法律行为。其他主体所实施的行为,有时候也能产生民法上的后果,但不是民事法律行为,如人民法院或者仲裁机构作出的判决或裁决，也能产生民事法律后果，如判决离婚，但不属于民事法律行为。

（三）法律行为与情谊行为的区别

法律行为是以意思表示为要素，旨在发生一定私法效果的法律事实。法律行为之所以产生法律效果，是因为行为人内心具有引起法律效果的意愿，并且把这一意愿表达了出来，而法律则基于对意思自治原则的贯彻，赋予表意人希望达到的法律后果。但是在现实生活中，有些表达出来的行为发生在法律层面之外，因此它们不能依法产生后果。这类行为学者们通常称之为纯粹的"情谊行为"或"社会层面上的行为"。❶法律行为以意思表示为要素，但基于内心的意思而发生的行为，未必都是法律行为。法律行为者的内心意思是欲发生一定的私法效果。与之不同，情谊行为人不具有发生一定私法上效果的内心意思。换言之，情谊行为是指当事人因社交、帮助、道义等原因实施的，没有发生民法上权利义务意思的行为。判断情谊行为与法律行为的标准，是看表意人的内心是否具有建立法律上权利义务关系的意思；区分情谊行为与法律行为的意义，是情谊行为在当事人之间不产生法律行为的效果，如合同上的权利义务关系。但情谊行为不影响侵权行为的构成。为情谊行为者，因其故意或过失侵害他人权利的，原则上仍应就其故意或过失不法侵害他人权利之行为承担损害赔偿责任，但一般情况下应当减轻其责任。如我国《民法典》侵权责任编第 1217 条对情谊行为中的好意同乘责任作了规定："非营运机动车发生交通事故造成无偿搭乘人损害，属于该机动车一方责任的，应当减轻其赔偿责任，但是机动车使用人有故意或者重大过失的除外。"

二、民事法律行为的分类

【案例一】

2006 年 9 月 24 日，原告徐某与被告于某某签订《土地租赁合同》，徐

---

❶ ［德］迪特尔·梅迪库斯.德国民法总论［M］.邵建东，译.北京：法律出版社，2000：148.

某将其承包地 7.54 亩土地租给于某某使用（用于建设淮阳县陈州酒业有限公司），租期为 2006 年 10 月 1 日至 2026 年 10 月 1 日，租赁费为每年每亩800 元。

2016 年 6 月 22 日徐某以于某某将租赁的土地连同地上建筑物整体转让给宋某某后不再交纳租金为由提起诉讼，要求确认土地租赁合同无效。淮阳县法院于 2016 年 9 月 30 日作出（2016）豫 1626 民初 1825 号民事判决书，判决驳回了徐某的诉讼请求。徐某上诉至周口市中级人民法院，周口市中级人民法院于 2016 年 12 月 29 日作出（2016）豫 16 民终 4016 号民事判决书，判决驳回上诉，维持原判。

2017 年 1 月 4 日徐某又向淮阳县法院提起诉讼，请求判令解除合同。淮阳县法院于 2017 年 4 月 24 日作出（2017）豫 1626 民初 97 号民事判决书，判决解除合同。于某某不服，提起上诉。周口市中级人民法院以一审判决程序违法为由撤销了（2017）豫 1626 民初 97 号民事判决，并发回重审。在重审过程中，徐某于 2017 年 9 月 23 日提出撤诉申请，2017 年 9 月 28 日淮阳县法院作出（2017）豫 1626 民初 2749 号民事裁定，准许徐某撤诉。但 2017 年 9 月 23 日徐某又向于某某的手机发出解除合同通知书信息。

于某某于 2017 年 10 月 16 日起诉至淮阳县法院，要求确认解除合同通知书无效。❶

问题：

1. 徐某解除合同的行为是单方法律行为，还是双方法律行为？

2. 如果徐某享有法定解除权，合同是否已经解除？若合同已解除，解除的时间是哪一天？

【案例二】

甲将他人托自己保管的一台笔记本电脑以 200 元的价格卖给了乙，甲乙一手交钱一手交货。

问题：请根据物权行为独立性、无因性理论回答下列问题：

1. 甲乙之间存在几个合同？

---

❶ 改编自河南省周口市中级人民法院民事判决书（2018）豫 16 民终 1195 号。

2. 这些合同效力如何？

3. 设甲是无民事行为能力人，当事人间的合同效力如何？

【案例三】

原告王某某向郑州市管城回族区人民法院起诉称，2015 年 5 月，王某某、信某某、赵某某约定共同投资经营混凝土，王某某出资 20 万元，并参与经营及利润分配。2015 年 5 月 16 日，王某某依约向信某某、赵某某支付 20 万元投资款。但信某某、赵某某拒绝王某某参与经营，且未实际投资。经多次协商，信某某、赵某某虽承诺退还所收取的款项，但迟迟不予退还。信某某、赵某某占有王某某的投资款，缺乏正当、合法依据，请求法院判令信某某、赵某某返还不当得利款 20 万元及利息。

被告信某某、赵某某辩称三人之间是合伙关系，20 万元是王某某的投资款。

一审法院审理认为，根据《民法通则》第 31 条，合伙人应当对出资数额、盈余分配、债务承担、入伙、退伙、合伙终止等事项订立书面协议。本案王某某与信某某、赵某某虽有合伙意向的磋商行为，但双方并未签订书面的合伙协议，信某某、赵某某亦未提供有力证据证明双方就合伙出资金额、盈余分配等进行约定，故王某某与信某某、赵某某之间的合伙关系并未成立，信某某应将收取的 20 万元退还王某某。因 20 万元是由信某某收取，王某某要求赵某某退还款项，没有事实和法律依据，法院不予支持。

被告信某某不服一审判决提起上诉。理由是，一审法院以合伙人未订立书面合伙协议，认定三人合伙关系不成立，系适用法律不当。三人之间虽然没有书面合伙协议，但是，依据《民通意见》第 50 条规定，当事人之间没有书面合伙协议，又未经工商行政管理部门核准登记，但具备合伙的其他条件，又有两个以上无利害关系人证明有口头合伙协议的，人民法院可以认定为合伙关系。故王某某向信某某转款系缴纳合伙投资款，该出资已和自己的出资一并支付给海轮公司，用于支付三人合伙租赁经营搅拌站的租金，自己并无不当得利。

二审法院审理认为，依据《民通意见》第 50 条，个人合伙中的合伙协议并非要式合同，未订立书面合伙协议并不影响合伙关系的成立。且《合同法》第36条规定："法律、行政法规规定或者当事人约定采用书面形式订立合同，当事人未采用书面形式但一方已经履行主要义务，对方接受的，该合同成立。"本案中，赵某某、信某某认可与王某某协商共同出资承包经营搅拌站的事实；王某某主张其支付合伙出资20万，信某某认可收到该20万出资款并用于支付合伙事项支出；赵某某、信某某认可王某某曾参与搅拌站混凝土销售。三方虽未订立书面合伙协议，但王某某已履行主要义务，应当认定三方合伙关系成立。一审法院以三方未订立书面合伙协议，未约定出资金额、盈余分配为由，认定王某某与信某某、赵某某合伙关系未成立，属于事实认定错误。王某某主张信某某、赵某某返还不当得利的诉请于法无据。❶

问题：请结合要式与非要式法律行为理论对上述一审、二审法院的判决作出评析。

【案例四】

原告刘某某居住在商丘市××路区劳动局办公楼5楼，与被告郝某系邻居。为维护劳动局办公楼东侧地下化粪池及通风管道设施，在政府有关部门的默许下，郝某在办公楼东侧用高约1.3米的铁栅栏围出约80平方米的小院一处，小院东侧、北侧留小门两处，夜间小门落锁。平时郝某将自己的电动车和他人车辆、杂物放在小院内，邻居和朋友的交通工具也时有无偿停放。

2016年10月18日，原告刘某某花3.4万元购买车型号为V19-5沃隆飞悦牌低速电动四轮车一辆。通过郝某的弟弟介绍，自2016年11月始，刘某某将电动车停放在小院内。停放1~2次后，刘某某送被告郝某价值79元的食用油一桶。2016年12月21日刘某某再次将电动车停放在该处，半个月后电动车失窃。公安机关出警调取监控发现，当日凌晨3时许犯罪嫌疑人将车辆从小院北门开走，门锁完好。

刘某某与郝某就赔偿事宜协商未果，向法院提起诉讼。诉讼理由是：1.刘某某将涉案车辆放置在郝某看管车辆的场所，给郝某一桶食用油作为看

---

❶ 改编自郑州市中级人民法院（2018）豫01民终408号。

管费用，双方形成保管合同关系。2. 郝某提供的保管场地不安全，造成涉案车辆丢失，郝某应当承担赔偿责任。❶

问题：

1. 原被告之间是否形成了保管合同关系？

2. 如果形成了保管合同关系，被告是否应当对原告的电动车被盗承担赔偿责任？

【案例五】

2002 年 3 月 30 日中午 11 时许，被告王某到原告陈某某位于常州市局前街迎春大厦 3204015 号体彩销售点购买第 10 期中国足球彩票。被告向销售员提供了事先编好的一张足球复式彩票投注号，要求销售员按此号打票，销售员告诉被告 1 张彩票 1 万多元，被告仍要求销售员打印出来。之后，被告改了两个号码，又要求销售员打印两张复式彩票、一张单式彩票。销售员将打印出的 4 张彩票交给被告，要求被告支付 49154 元的购票款，被告当即表示不要了，并要求撤销彩票。为此，双方发生争执。随后原告陈某某赶来，与被告一同到市体彩中心要求撤销 4 张彩票。市体彩中心电话请示省体彩中心，省体彩中心答复不可撤销。之后，原、被告双方返回彩票销售点，原告要求被告付款，被告支付了 154 元，同时出具一张"欠彩票点 4.9 万元"的欠条。原告依据欠条多次向被告催款，被告一直未付。2002 年 4 月 26 日，原告向省体彩中心支付了 4.9 万元彩票款，并于 2002 年 5 月 27 日诉至法院，要求被告支付欠款 4.9 万元。

被告王某辩称：到原告陈某某处购买足球彩票是事实。因本人对复式足球彩票的真实含义不理解，故让销售人员打印了 3 张复式彩票，1 张单式彩票。当销售人员将打好的彩票交给本人，要求本人支付购票款 49154 元时，本人当即提出异议，并要求撤销所购足球彩票，为此，双方发生争执。随后，本人和原告陈某某一同前往市体彩中心交涉撤销彩票事宜，市体彩中心经请示省体彩中心后，答复无法撤销。本人迫于无奈，在原告的要求下支付了 154 元，余款向原告出具了欠条。造成本案的后果是本人对复式足球彩票

---

❶　改编自河南省商丘市中级人民法院（2017）豫 14 民终 3799 号。

理解错误，导致与自己真实意思相悖，应属重大误解。在此误解情况下，体彩销售点工作人员采用欺诈手段，隐瞒事实，诱使本人作出错误意思表示，向原告出具"欠条"，销售点此行为应属欺诈行为。因此，请求法院撤销"欠条"，并依法驳回原告的诉讼请求。

一审法院认为：

（1）原告陈某某与被告王某之间的足球彩票买卖合同不成立。依据《中国足球彩票发行与销售管理办法》第 35 条的规定，购票人如未付款的，已输入的数据为无效数据，视为取消票。同时《中国足球彩票官方规则》第 12 条第 3 款也规定，销售人员收款后出具兑奖彩票。因此应认定足球彩票买卖合同为实践性合同，即足球彩票买卖双方当事人除意思表示一致以外，尚需支付购票款，合同始能成立。本案原、被告虽然有买卖足球彩票的意思表示，但缺乏被告支付购票款的行为。因此，应认定原、被告之间的足球彩票买卖合同没有成立。原、被告之间彩票买卖合同不成立，因此，原告陈某某依据被告王某所写的欠条要求其支付 4.9 万元足球彩票欠款的诉讼请求无事实依据，法院不予支持。

（2）本案中，原告陈某某与被告王某之间的足球彩票买卖合同虽然不成立，但其结果已造成原告 4.9 万元的损失。由于该损失是原、被告双方在缔约过程中的共同过错所致，应由原、被告双方共同承担相应的民事责任。原告陈某某作为足球彩票销售者，在与被告王某第一次发生彩票买卖关系时，其销售人员违反了彩票交易中应有的自我保护的注意义务，且违反销售规定，在被告未付款的情况下，连续打出 4 张兑奖彩票，从而造成其重大损失，原告应负主要责任。被告在对复式足球彩票的价款未做充分了解的情况下，连续叫原告的销售人员打出了 3 张巨额复式足球彩票，从而给原告造成重大损失，应负次要责任。被告应根据自己的缔约过失责任，对原告的损失承担相应的赔偿责任。

据此，一审法院判决被告王某于判决发生法律效力之日起 30 日内赔偿原告陈某某损失 19600 元。案件受理费 1970 元，由原告负担 1182 元，由被告负担 788 元。

原、被告不服一审判决，均提出上诉。

上诉人陈某某诉称：

（1）原审判决事实认定错误。其一，原审法院忽略和回避了一个重要事实，即本案争议彩票所附载的兑奖机会已由王某实际消费。王某购买的彩票因不符合规定的撤销条件而作为有效票参与了当期兑奖，其作为彩票的合法持有人已实际行使了兑奖权利。同时王某购买彩票已实际履行了付款行为，王某当时先行支付了 154 元，余款部分以欠条方式加以承诺，应当肯定欠条也是付款方式的一种表现形式。其二，王某出具欠条的事实与购买彩票的事实属于两个不同的法律事实，本案单就王某出具欠条的行为而言，只要不存在法定可撤销情形的，双方之间就形成了债权债务关系。其三，彩票销售员的操作行为并无不当之处。首先，存放在销售点的大量投注单已充分尽到公告、提示的义务。其次，销售员在打票之前，再次提醒王某注意彩票的价款事项，明确告知王某"一张票一万多元"以征求其最终意见，在征得王某认可后才打出彩票。其四，王某作为完全民事行为能力人，在购买彩票前已明知博彩行为的特殊性，明知无论是否中奖投注资金都无法收回的事实。王某出资 4.9 万元，已经购买了等值的兑奖机会，所以王某并没有因为购买彩票而受到损失。

（2）原审判决适用法律不当。其一，买卖合同不属于实践合同的范畴，不以交付标的物为合同成立要件；即使将本案买卖彩票合同作为实践合同，区分实践合同与诺成合同的标准是"是否以交付标的物为要件"。本案的标的物是彩票而不是购买彩票的款项，且彩票已实际交付给了王某，合同应当成立；王某持有彩票并已实际消费的事实进一步说明合同不仅成立，而且已经履行完毕。其二，《中国足球彩票发行与销售管理办法》《中国足球彩票官方规则》关于收款规定的立法本意在于维护交易的安全性，而并非以此作为合同成立的必要条件。同时，王某持有的 4 张彩票并未按取消票处理，且已记录有效投注的内容、经过彩票机确认并经电脑销售终端出售，完全是 4 张有效的足球彩票，也完全可以兑奖。

上诉人王某诉称：本人不应在本案中承担法律责任。2002 年 3 月 30 日中午，本人到陈某某处准备购买足球彩票，其销售人员在打出 4 张彩票后，向本人收取彩票款时称要 4 万余元，此时本人才意识到自己的本意与最终的结果不一致，故当即要求撤销彩票。但其销售人员不清楚操作规程，陈某某在与体彩中心人员联系后，拒绝了本人的要求，并向110报了案，本人迫于无奈才向陈某某出具了欠条。本案是一起未成立的足球彩票买卖合同纠纷，造成目前的损失完全是由于陈某某处的销售人员未按规定进行操作，且未及时采取相应避损措施所致，陈某某应当承担本案的全部法律责任。因此，请求二审法院重新确定本案法律责任的承担。

二审法院审理认为：足球彩票买卖具有其特殊性，为此国家体育总局授权国家体育总局体育彩票管理中心发布了《中国足球彩票发行与销售管理办法》及《中国足球彩票官方规则》两项规定。其中《中国足球彩票发行与销售管理办法》第35条规定：销售终端在售票过程中，如果发生售票数据输入完结，但购票人未付款或输入数据与购票人的选择存在误差的，已输入的数据为无效数据，视为取消票，并须立即按照取消票的操作规定，将已输入的无效数据做取消票处理。而《中国足球彩票官方规则》第12条第3款规定：购票人将填写有效的投注单交给足球彩票销售终端，确定其有效投注数量和需要交纳的现金数额，销售人员收款后将其预测结果输入电脑系统记录在案，并出具兑奖彩票。根据上述两项规定，销售人员必须在购票人付款后才能出具兑奖彩票，在购票人未付款的情况下，已输入的数据为无效数据，应做取消票处理。由此，足球彩票买卖合同应以购票人支付票款为合同成立要件。本案中，售票人员在王某未支付第1张彩票款的情形下，又连续打出3张彩票。购票人王某当即表示不同意支付票款，之后向陈某某出具欠条、收取彩票又非其本意，故双方间的足球彩票买卖合同没有成立。陈某某作为销售者，违反有关销售规定，在王某未支付第1张彩票款的情形下，其售票人员又连续打出3张彩票，致使电脑输入的彩票无法做取消票处理，在缔约过程中存在明显过错，其应承担主要责任；王某作为购票人，在对复式足球彩票的价款未做充分了解的情况下，随意指令销售人员打票，在缔约过程中也存在过错，其对陈某某所受损失也应承担相应责任。由此，原审法院根据双方当事人各自的过错大小比例，判令陈某某承担60%、王某承担40%的民事责任并无不当。据此，上诉请求均予以驳回。❶

---

❶ 改编自江苏省常州市中级人民法院（2003）常民一终字第541号。

问题：

1. 什么是实践性法律行为？

2. 请对法院的判决作出评析。

【知识要点】

对法律行为可以从不同的角度进行分类。

（一）单方行为、双方行为、多方行为、决议

以意思表示由几方作出为标准，法律行为可以分为单方法律行为、双方法律行为、多方法律行为。《民法典》总则编增加了决议这一法律行为。

1. 单方行为

单方法律行为，指仅由一方的意思表示就能成立的法律行为。其特点是无需他人意思表示的介入就能成立。

单方法律行为又可分为有相对人的单方法律行为和无相对人的单方法律行为。债务免除、代理权的授予、法定代理人的同意、解除权行使等属于有相对人的单方法律行为；遗嘱、设立财团的捐助行为等属于无相对人的单方法律行为。

区分是否有相对人的意义是，有相对人的意思表示于意思表示达到对方时才发生法律效力，而无相对人的意思表示一般在意思表示完成时即生效。以合同解除权为例，解除权是有相对人的形成权，对此，《民法典》合同编第565条规定："当事人一方依法主张解除合同的，应当通知对方。合同自通知到达对方时解除；通知载明债务人在一定期限内不履行债务则合同自动解除，债务人在该期限内未履行债务的，合同自通知载明的期限届满时解除。对方对解除合同有异议的，任何一方当事人均可以请求人民法院或者仲裁机构确认解除行为的效力。当事人一方未通知对方，直接以提起诉讼或者申请仲裁的方式依法主张解除合同，人民法院或者仲裁机构确认该主张的，合同自起诉状副本或者仲裁申请书副本送达对方时解除。"

2. 双方行为

双方法律行为，指需有双方的意思表示，且需双方当事人的意思表示一致而成立的法律行为。双方法律行为可分为财产合同与身份协议。区分单方

法律行为和双方法律行为的意义是，单方法律行为，只需有一方的意思表示即成立，而合同这种双方法律行为，需要有双方意思表示，而且双方的意思表示需要达成一致，才能成立。

3. 多方行为

多方行为，指由相同方向的多数意思表示一致而成立的法律行为。如社团法人的设立行为。社团法人的设立行为，系各设立人以创设一个社团，并以使之取得法律上的人格为共同目的，而为相同方向意思表示的一致。即使社团法人的设立人为两人，其设立行为仍属于多方法律行为，而非合同。多方法律行为与合同的区别在于意思表示的方向及立场的不同。合同行为是两个不同方向的意思表示，表意人之间存在相对的意思表示；而多方法律行为是多数相同方向的意思表示，表意人之间不存在相对的意思表示。合同行为，表意人之间存在相对的利益关系，而多方法律行为主体之间不存在相对的利益关系。

4. 决议

决议也由多数意思表示构成。决议的特点是，决议不是向其他决议者为之，而是向社团为之；决议系采多数决，对不同意的社员也具有拘束力。❶决议多见于团体法之中，如股东大会决议、业主大会决议等。《民法典》总则编第 134 条第 2 款规定："法人、非法人组织依照法律或者章程规定的议事方式和表决程序作出决议的，该决议行为成立。"

区别单方行为、双方行为、多方行为和决议之主要意义在于，这些法律行为的成立条件不同。

（二）财产行为与身份行为

以法律行为效果之内容为标准，法律行为可以分为财产行为与身份行为。财产行为，指以发生财产上效果为目的的法律行为，如买卖合同。身份行为，指以发生身份上效果为目的的法律行为，如结婚、离婚、收养、解除收养等。

区别财产行为与身份行为的意义在于：（1）适用的法律不同，买卖合同等财产法律行为适用《民法典》合同编；婚姻、收养、监护等身份法律行

---

❶ 王泽鉴.民法总则［M］.北京：中国政法大学出版社，2001：261.

为，优先适用该身份关系的法律规定。没有规定的，才可以根据其性质参照合同编的规定。（2）财产行为通常可以代理，身份行为特别尊重当事人的意思，通常不适用代理。

（三）负担行为（债权行为）与处分行为（物权行为）

德国等部分国家和地区的民法理论与实践将财产行为分为负担行为与处分行为。这两个概念是由法学家所创，具有高度技术性，贯穿于这些国家和地区的民法理论与实务中。

负担行为是指以发生债权债务关系为目的的法律行为，又称债权行为。负担行为包括单方行为，如捐助行为；以及契约行为，如买卖合同、租赁合同。其主要特征是因负担行为的作成，债务人负有给付的义务。例如，买卖合同中的出卖人负交付标的物于买受人，并使买受人取得该物所有权的义务；买受人对于出卖人负有交付约定价金及受领标的物的义务。

处分行为是指以直接发生权利变动（得丧变更）为目的的法律行为，包括物权行为及准物权行为。处分行为的客体是权利。其处分的权利是物权的，称为物权行为，如抛弃所有权（单方行为）、转移所有权、设定抵押权（双方行为）；处分的权利是债权或者知识产权等财产权的，称为准物权行为，如债务免除、债权或者专利权的让与。

区分负担行为与处分行为的意义是：（1）效果不同，处分行为发生权利变动，而负担行为则不发生权利变动，仅使义务人负担给付义务。（2）根据部分国家和地区的法律规定，处分行为的生效要求行为人对标的物有处分权，行为人无处分权而为处分行为的，其行为效力待定。而负担行为的生效不要求行为人对标的物有处分权。（3）处分行为要求被处分的标的物特定化，并须就一个标的物作成一个物权行为或者准物权行为。反之，负担行为则没有这样的限制，当事人可以通过一个负担行为约定购买明年出产的一定数量的某种产品。

区分负担行为与处分行为（债权行为与物权行为）是承认物权行为独立性的体现。与物权行为独立性相对应的，是物权行为无因性理论。

债权行为与物权行为不一定总是相伴相随。债权行为与物权行为的关系，可分为三种情形：一是债权行为与物权行为并存，如甲赠与乙某物，并依赠与其所有权的合意而交付赠与物。此时，赠与合同是债权行为，交付赠与物是物权行为。二是仅有债权行为而无物权行为，如借用合同，双方仅产生借用物之交付及受领的义务，没有发生导致物权变动的物权行为。三是仅有物权行为而无债权行为，如抛弃动产所有权。

物权行为独立性的内涵除了债权行为与物权行为相分离外，还有一层含义，即在债权行为和物权行为并存时，应各就该行为分别判断其是否有效。在类似买卖、赠与等债权行为与物权行为并存的法律关系中，基于物权行为独立性理论，在分别判断后，债权行为与物权行为的效力可能呈现四种状态：（1）债权行为有效，物权行为有效，如正常的买卖合同及交付行为。（2）债权行为无效，物权行为无效，如无行为能力人订立的买卖合同及所为的交付行为。（3）债权行为有效，物权行为无效，如部分国家法律规定出卖他人财产的物权行为因所有权人不予追认而无效，但债权行为仍然有效。（4）债权行为无效，物权行为有效，如丈夫赠与"第三者"财产的赠与合同因有违公序良俗无效，转移财产所有权的物权行为仍然有效。

在第四种情况下会发生一个问题：如果作为原因行为的债权行为不成立、无效或被撤销，而物权行为单独判断，本身是有效的，此时物权行为是否受原因行为的影响。物权行为不受影响，继续有效的，谓之物权行为无因性，反之，则为有因性。换言之，如果采取物权行为无因性理论，在原因行为（债权行为）无效，而物权行为本身有效的情形，物权行为的效力，不因原因行为（债权行为）无效而受影响。与之相反，如果采取物权行为有因性理论，原因行为（债权行为）无效，进而物权行为也一体无效。采取物权行为有因、无因的区别主要在于，在债权行为不成立或无效而物权行为有效时，虽然权利人均有权请求相对人返还标的物，如果采取物权行为有因性，权利人请求返还的性质是所有权返还，如果采取物权行为无因性，权利人请求返还的性质是不当得利返还，前者属于物权，后者属于债权。

德国民法和我国台湾地区"民法"采物权行为无因性原则。需要注意的是，区分物权行为有因无因，仅在债权行为无效，物权行为有效时有意义。在债权行为与物权行为有同一无效事由时，如为赠与的当事人一方无民事行为能力，则不仅债权行为无效，其转移标的物的物权行为本身也无效，此时不存在物权行为有因无因问题。

（四）要式行为与不要式行为

以意思表示是否须依一定形式为标准，法律行为可以分为要式行为与不要式行为。要式行为，指构成法律行为的意思表示须依一定形式为之的法律行为。不要式行为，指构成法律行为的意思表示无须依一定形式为之的法律行为。区别要式行为与不要式行为的意义在于，不要式行为，得自由为之；而要式行为，非依特定形式者，原则上为不成立或者无效。

近现代民法以意思自由为基本原则。意思自由，当然包括实施法律行为形式的自由。因此，法律行为原则上为不要式，意思表示之方法由当事人自由决定。但在某些特殊情况下，或者出于提醒当事人慎重实施法律行为的目的，或者出于使法律行为的成立及内容公开的目的，或者出于保存证据的目的，法律特别规定，某些法律行为的实施必须采取一定的形式，此即为要式法律行为。根据我国现行法，财产行为以不要式为原则，要式为例外；身份行为则以要式为原则。这些法定形式包括：（1）书面形式，如《民法典》合同编第685条对保证合同的形式作了书面要求的规定："保证合同可以是单独订立的书面合同，也可以是主债权债务合同中的保证条款。第三人单方以书面形式向债权人作出保证，债权人接收且未提出异议的，保证合同成立。"再如《民法典》婚姻家庭编第1065条第1款对采取夫妻约定财产制的方式作了书面要求的规定："男女双方可以约定婚姻关系存续期间所得的财产以及婚前财产归各自所有、共同所有或者部分各自所有、部分共同所有。约定应当采用书面形式。"（2）登记形式，如《民法典》婚姻家庭编第1105条第1款对收养协议的成立方式作了规定："收养应当向县级以上人民政府民政部门登记。收养关系自登记之日起成立。"此外，当事人约定法律行为须采取一定形式的，称为约定要式形式。

《民法典》对要式行为未采取法定形式的后果未设统一规定，其结果多样：（1）不成立。如依据上述《民法典》婚姻家庭编第1105条第1款对收养协议的成立方式的要求，收养协议未登记的，收养关系不成立。（2）例外视为成立。如《民法典》合同编第490条第2款规定："法律、行政法规规定或者当事人约定合同应当采用书面形式订立，当事人未采用书面形式但是一方已经履行主要义务，对方接受时，该合同成立。"（3）经补正有效。如《民法典》婚姻家庭编第 1049 条规定："要求结婚的男女双方应当亲自到婚姻登记机关申请结婚登记。符合本法规定的，予以登记，发给结婚证。完成结婚登记，即确立婚姻关系。未办理结婚登记的，应当补办登记。"

（五）有偿行为与无偿行为

以一方获得财产利益是否需为对待给付（对价）为标准，法律行为可以分为有偿法律行为与无偿法律行为。有偿法律行为，指一方获得财产利益时，需为对待给付的法律行为；无偿行为，指一方获得财产利益时，无需为对待给付的法律行为。买卖、互易、租赁、承揽及有息的借款合同等，为有偿行为。赠与、借用、无息的借款合同等，为无偿行为。

区别有偿行为与无偿行为的意义是：（1）责任轻重不同。如《民法典》合同编第 897 条区分保管合同的有偿和无偿，对保管人的赔偿责任作了规定："保管期内，因保管人保管不善造成保管物毁损、灭失的，保管人应当承担赔偿责任。但是，无偿保管人证明自己没有故意或者重大过失的，不承担赔偿责任。"《民法典》合同编第 929 条区分委托合同的有偿和无偿，对受托人的赔偿责任作了规定："有偿的委托合同，因受托人的过错造成委托人损失的，委托人可以请求赔偿损失。无偿的委托合同，因受托人的故意或者重大过失造成委托人损失的，委托人可以请求赔偿损失。"（2）能否构成善意取得不同。《民法典》物权编第 311 条第 1 条第 1 项规定："无处分权人将不动产或者动产转让给受让人的，所有权人有权追回；除法律另有规定外，符合下列情形的，受让人取得该不动产或者动产的所有权：（一）受让人受让该不动产或者动产时是善意；（二）以合理的价格转让；（三）转让的不动产或者动产依照法律规定应当登记的已经登记，不需要登记的已经交付给受让人。"可见，在无权处分的情形下，受让人能否主张善意取得，取决于其取得标的物是有偿还是无偿。换言之，只有在有偿的情况下，受让人才能主张善意取得。（3）法律适用上的特殊性。如根据《民法典》合同编第 646 条，买卖合同的规定可以准用于有偿合同："法律对其他有偿合同有规定的，依照其规定；没有规定的，参照适用买卖合同的有关规定。"

（六）诺成性行为与实践性行为

诺成性行为与实践性行为，又称为要物行为与不要物行为。以法律行为于意思表示之外是否需其他现实成分为标准，法律行为可以分为诺成性行为与实践性行为。诺成性行为，指仅依意思表示而成立的法律行为。实践性行为，指于意思表示之外还需有其他现实成分，如物之交付方能成立的法律行为。区分要物行为与不要物行为的意义在于，要物行为在意思表示一致之外，还需有诸如标的物的实际交付的现实成分，法律行为才能成立；而不要物行为仅依意思表示一致即成立。法律行为以不要物行为为原则。至于哪些法律行为是要物行为，一是看法律的规定，二是看交易习惯。民法上的定金合同、借用合同、保管合同、民间借贷合同多为实践性合同。不少国家法律规定赠与合同是实践性法律行为，而我国《民法典》规定赠与合同是诺成性合同。在我国《民法典》合同编规定的有名合同中，明确规定的实践性合同有定金合同、保管合同和自然人之间的借款合同。如《民法典》合同编第586条规定："当事人可以约定一方向对方给付定金作为债权的担保。定金合同自实际交付定金时成立。定金的数额由当事人约定；但是，不得超过主合同标的额的百分之二十，超过部分不产生定金的效力。实际交付的定金数额多于或者少于约定数额的，视为变更约定的定金数额。"第679条规定："自然人之间的借款合同，自贷款人提供借款时成立。"第890条规定："保管合同自保管物交付时成立，但是当事人另有约定的除外。"

（七）主行为与从行为

以法律行为之相互关系为标准，法律行为可以分为主行为与从行为。主行为，指不以他行为之存在为其存在前提的法律行为。从行为，指以他行为之存在为其存在前提的法律行为。区别主行为与从行为的意义在于，从行为之命运附随于主行为，主法律行为无效或消灭，从法律行为亦随之无效或消灭。

（八）有因行为与无因行为

仅于财产行为发生有因与无因之分。以法律行为与其原因的关系为标准，法律行为可以分为有因行为与无因行为。有因行为，指法律行为与其原因在法律上相互结合不可分离的法律行为。无因行为，指法律行为与其原因可以分离的法律行为。区分有因行为与无因行为的意义在于，无因行为，其作出法律行为的原因不存在了，其法律行为仍有效；有因行为，其作出法律行为的原因不存在了，其行为应归于无效。票据行为属于无因行为，例如，甲向乙购车（原因），签发一张支票以支付价金。事后，即使该汽车买卖合同不成立、无效或被撤销（原因不存在），其签发的支票并不因此而不成立或无效。如该支票尚在乙手中，甲可依不当得利的规定向乙请求返还。如该支票已为第三人取得时，甲不能以买卖合同不存在而拒绝付款。甲在向第三人付款后，可依不当得利的规定请求乙返还其所受利益。票据行为的无因性有助于票据的流通，维护交易安全。

除此之外，法律行为之有因无因问题，主要发生在物权行为与债权行为的关系上。即物权行为的法律效力是否受债权行为的影响。如物权行为之效力不受债权行为是否有效的影响，即为无因；反之，如物权行为的法律效力受债权行为是否有效的影响，即为有因。

（九）生前行为与死因行为

以法律行为的效力发生于行为人生前或其死后为标准，法律行为可以分为生前行为与死因行为。生前行为，指法律行为的效力发生于行为人生前的法律行为。死因行为，指因行为人死亡而发生效力的法律行为。例如，赠与合同为生前行为，遗赠为死因行为。区分生前行为与死因行为的意义是，死因行为非于行为人死后不生效力，且因其在行为人死后生效，利害关系人间易生争端，法律多设有特别规定，以确保行为人之真意得以贯彻。如《民法典》继承编对遗嘱的形式、撤销、变更及无效等，均设有强制性规定。

三、民事法律行为的形式及成立

【案例】

原告林某与被告王某系母子关系，第三人宋某是被告王某的妻子。

原告林某的丈夫于 2004 年 11 月 18 日去世，当时儿子王某（被告）和两个女儿均放弃继承，原告与丈夫共有的位于大连市甘井子区甘北路 31 号某单元的房屋被过户到原告名下，房屋建筑面积 65.46 平方米。

2009 年 8 月 21 日，原、被告签订《房地产买卖契约》一份，约定原告将上述房屋以人民币 10 万元的价格出售给被告，被告于 2009 年 9 月 1 日前向原告一次性付清购房款。协议签订后，被告向原告交付了人民币 4 万元，并通过过户登记取得案涉房屋的产权证。

在上述《房地产买卖契约》签订前的 2009 年 8 月 18 日，被告王某与妻子宋某向原告出具《证明书》一份，内容为：林某此房屋王某已买下，在老母没过世前归老母住，待老母不在才可搬进。被告王某与妻子宋某在证明书上签字、捺手印。

被告取得涉案房屋产权后，该房屋仍由原告林某居住使用。

2011 年 1 月 16 日，原告交给被告王某、第三人宋某人民币 4 万元，王某及宋某为原告出具了收条，同时在收条上签字、捺手印。对此，原告主张这 4 万元系其退还被告的购房款，被告则主张这 4 万元系原告借给被告的借款，用于被告儿子结婚。同日，被告与原告达成一份协议，内容为：以后房子处理由林某个人说了算，无人干涉。原告林某、被告王某在该协议上签字、捺手印。

现原告向法院起诉，要求判令被告履行义务，将房屋过户到原告名下。

被告辩称，原告认为被告 2011 年 1 月 16 日出具的说明证明原、被告双方就该房屋买卖又达成新的合意，这是错误的，该说明不具有合同的相关要件，合同内容不明确，体现不出是指向涉案房屋的交易行为，所以原、被告就案涉房屋没有形成新的买卖合意，故请求法院依法驳回原告诉讼请求。❶

问题：原被告双方是否就房屋买卖订立了新的协议？

【知识要点】

（一）民事法律行为的形式

民事法律行为以意思表示为要素，因此，民事法律行为的形式即行为人进行意思表示的形式。《民法典》总则编第 140 条根据意思表示的作出方式，将意思表示分为明示和默示两种。明示，即通过口头、书面、录音、录像等

---

❶ 改编自辽宁省大连市中级人民法院民事判决书（2014）大民二终字第 117 号。

方式进行意思表示；默示，即通过为一定的行为进行意思表示。默示还包括沉默，但沉默只有在有法律规定、当事人约定或者符合当事人之间的交易习惯时，才可以视为意思表示。根据意思表示的方式，《民法典》总则编第135条对民事法律行为的形式作了归纳："民事法律行为可以采用书面形式、口头形式或者其他形式；法律、行政法规规定或者当事人约定采用特定形式的，应当采用特定形式。"

1. 口头形式

口头形式的民事法律行为，是指通过口头语言进行意思表示的民事法律行为。凡法律没有规定必须采取书面等形式的民事法律行为，均可采用口头形式。以口头形式为民事法律行为，简便易行，不受文化程度的限制，但由于没有文字依据，一旦发生争执，往往难以查证。所以口头形式主要适用于数额不大或者数额虽大，但可即时清结的民事法律行为。

2. 书面形式

书面形式的民事法律行为，是指通过文字等方式进行意思表示的民事法律行为。用书面形式为民事法律行为，虽然不如口头形式简便易行，但有其自身优势。书面形式的民事法律行为，往往直接记载了法律关系的内容，当事人可以据此确定彼此之间的权利和义务，在发生纠纷时也有据可查。《民法典》合同编第469条规定："当事人订立合同，可以采用书面形式、口头形式或者其他形式。书面形式是合同书、信件、电报、电传、传真等可以有形地表现所载内容的形式。以电子数据交换、电子邮件等方式能够有形地表现所载内容，并可以随时调取查用的数据电文，视为书面形式。"

3. 其他形式

（1）录音、录像。录音、录像的法律行为即通过录音、录像等视听资料的形式实施民事法律行为。例如，通过录音录像设立遗嘱。《民法典》继承编第1137条规定："以录音录像形式立的遗嘱，应当有两个以上见证人在场见证。遗嘱人和见证人应当在录音录像中记录其姓名或者肖像，以及年、月、日。"

（2）登记、公证。法律、行政法规规定或者当事人约定应当采用登记或者公证形式实施法律行为的，应当符合规定或者约定。例如，《民法典》继承编允许设立公证遗嘱，婚姻家庭编规定收养协议应当向县级以上人民政府民政部门登记，等等。

（3）推定行为与沉默行为。当事人通过一定的行为实施民事法律行为，为推定法律行为。如《民法典》合同编第734条第1款规定："租赁期限届满，承租人继续使用租赁物，出租人没有提出异议的，原租赁合同继续有效，但是租赁期限为不定期。"当事人的沉默，在有法律规定、当事人约定或者符合当事人之间的交易习惯时，也可能构成法律行为。如《民法典》继承编第1124条规定："继承开始后，继承人放弃继承的，应当在遗产处理前，以书面形式作出放弃继承的表示；没有表示的，视为接受继承。"合同编第718条规定："出租人知道或者应当知道承租人转租，但是在六个月内未提出异议的，视为出租人同意转租。"

（二）民事法律行为的成立

民事法律行为的成立需要具备一定的要件，分为一般成立要件和特别成立要件。一般成立要件是指一切法律行为成立所需具备的要件。法律行为的一般成立要件包括三项，即当事人、标的和意思表示。至于意思表示需要达到什么程度法律行为才能成立，需要结合不同的法律行为来认定。如《最高人民法院关于适用〈中华人民共和国合同法〉若干问题的解释（二）》（以下简称原《合同法司法解释（二）》）第1条对合同的成立要件作了规定："当事人对合同是否成立存在争议，人民法院能够确定当事人名称或者姓名、标的和数量的，一般应当认定合同成立。但法律另有规定或者当事人另有约定的除外。"此条司法解释虽未纳入《民法典》，但应当被认为是关于合同成立的应有之义。

民事法律行为的特别成立要件，指某种法律行为所特有的成立要件。如在实践性法律行为，标的物的交付为法律行为成立的特别要件。

四、意思表示

【案例一】

甲从外地来到某市。一日，甲走进一家正在举行葡萄酒拍卖的地下室酒店。拍卖会规定举手即为出价。甲不知道此地正在举行拍卖会，在人群中发现了一位熟人，便向熟人招了招手。拍卖人将他的招手动作理解为出价表示，将葡萄酒拍给了他。❶

问题：请用意思表示构成理论分析葡萄酒买卖是否成立。

【案例二】

甲为了提高英语水平，常年订阅英文报纸《21世纪报》。年末，甲又收到住所地邮局寄送的下一年度的《21世纪报》订报单，填妥后放入信封贴好邮票，随手放在书桌上。因单位宣布赠送明年的 China Daily（《中国日报》），所以对是否寄出上述订报单，甲还在犹豫。甲家的钟点工阿姨在整理书桌时，发现贴好邮票的信件，完工后将信件带走投入邮筒。三天后甲收到邮局付费通知单。

问题：请用意思表示发出的理论分析订报合同是否成立。

【案例三】

甲的朋友乙一直喜欢甲位于上海市松江区的某栋别墅，曾多次提出欲买下这栋别墅以便退休后回上海居住。甲经过考虑准备出售该栋别墅。甲于10月2日上午发信给乙，表示愿以900万的价格出售该别墅。当晚，甲突发心脏病死亡。该信件于10月4日到达乙处，但乙已于10月3日遭遇车祸去世。

问题：如果乙的继承人丙去信表示愿意以此条件购买，房屋买卖合同是否成立？

---

❶ 此为德国教学案例"特里尔葡萄酒拍卖会案"，参见：［德］卡尔·拉伦茨.德国民法通论（下）［M］王晓晔，等译.北京：法律出版社，2003：481.

【案例四】

一名法学专业的大学生在一家餐厅用餐时，见该饭店的菜单装饰考究，离开时偷走了一份。十年后，这名大学生已成为一名检察官。受良心的谴责，他悄悄地将这份菜单放回餐馆。顾客甲以为这是现行菜单，发现价格便宜，便为自己点了一份丰盛的套餐。结账时才发现这是旧菜单，现行菜单上的价格要比旧菜单上的价格贵了很多。饭店老板认为自己是以现行菜单的价格承诺甲的点餐；而甲认为饭店的承诺是依他所指的旧菜单上的价格。双方发生争议。❶

问题：请结合意思表示解释规则分析此案例。

【案例五】

原告邓某某与被告张某某系老同学关系。2005 年，张某某因房地产开发项目所需，数次向邓某某借款用于周转。其中，2005 年 4 月 7 日，张某某出具借条一张，内容为"今借到邓某某人民币玖拾万元整用于房地产开发启动资金，于 2007 年 4 月归还。此据，借款人张某某"，借条上加盖了张某某所在的"南京河滨房地产开发有限公司"公章。后又两次借款，同样写了欠条。至 2005 年 6 月，合计借款 178 万元。

2009 年 4 月 5 日张某某向邓某某出具欠条一张，内容为"今欠到邓某某利息款壹拾玖万肆仟元整，于服装厂拆迁归还。此据，张某某"。2011 年 8 月 20 日，张某某向邓某某出具欠条一份，内容为"今欠到邓某某利息款壹拾叁万元，因暂时经济困难，此款在旭达服装厂开发时付清。此据，欠款人张某某"。

张某某已经返还所借款项的本金，但拖延拒付利息款 32.4 万元。邓某某向法院起诉。

庭审中，张某某认为邓某某的请求事项是一个附条件的债权。因条件没有成就，法院应当依法驳回其请求。

---

❶　此为德国教学案例，改编自［德］迪特尔·梅迪库斯.德国民法总论［M］.邵建东，译.北京：法律出版社，2000：240.

原审庭审结束后，邓某某补充提交了南京市溧水区旭达线业有限公司股权转让协议等证据，证明张某某已于 2013 年 8 月 7 日将其持有的南京市溧水区旭达线业有限公司价值 100.8 万元的股份转让给王某。据此认为张某某已经通过其行为阻却条件成就，请求法院采信视为条件成就。张某某认为邓某某补充提交的证据超过举证期限而不予质证发表意见。

原审法院认为，欠条上"于服装厂拆迁时归还"的约定，其文义是对清偿利息履行期限的约定，因服装厂被拆迁时间是不确定的，故双方关于债务履行期限的约定视为不明确。根据《合同法》第 62 条第 1 款第 4 项的规定，履行期限不明确的，债权人可以随时要求履行，但应当给对方必要的准备时间。其次，邓某某的补充证据显示，张某某已经将其在服装厂的股权转让他人，即使旭达服装厂被拆迁了，张某某也无拆迁利益可得。故对张某某的抗辩主张，不予支持。法院判决：张某某于判决生效之日起 10 日内支付邓某某借款利息款 32.4 万元，并承担自起诉之日起到判决确定的还款之日止按中国人民银行规定的同期银行贷款利率计算逾期利息。

宣判后，张某某提起上诉。上诉理由是：张某某对邓某某的诉请利息 32.4 万元无异议，但本案中双方约定的"于服装厂拆迁时归还欠款"是一个附延缓条件的民事法律行为，只有当约定的事实出现，才能发生法律效力，即只有在服装厂拆迁时，邓某某才能行使债权请求权，服装厂拆迁与否是一个不确定的事实，原审法院将附条件的民事法律行为认定是附期限的法律行为，混淆了条件与期限的概念，是适用法律错误。此外，原审法院认为邓某某通过补充证据证明张某某在服装厂的股权已转让他人，即使服装厂拆迁也无利益可得，故不支持张某某的主张，这一理解同样也是错误的，服装厂的股权转让与约定的条件之间没有关联性，法律也没有规定双方在约定条件时必须有利益存在。

二审法院查明，双方均认可 2009 年 4 月 5 日欠条中的"于服装厂拆迁归还"和 2011 年 8 月 20 日欠条中的"此款在旭达服装厂开发时付清"中的"服装厂"均指南京市溧水区旭达线业有限公司，"拆迁"和"开发"系同一意思。

二审法院认为，该案争议的焦点是案涉两张利息欠条是否为附条件的民事法律行为。根据《合同法》第 125 条第 1 款的规定，当事人对合同条款的理解有争议的，应当按照合同所使用的词句、合同的有关条款、合同的目的、交易习惯以及诚实信用原则，确定该条款的真实意思。依照《合同法》第 45 条，附条件的合同中所附条件应当是当事人用来限制合同法律效力的附属意思表示，与当事人约定的合同履行内容是不同的。从张某某与邓某某的陈述中可以认定，欠条中关于服装厂拆迁或开发的约定是对清偿利息履行期限的约定。现南京市溧水区旭达线业有限公司的拆迁时间不确定，双方关于支付欠息的期限约定不明确，依照《合同法》第 62 条第 1 款第 4 项的规定，邓某某可以随时要求张某某履行支付 32.4 万元利息的义务，但应当给张某某必要的准备时间。邓某某在诉前多次向张某某催要未果，已经满足了张某某的期限利益，原审法院判令张某某于判决生效之日起 10 日内支付邓某某欠息 32.4 万，并无不当。张某某的上诉请求和理由依据不足，本院不予支持。综上，原审判决认定事实清楚，适用法律正确。❶

问题：请运用《民法典》关于意思表示解释的规则，对法院的判决作出评析。

【案例六】

2007 年 6 月 27 日，晶日公司、化工公司及钻固公司三家公司相互签订循环买卖合同三份。三份合同的内容分别为：晶日公司将 806 吨钢带以 451 万元的价格出卖给化工公司，化工公司以 463 万元转卖给钻固公司，晶日公司再以 464 万元从钻固公司处回购。三份合同对货物验收标准均规定为不提质量异议，买受人已认可货物的质量、数量。其中，化工公司与晶日公司买卖合同的结算条款规定为：指定的社会仓库确认收到以买受人名义入库的货物后，买受人一次性支付全额货款。

合同签订后化工公司支付晶日公司货款 451 万元，但晶日公司未供应货物。同年 8 月 14 日案外人钦瑞公司及王某某与化工公司签订担保协议一份，双方约定钦瑞公司及王某某自愿为化工公司与钻固公司签订的金额 463 万元的合同进行全额担保，化工公司一旦到期未能收到全额款项，担保人立即将

❶ 改编自江苏省南京市中级人民法院民事判决书（2014）宁民终字第 2626 号。

担保资产偿付化工公司。同年9月19日晶日公司法定代表人李某某向化工公司出具承诺书承诺，愿意以其个人所有财产为晶日公司拖欠化工公司材料款承担全额支付担保。同年9月19日至2008年2月13日晶日公司分四次归还化工公司货款125万元。期间，晶日公司委托律师发函给化工公司，认为双方存在实际的借贷关系，并对欠款提出相应的还款计划。嗣后，化工公司要求晶日公司和李某某偿还剩余货款326万元未果，遂起诉至法院。

因晶日公司曾通过案外人分两次分别支付给化工公司两笔45万元的保证金，如果该案被认定为买卖合同，这两笔款项可能被法院认定与买卖合同无关。因此，对合同性质的认定成为本案争议的焦点。本案化工公司系以买卖合同纠纷提起诉讼，而晶日公司和李某某则认为当事人所签订的合同名为买卖，实际上产生借贷法律关系。

庭审中，晶日公司和李某某提供了大量与案外人之间的合同、函件及资金往来等证据，以此证明建立借贷关系才是双方的真实意图。❶

问题：请运用《民法典》关于意思表示解释的规则分析双方之间合同的性质。

【案例七】

甲将房屋出租给乙居住。租赁期间房屋内的空调坏了，乙要求甲维修，甲认为应当由承租人乙自己维修。查双方订立的租赁合同，双方未对租赁期间租赁物的维修义务作约定。

问题：谁有维修空调的义务？

【知识要点】

（一）意思表示的概念及构成要素

所谓意思表示，指行为人把欲意发生一定私法上效果的内心意思，以一定的形式表示于外部的行为。首先，意思表示是民事主体的行为。公职机关工作人员的职务行为，如法院的裁定，虽然也能产生私法上的效果，但不属于意思表示。其次，意思表示是民事主体欲意发生私法上效果的行为。法律

---

❶ 改编自上海市第一中级人民法院民事判决书（2008）沪一中民四（商）终字第1090号。

关系主体所为的欲意发生公法上效果的行为，如投票选举行为，也不属于意思表示。

关于意思表示的构成要素，学者之间有不同的表述。本书采取王泽鉴先生的观点，即意思表示由两个要素构成：一为内心意思；二为外部表示（表示行为）。二者的关系是，内心意思须经由表示行为而使其在外部体现出来。内心意思依表示行为而客观化，二者合为一体，构成意思表示。前者为主观要件，后者为客观要件。

1. 主观要件

主观要件是指内心意思。在通常情况下，表意人的外部表示与其内心意思是一致的，但是，内心意思与外部表示不一致的情形也可能发生。传统学说为便于处理内心意思与外部表示不一致的各种情况，将内心意思分为行为意思、表示意识、效果意思。[1]

（1）行为意思。行为意思即表意人自觉地从事某种行为。意思表示首先是以一种可受意志控制的作为或者不作为为存在前提。例如，在梦游的状态下或者其他类似的无法对其行为进行有意识控制的状态下作出的表示，不属于行为的范畴，因此不构成意思表示。此外，某种身体上的动作不是根据行为人自己的意志决定的，而是在他人对行为人身体施加直接的强制力的情况下作出的，这种行为也不是意思表示。[2]

（2）表示意识。表示意识即行为人认识其行为具有某种法律行为上的意义。如打电话定旅馆房间。反之，不知道身处的是拍卖会场，举手招呼熟人，行为人不知道自己的行为具有法律上的意义，即不具有表示意识。欠缺表示意思的行为是否构成意思表示存在争议，传统见解认为法律行为的基础在于当事人的自主决定，行为人欠缺表示意识，不知其表示行为具有法律上意义者，即不应使其受法律行为的拘束，故欠缺表示意识时，意思表示即失其存在。但王泽鉴先生认为，当事人因其外部行为而有所表示，相对人仅能就其客观上的表示行为予以信赖，表意人于为此表示时，是否具有表示意识，既难查知，相对人对其表示行为的信赖，应予保护。易言之，即原则上

---

❶ 王泽鉴. 民法总则［M］. 北京：中国政法大学出版社，2001：336.

❷ ［德］卡尔·拉伦茨. 德国民法通论（下）［M］. 王晓晔，等译. 北京：法律出版社，2003：451.

表意人应对其表示行为负责，以维护交易之安全，表意人仅得类推适用关于意思表示错误的规定，撤销其意思表示，但应对相对人的信赖利益，负赔偿责任。❶

（3）效果意思。效果意思又称真意，即行为人欲依其表示发生特定法律效果的意思。效果意思不同于表示意识，表示意识仅指了解自己的行为具有某种法律上的意义，而效果意思，是行为人认识自己的表示具有特定的法律意义。如甲向乙发出要约，欲以300万的价格将自己的房屋出售给乙。甲知其表示具有某种法律上的意义，具有表示意识，而欲以300万的价格出售该房屋，则为效果意思。若将300万误写成30万，则仍然具有表示意识，但效果意思发生错误，属于意思表示错误问题。

2. 客观要件

客观要件是指表示行为。表示行为，指以一定形式将内心意思外部化的行为。表示之形式可以是明示或默示。明示包括口头、书面等，默示包括推定形式与沉默形式。单纯的沉默，仅在法律有规定、当事人有约定或者存在交易习惯时，始得构成意思表示。

（二）意思表示的发出

意思表示的发出是意思表示发生法律效力的前提。意思表示发出具有如下功能：一是表意人是否具有行为能力，应就意思表示发出时认定之。二是意思表示发出后，表意人死亡、丧失行为能力或者其行为能力受限制者，其意思表示不因之失其效力。三是意思表示有无错误，亦以发出的时点为准据。四是意思表示的生效，以发出为要件，对未经发出的意思表示不得为承诺。❷

意思表示可以分为有相对人的意思表示和无相对人的意思表示，前者如要约，后者如遗嘱。意思表示发出的时点，依据意思表示是否有相对人而定。在无相对人的意思表示，表意人完成其表示行为，其意思表示即为发出，如所有人将旧家具扔到小区垃圾站，即构成抛弃旧家具所有权意思表示的发出；遗嘱人书写遗嘱全文，署上名字并写上年月日，即构成遗嘱意思表

---

❶ 王泽鉴.民法总则［M］.北京：中国政法大学出版社，2001：338.
❷ 王泽鉴.民法总则［M］.北京：中国政法大学出版社，2001：340-341.

示的发出。在有相对人的意思表示，口头意思表示的发出，须对受领人为之，否则不构成发出；书面意思表示的发出，其发出时点不同于无相对人的意思表示，不是该书面文件作成之际，而是使书面文件进入得预期到达相对人的过程之时。例如将书信投入邮筒，将文件交给快递员等，属意思表示的发出。对公众所为的意思表示，如刊登悬赏广告，于广告人将广告交给报社、电视台时其意思表示即为发出，而不是该广告刊登、发布之时。

在某些特殊情况下，可能发生发出行为非由表意人作出的情况，如上述订报案。《德国民法典》立法理由书认为意思表示须依表意人的意思而发出，乃属当然，否则不生效力。但是，部分学者认为，为保护相对人的信赖，应认若表意人对意思表示之进入交易过程，依其支配及管理范畴有可归责的事由时（如将贴好邮票的信件放置桌上），应视其意思表示已为发出。反之，表意人无可归责的事由时，则认其意思表示未为发出，不生效力，虽不必撤销，但应类推适用意思表示错误之规定，使表意人对相对人负信赖利益的损害赔偿责任。❶

我国《民法典》对意思表示发出后，表意人死亡、丧失民事行为能力或者其民事行为能力受限制者，其意思表示的效力未予明确。对意思表示发出后，未到达前受领人死亡时，其意思表示对受领人的继承人能否生效也未规定。我国台湾地区"民法"第95条第2项对前者作了规定："表意人于发出通知后死亡或丧失行为能力，或其行为能力受限制者，其意思表示，不因之失其效力。"至于在该要约未到达前，受领人死亡，该意思表示对受领人的继承人能否生效，台湾地区"民法"也未作规定。一般认为，如果法律行为的内容，不是特别注重当事人其人的性质，可以由受领人的继承人为承诺。反之，如果法律行为的内容特别注重当事人其人的性质，如委托合同，则相反。

（三）意思表示的生效

确定意思表示的生效时间同样需要区分有无相对人等不同情形。

1. 无相对人的意思表示

《民法典》总则编第138条规定："无相对人的意思表示，表示完成时生

---

❶　王泽鉴.民法总则［M］.北京：中国政法大学出版社，2001：342.

效。法律另有规定的，依照其规定。"可见，无相对人的意思表示，于其意思表示发出的同时发生效力，此为原则，如法律有特别规定的则属于例外。如抛弃所有权的法律行为，于其抛弃行为发出时即发生效力。而遗嘱，根据《民法典》则在遗嘱人死亡时才发生效力。

2. 有相对人的意思表示

有相对人的意思表示，分为对话的意思表示与非对话的意思表示。表意人与相对人对面交谈，或以电话直接为意思表示的，属于对话的意思表示；表意人与相对人以信函、电报、传真、电子邮件（E-mail）等间接表示其意思的，属于非对话的意思表示。此分类，系以能否与相对人直接沟通为标准。因此，即使远隔千里，以电话表示其意思的，还是属于对话的意思表示，而近在咫尺，以字条为转达时，则属于非对话的意思表示。

有相对人的意思表示生效的时间，根据意思表示是采取对话方式还是非对话方式而有所不同。

（1）采取对话方式为意思表示。《民法典》第137条第1款规定："以对话方式作出的意思表示，相对人知道其内容时生效。"如此规定，是因为对话时可能因方言的关系，或者接受者听力的关系没有了解意思表示的含义，采了解主义可以防此弊端。相对人是否了解，应依一般情形而定。相对人可能了解而主张未了解时，应承担举证责任。

（2）采取非对话方式为意思表示。《民法典》第137条第2款规定："以非对话方式作出的意思表示，到达相对人时生效。以非对话方式作出的采用数据电文形式的意思表示，相对人指定特定系统接收数据电文的，该数据电文进入该特定系统时生效；未指定特定系统的，相对人知道或者应当知道该数据电文进入其系统时生效。当事人对采用数据电文形式的意思表示的生效时间另有约定的，按照其约定。"

非对话的意思表示的生效时间，大部分国家规定到达时生效。但是，对承诺生效的规定差异较大。关于承诺的生效，立法例有发信主义与到达主义之别。依发信主义，受要约人以信函、电报作出承诺的意思表示时，承诺自信函、电报投邮时生效。而依到达主义，受要约人以信函、电报作出承诺的意思表示，承诺自信函、电报到达要约人时生效。此所谓到达，不以对方了解意思表示内容为必要，而只要信函或电报送达对方能够了解其内容的支配范围即可。发信主义为英美法系所采。大陆法系多数国家的民法及《联合国国际货物买卖合同公约》《国际统一私法协会国际商事合同通则》《欧洲合同法通则》《欧洲民法典草案》等均采到达主义。《民法典》合同编第484条对承诺生效时间的规定是："以通知方式作出的承诺，生效的时间适用本法第一百三十七条的规定。承诺不需要通知的，根据交易习惯或者要约的要求作出承诺的行为时生效。"这一规定体现了到达主义。

《民法典》第139条规定："以公告方式作出的意思表示，公告发布时生效。"因此，通过电视台发布悬赏广告，广告并非于交给电视台时生效，而是在电视台发布时才生效。

（四）意思表示的撤回

意思表示的撤回是指在意思表示生效之前，表意人撤回自己的意思表示。撤回不同于撤销，前者属于表意人在意思表示未生效时反悔，后者属表意人在意思表示已经生效后反悔。《民法典》第141条规定："行为人可以撤回意思表示。撤回意思表示的通知应当在意思表示到达相对人前或者与意思表示同时到达相对人。"

至于意思表示的撤销，《民法典》未作统一规定，一般是根据不同性质的意思表示，由相关法律单独规定。如《民法典》合同编第467条规定："要约可以撤销，但是有下列情形之一的除外：（一）要约人以确定承诺期限或者其他形式明示要约不可撤销；（二）受要约人有理由认为要约是不可撤销的，并已经为履行合同做了合理准备工作。"但因为承诺生效时合同成立，因此，一般情况下承诺不可以撤销。

（五）意思表示的解释

在成文法国家，法官适用法律的过程其实就是通过解释法律、解释法律行为，最终得出结论的过程。可以说法律人的主要工作就在于解释。其解释的对象有二，一为法律，二为意思表示。法律系抽象、概括的规范，针对不特定的主体，而意思表示往往发生在相关主体之间，既需探究表意人所欲发生的私法效果，又须特别顾及相对人理解的可能性，因此法律解释和法律行为解释的原则并不完全一致。

1. 意思表示解释的客体及方法

意思表示解释的客体是表示行为。作为解释客体的表示行为，可以是作为，也可以是不作为。可能需要解释的表示行为包括：（1）某个行为是否为意思表示；（2）某个意思表示的内容是什么；（3）合同是否因当事人互相意思表示一致而成立了；（4）所订立合同，究属何种类型，例如，是劳务合同，还是承揽合同；（5）订立的合同是预约还是本约；（6）合同附有约款时，其约款究为条件、期限还是负担。（7）意思表示，尤其是合同是否存在"漏洞"，等等。

意思表示的解释是正确适用法律的前提。以意思表示错误的撤销为例，是否存在错误，谁存在错误，涉及撤销权的主体及损害赔偿责任主体问题。也因此，德国司法和学理上均强调"解释先于撤销"原则，即意思表示有无错误，乃解释问题，应当先行处理。

意思表示的解释方法在民法上有意思主义和表示主义。所谓意思主义，就是完全以表意人的内心意思作为判断表示行为含义的标准，即探究表意人内心的真意；表示主义则是从意思表示受领人的视角判断表示行为的含义，充分考虑相对人的信赖保护。意思表示解释目标如何设定，实质上亦是意思表示之误解风险如何合理分配的问题。❶

《民法典》总则编第 142 条规定的意思表示的解释方法是："有相对人的意思表示的解释，应当按照所使用的词句，结合相关条款、行为的性质和目的、习惯以及诚信原则，确定意思表示的含义。无相对人的意思表示的解释，不能完全拘泥于所使用的词句，而应当结合相关条款、行为的性质和目的、习惯以及诚信原则，确定行为人的真实意思。"

（1）无相对人的意思表示的解释。无相对人的意思表示，指意思表示不必向相对人为之，即能生效，如权利的抛弃、订立遗嘱。于此等情形，既然无相对人信赖利益保护问题，则相对而言应当注重探求当事人的真意。因此，法律规定此时不能完全拘泥于所使用的词句，而应当结合其他因素确定行为人的真实意思。

---

❶ 参见：朱庆育.民法总论（第二版）[M].北京：北京大学出版社，2016：223.

（2）有相对人的意思表示的解释。有相对人的意思表示，须向相对人为之才能生效，如要约、承诺、解除、撤销等。其目的是使相对人能知悉其意思表示的内容，所以应当探求者，不是表意人内心的真意，否则民法关于意思表示错误的规定即无适用余地。但是，如果单从相对人的了解的角度而为解释，也不足以平衡当事人的利益及合理分配风险，因此，应以客观上的表示价值作为认定意思表示内容的准据。按照这种解释方法，一方面，要求表意人于表示其意思时，应顾及相对人了解的可能性；另一方面，相对人亦须尽必要注意去正确了解表意人之所欲，故在解释上应特别斟酌相对人明知或可得而知的事实，并就磋商过程、交易目的及利益状态，依交易惯例及诚实信用原则加以综合判断。❶ 因此，我国《民法典》强调应当按照所使用的词句，再结合其他因素，确定表示行为的含义。

2. 合同的补充解释

意思表示的解释除了上述阐释性的解释外，还包括补充解释。前者以既存意思表示为解释对象，后者则属于意思表示之漏洞填补。❷ 补充解释在合同法领域广泛存在。合同因当事人互相意思表示一致而成立，但现实生活中可能存在应当规定而当事人未为约定的情况，基于合同法鼓励交易的目的，此时需要通过补充解释，为双方设定权利和义务。

我国台湾地区"民法"第153条第2项规定："当事人对于必要之点，意思一致，而对于非必要之点，未经意思表示者，推定其契约为成立，关于该非必要之点，当事人意思不一致时，法院应依其事件之性质定之。"我国原《合同法司法解释（二）》第1条曾经规定："当事人对合同是否成立存在争议，人民法院能够确定当事人名称或者姓名、标的和数量的，一般应当认定合同成立。但法律另有规定或者当事人另有约定的除外。"根据此条规定，合同只要具备当事人名称或者姓名、标的和数量即可成立生效，除此之外的当事人应当约定而未约定的事项，均属于合同漏洞，可以通过补充解释解决。

---

❶ 王泽鉴.民法总则［M］.北京：中国政法大学出版社，2001：409.
❷ 朱庆育.民法总论（第二版）［M］.北京：北京大学出版社，2016：231.

当出现合同漏洞时，应当首先适用任意性规范。如针对租赁物的维修，《民法典》合同编第 712 条规定："出租人应当履行租赁物的维修义务，但是当事人另有约定的除外。"因为允许当事人约定排除适用，因此，该条是任意性规范。在租赁合同未对维修义务作出约定的情形下，应当首先适用该条任意性规范，确定由出租人承担租赁物的维修义务。

没有任意规范的，适用《民法典》合同编第 510 条和 511 条进行补充。

《民法典》第 510 条规定："合同生效后，当事人就质量、价款或者报酬、履行地点等内容没有约定或者约定不明确的，可以协议补充；不能达成补充协议的，按照合同相关条款或者交易习惯确定。"

《民法典》第 511 条则规定："当事人就有关合同内容约定不明确，依据前条规定仍不能确定的，适用下列规定：（一）质量要求不明确的，按照强制性国家标准履行；没有强制性国家标准的，按照推荐性国家标准履行；没有推荐性国家标准的，按照行业标准履行；没有国家标准、行业标准的，按照通常标准或者符合合同目的的特定标准履行。（二）价款或者报酬不明确的，按照订立合同时履行地的市场价格履行；依法应当执行政府定价或者政府指导价的，依照规定履行。（三）履行地点不明确，给付货币的，在接受货币一方所在地履行；交付不动产的，在不动产所在地履行；其他标的，在履行义务一方所在地履行。（四）履行期限不明确的，债务人可以随时履行，债权人也可以随时请求履行，但是应当给对方必要的准备时间。（五）履行方式不明确的，按照有利于实现合同目的的方式履行。（六）履行费用的负担不明确的，由履行义务一方负担；因债权人原因增加的履行费用，由债权人负担。"

在没有任意规范，或者上述第 510 条、511 条也没有规定的情况下，由法官进行补充的契约解释。在补充的契约解释，其所探求的，系假设的当事人意思，即应以当事人于契约上所作的价值判断作为出发点，基于诚实信用原则并斟酌交易上习惯而为认定。❶

---

❶ 王泽鉴.民法总则［M］.北京：中国政法大学出版社，2001：415.

五、民事法律行为的生效

【案例】

甲乙均为完全民事行为能力人，甲对乙表示，愿意出五十万元购买乙私自开设的地下赌场，乙表示同意。

问题：

1. 甲乙之间买卖地下赌场的合同是否已经成立？

2. 甲乙之间买卖地下赌场的合同是否生效？

【知识要点】

民事法律行为系民事主体实施的旨在发生私法上权利变动的行为，换言之，民事法律行为是民事主体实现预期法律效果的工具。而民事主体实施的民事法律行为能否达到当事人希望达到的目标，取决于两个条件，一是民事法律行为成立，二是民事法律行为符合法律规定的生效要件。

《民法典》总则编第 136 条第 1 款规定："民事法律行为自成立时生效，但是法律另有规定或者当事人另有约定的除外。"据此，民事法律行为的生效分为两种情况。

（一）民事法律行为的一般生效

民事法律行为的一般生效，是指依法成立的法律行为满足法律规定的有效要件，从而在成立时生效。《民法典》总则编第 143 条规定了法律行为的有效要件："具备下列条件的法律行为有效：（一）行为人具有相应的民事行为能力；（二）意思表示真实；（三）不违反法律、行政法规的强制性规定，不违背公序良俗。"

法律行为成立、有效和生效的关系是：法律行为成立和有效是法律行为生效的前提，具备成立要件，且具备有效要件，法律行为才能生效。法律行为的成立是事实判断，只要有当事人、标的、意思表示，民事法律行为就能成立。而法律行为的有效是价值判断，法律会根据社会生活的共同价值取向规定法律行为的有效要件，符合法律行为有效要件的行为才能生效，进而达到当事人欲意达到的后果。满足《民法典》第143条规定的有效要件的法律行为在成立时生效。法律行为欠缺《民法典》第143条规定的有效要件的，因不符合法律的价值取向本应一律无效，但民法基于立法政策的考虑，对欠缺有效要件的法律行为依其所欠缺要件的性质而区别对待。其所欠缺的要件涉及社会公共利益的，如法律行为的内容违反法律效力性强制性规定或者违反公序良俗的，使之无效；其所欠缺的要件仅关涉当事人之间的利益的，如当事人意思表示不真实，则使之可撤销；其所欠缺的要件仅属于程序上的瑕疵，如限制民事行为能力人实施的与其年龄不相适应的法律行为，则使之效力未定，使其有补正之余地。因此，针对不符合《民法典》第143条规定的有效要件的法律行为，《民法典》分别规定了三种法律后果：无效、可撤销、效力待定。

（二）民事法律行为的特别生效

民事法律行为的特别生效，是指法律或者当事人对法律行为的生效规定了特别的条件，法律行为在符合法定或者约定的条件时生效。

依法成立的法律行为虽然满足《民法典》第143条规定的有效要件，但是法律规定或者当事人约定了特别生效条件的，则只有在条件满足时才能生效。例如，遗嘱等死因行为，法律规定以行为人死亡为特别生效要件，则在立遗嘱人死亡时遗嘱才生效；法律规定应当履行审批程序的合同只有在获得有关机构的批准时才生效；当事人约定附停止条件的赠与合同，只有在条件成就时才生效。符合有效条件的法律行为不符合法定或者约定的特别生效条件的，法律行为不生效，而非无效。

六、无效的民事法律行为

【案例一】

2006年4月30日，招行东港支行与振邦集团公司签订借款合同，约定借款金额为1496.5万元人民币。

2006年6月8日，振邦股份公司为该笔贷款出具了《不可撤销担保书》，承诺对上述贷款承担连带保证责任，保证范围包括借款本金、利息、罚息、违约金及其他一切相关费用。早在订立借款合同的当天，即 2006 年 4 月 30 日，招行东港支行与振邦股份公司分别签订了两份《抵押合同》，该合同规定以振邦股份公司所有的位于大连市甘井子区管城子镇郭家沟村 18 万平方米的国有土地使用权及大连市甘井子区管泰街 17 套房产作抵押。事后办理了抵押登记。

2006 年 6 月 8 日，招行东港支行按照借款合同约定将 1496.5 万元贷款如数转入振邦集团公司账户。贷款到期后，振邦集团公司未能偿还借款本息。振邦股份公司也没有履行担保义务。

振邦股份公司的股东共有 8 人，分别为振邦集团公司、天津环渤海创业投资管理有限公司、中绿实业有限公司、辽宁科技创业投资有限责任公司、泰山绿色产业有限公司、大连科技风险投资基金有限公司、王某某、张某某。根据振邦股份公司章程，振邦集团公司占振邦股份公司总股本的 61.5%，系振邦股份公司的股东和实际控制人。

2008 年 6 月 18 日，招行东港支行以振邦集团公司和振邦股份公司为被告，向大连市中级人民法院提起诉讼，请求判令振邦集团公司偿还贷款本金 1496.5 万元及至给付之日的利息；要求振邦股份公司对上述债务承担连带责任。

本案争议的焦点是担保合同的效力。

一审法院查明如下事实：

1. 根据《公司法》第 16 条，公司向其他企业投资或者为他人提供担保，依照公司章程的规定，由董事会或者股东会、股东大会决议；公司章程对投资或者担保的总额及单项投资或者担保的数额有限额规定的，不得超过规定的限额。公司为公司股东或者实际控制人提供担保的，必须经股东会或者股东大会决议。前款规定的股东或者受前款规定的实际控制人支配的股东，不得参加前款规定事项的表决。该项表决由出席会议的其他股东所持表决权的过半数通过。振邦集团公司系振邦股份公司的股东，而《振邦股份公司章程》及股东会对公司为其股东或实际控制人即振邦集团公司提供担保无特别授权。

2.振邦股份公司作为担保人向招行东港支行提交的《股东大会担保决议》（同意担保）上共盖有5枚印章，除振邦集团公司的印章是真实的以外，其余的"天津环渤海创业投资管理有限公司""中绿实业有限公司""辽宁科技创业投资责任公司""大连科技风险投资有限公司"4枚印章均系不真实的印章。

3.振邦集团公司作为振邦股份公司的股东，本不应参加此担保事项的表决，但《股东会担保决议》上却盖有振邦集团公司的印章。❶

【问题】

1.《公司法》第16条是效力性强制性规定还是管理性强制性规定？

2.如果将《公司法》第16条认定为管理性强制性规范，振邦股份公司法定代表人周某某超越权限订立的《抵押合同》及出具的《不可撤销担保书》是否有效？

【案例二】

原告毛某某与罗某某于1980年9月25日登记结婚。后罗某某结识被告邓某某，二人存在非法同居行为。

2016年11月，邓某某作为乙方与甲方贵阳万科远通房地产有限公司签订《万科悦城项目预约协议》一份，向甲方购买贵阳市云某区万科悦城14栋×××号房屋。罗某某通过其名下的农业银行账户向贵阳万科远通房地产有限公司转账。另据法院查明，自2016年3月至2018年8月，罗某某通过银行账户及支付宝账户向邓某某个人账户转账，两项合计43.78万元人民币。

后罗某某的妻子毛某某发现了丈夫赠与"第三者"财产一事，与丈夫一起向法院提起诉讼，请求确认罗某某对邓某某的赠与行为无效；邓某某返还财产45万元。理由是，罗某某未经共有人同意，擅自将属于夫妻共同财产的巨额款项计43.78万元赠与邓某某，应属无效。夫妻共同财产无法分割，处理非日常所需的夫妻共同财产应当经双方同意。邓某某明知罗某某处于婚姻状态，还与其交往，发生不正当关系，并收受其巨额钱款，明显违法且违

---

❶ 改编自最高人民法院民事判决书（2012）民提字第156号。

反公序良俗，赠与行为应属无效。邓某某应当靠自己劳动赚取生活费，而不是依靠破坏他人婚姻，做"第三者"的行为来获取金钱。邓某某的行为严重侵害了毛某某的经济利益，也造成了其巨大的精神损害。

被告邓某某辩称：本案涉及的所有转账钱款均系罗某某自愿赠与，应属有效。退一步讲，赠与的款项系夫妻共同财产，罗某某对其中一半享有份额，该部分赠与应属有效。转账款项中的人民币 23 万元系用于两人同居期间的日常生活开支，该笔款项并非赠与，不同意返还。❶

问题：

1. 有观点认为，丈夫赠与"第三者"财产行为不违反公序良俗，违反公序良俗的是与"第三者"保持不正当关系的行为，因此，赠与合同有效。如何评价此观点？

2. 如果需要返还，应当返还全部赠与财产，还是返还赠与财产中的一半？

【案例三】

因与案外人马某梅之间的民间借贷纠纷，2012 年法院判决原告马某某、赵某某支付马某梅借款及利息等共计人民币 145 万元。2013 年 5 月，受乌鲁木齐市米东区法院委托，新疆公正工程造价房地产评估有限责任公司出具评估报告：马某某位于乌鲁木齐市新市区桂林路锦林三巷 × 号的涉案房产 1 层住宅面积 217.26 平方米，总价 94 万元，2 层住宅面积 281.05 平方米，总价 122 万元，独立砖混住宅（平房）面积 23.80 平方米，总价 10 万元，合计面积 522.11 平方米，总价 226 万元。

上述案件执行中，双方签订一份和解协议，约定案款于 2014 年 1 月 10 日一次付清，如果到期不能还款，被执行人马某某、赵某某以乌鲁木齐市桂林路锦林三巷 × 号的房产按新疆公正工程造价房地产评估有限责任公司评估报告的 226 万元为抵价，超出部分退还被执行人。

2013 年 11 月 12 日，马某某通过公证，委托王某某作为代理人，全权代表马某某就其位于乌鲁木齐市桂林路锦林三巷 × 号 1 栋 1~2 层、× 号 2 栋 1 层房产的出售办理如下事项：选定买受人并与买受人协商与房地产转让相

---

❶ 改编自上海市第二中级人民法院（2020）沪 02 民终 1403 号。

关的事宜；签订房地产买卖协议以及与房地产转让相关的其他协议及相关法律文书；代收房地产转让款；代办房地产在房地产管理部门的过户手续、办理网上签约、网上挂牌、银行资金监管及划转业务；代办房地产拍卖、代收并代缴有关税费、代办与此房地产的过户、变更登记有关的全部事宜；代为办理房地产的所有权、使用权的交接，交纳相关税费，代办退税、领取退税款等。本委托书未能穷尽且为受托人办理委托事项所必需之其他代理权限，应本着促成委托事项之目的，视为已得到委托人的充分授权。

2014年2月28日，王某某代理马某某与温某某签订《房屋转让合同书》，约定由温某某购买位于乌鲁木齐市桂林路锦林三巷×号建筑面积分别为498.31平方米、23.80平方米，合计538.04平方米的房屋，转让价款226万元，过户前支付定金20万元，过户后支付156万元，剩余房款50万元在房屋交付使用后付清。为执行与案外人马某梅和解协议，王某某用温某某支付的房款支付了执行款。

2014年7月8日，王某某在乌鲁木齐市米东公证处办理提存公证书，将售房余款14万元提存。同时，通过公证方式向马某某送达一份《通知》，《通知》的主要内容为：马某某一直没有履行还款义务，经多次催要无果，因上述房地产的土地使用证十年未审验，无法出让，王某某于2014年2月25日持委托书补交了土地出让金及相关税费17万元，并数次当面告知马某某，马某某也明确同意出售上述房地产偿还欠款。2014年2月28日，王某某经马某某同意将上述房地产转让给温某某，后办理了房地产过户手续，转让价款为评估价226万元，目前温某某已经支付了176万元，尚余50万元，待马某某腾出房屋交付时由买方温某某一次性支付。现王某某已经从收到的房款中支出145万元偿还马某梅案款，剩余房款扣除王某某代马某某缴纳的土地出让金及相关税费17元后，余款为14万元。王某某多次要求将余款退给马某某，但马某某拒不接受，因此提存并通知马某某自行前往乌鲁木齐市米东公证处领取提存款。

另据法院查明，根据房屋产籍档案，王某某实际上代理马某某与温某某签订了两份《房产转让合同书》，其中2014年3月10日签订的一份《房产转让合同书》约定由温某某以6万元购买马某某位于乌鲁木齐市桂林路锦林三巷×号 2 栋 1 层建筑面积 23.80 平方米的房屋，以 70 万元购买马某某位于乌鲁木齐市桂林路锦林三巷×号 1 栋 1~2 层建筑面积 496.17 平方米的房屋。该份合同约定的房屋价款远低于 2014 年 2 月 28 日温某某与王某某签订的《房屋转让合同书》中约定的房产价款。对此，温某某、王某某称是为了少缴纳房产交易税。

马某某认为王某某与温某某恶意串通损害其利益，向法院提起诉讼，请求确认房屋买卖合同无效。

原审法院认为：当事人对自己提出的主张，有责任提供证据，没有证据或者证据不足以证明当事人主张的，由负有举证责任的当事人承担不利后果。《合同法》规定"恶意串通，损害国家、集体或者第三人利益"的合同无效，本案马某某以二人恶意串通损害其利益而主张 2014 年 3 月 10 日王某某代理马某某与温某某签订的《房产转让合同书》无效，马某某对于王某某、温某某之间存在恶意串通损害其利益的事实负有举证责任。从本案的证据以及当事人的陈述来看，因马某某欠付案外人马某梅执行款，马某某通过公证委托王某某办理房屋转让等事宜，王某某根据房屋评估报告的价值向温某某转让涉案房屋，马某某对整个过程应当是明知或应当预见到其行为后果的。主观上的恶意应通过行为人的行为表现进行判断，王某某根据马某某的公证委托授权按照涉案房屋的评估价值将房屋出售给温某某，温某某根据合同约定的房屋评估价款支付了主要房款，剩余房款约定在腾空房屋时支付，王某某、温某某未向马某某隐瞒涉案房屋真实交易价款及相关情况，整个交易过程符合日常交易习惯。马某某未能提供有效证据证明温某某、王某某之间存在相互串通转让房产损害其利益的情况。王某某代理马某某与温某某签订的房产转让合同是双方真实意思的表示而非虚假的意思表示，未违反法律、法规关于效力性的强制性规定，合法有效。温某某、王某某为少缴纳房产交易税，在房屋产籍档案备案合同中约定房产价款远低于实际交易价款，此问题系税务行政管理问题，并不影响本案房产转让合同的效力。本案马某某的诉讼请求无事实依据，不予支持。

一审判决后，马某某提起上诉，理由是：一审法院认定事实不清，温某某与王某某在房屋买卖中未支付对价，明显恶意串通。一审法院根据和解协议，认可温某某支付的房款折抵马某某应付的执行款是错误的。王某某与温某某之间的交易从未与马某某联系，有违常理。王某某未提供支付款凭证。和解协议约定房价226万元，和解协议只涉及面积为498.31平方米和23.8平方米房屋两栋，并不包括整个面积为538.04平方米的院落及另一栋面积63.5平方米的住宅，王某某与温某某在交易中心以76万元的价格出售房屋的恶意串通行为，损害了马某某的利益。请求撤销一审判决，改判温某某与王某某签订的合同无效。

二审法院认为：2013年11月12日马某某通过公证方式委托王某某作为代理人，授权王某某代表马某某买卖房屋的相关事宜。2014年2月28日，王某某代理马某某与温某某签订房屋买卖合同，合同约定买卖桂林路锦林三巷×号建筑面积498.31平方米及23.80平方米的房屋，转让价款226万元。2014年3月10日，王某某代理马某某与温某某签订房屋转让合同，约定温某某分别以6万元、70万元购买马某某名下23.8平方米、496.17平方米的房屋。审理期间，王某某与温某某均陈述2014年3月10日合同的目的是避税。本院认为，房屋的真实成交价格应按合同双方的真实意思表示认定，而逃避税收并不是双方订立买卖合同的目的。用于房产部门备案的2014年3月10日的合同价格低于2014年2月28日合同约定的交易价格，且不符合马某某真实意思表示，其实质是以合法形式掩盖避税的非法目的，损害了国家利益，该合同因此无效。

马某某授权王某某进行房屋买卖，故王某某代理马某某签订房屋买卖合同，应视为马某某的意思表示。买方与卖方应当按照双方真实意思，在符合法律规定的前提下诚实守信地履行合同。至于买卖合同是否履行，以及房款是否全额支付的情形，并不是认定合同效力的法律依据。故本院对买卖双方付款的事实，在二审中不予认定、处理。马某某认为王某某未按授权范围履行代理行为，或超越代理权侵害了其利益，可以依据委托合同向王某某主张违约责任；马某某如认为温某某未履行付款义务，以及温某某取得合同标的物不符合合同约定的范围，马某某可以依据有效的买卖合同向温某某主张违约责任或另行主张相应的权利。故马某某认为温某某未实际付款，未与之联系、磋商，温某某取得的房屋及院落不在和解协议中的上诉理由，均不是合同无效的法定事由。上诉人该部分上诉理由，本院不予采纳。马某某一审诉状以及二审中提出合同无效的诉请均是针对 2014 年 3 月 10 日的买卖合同，王某某与温某某 2014 年 3 月 10 日签订的合同因侵害国家利益应确认无效。综上，上诉人马某某的上诉请求，本院予以支持。原审法院适用法律及事实认定欠妥，本院予以纠正。判决如下：

一、撤销乌鲁木齐市新市区人民法院（2014）新民三初字第 849 号民事判决；

二、王某某代理马某某与温某某于 2014 年 3 月 10 日签订的房产转让协议无效。❶

问题：请结合《民法典》第 146 条分析 2014 年 2 月 28 日订立的合同和 2014 年 3 月 10 日订立的合同的效力。

【案例四】

2015 年 3 月 21 日，原告陶某某与被告汪某某在第三人的居间下签订《物业租赁合同》，约定原告将系争房屋租予被告。租赁期限 5 年，自 2015 年 4 月 10 日至 2020 年 4 月 9 日；租金前三年每月 1500 元，后两年每月 1600 元；押金为 1500 元。合同另对其他事项进行约定。嗣后，原告向被告交付了房屋。

系争房屋为经济适用房，登记的权利人为原告陶某某及丈夫周某。该房的《房地产权证》于附记中载：经济适用住房（有限产权）……5 年内不得转让或出租。

原告陶某某诉称：原、被告于 2015 年 3 月 21 日签订《物业租赁合同》，约定原告将系争房屋租予被告。因系争房屋为经济适用房，相关部门在检查时告知不得出租，故原告要求被告搬离房屋，因交涉无果遂涉诉。请求：1. 确认原、被告签订的《物业租赁合同》无效；2. 被告立即搬离并返还系争房屋；3. 被告支付原告房屋使用费（自 2017 年 1 月 10 日起至实际搬离之日止，按每月 1500 元计算）。

---

❶ 改编自新疆维吾尔自治区乌鲁木齐市中级人民法院民事判决书（2015）乌中民四终字第 4 号。

被告汪某某辩称：不同意原告的诉讼请求，自己在签订合同时不知系争房屋为经济适用房。租赁的房屋已经进行了装修，且租赁合同约定租赁期间为5年，如原告进行合理补偿，则同意交还房屋。

同时，被告向法院提出反诉，请求：1.原告赔偿被告装修费38520元；2.原告赔偿被告搬迁费500元、空调移机费400元、宽带设备移机费150元；3.原告赔偿被告房屋租金差价1万元；4.原告双倍返还被告押金3000元；5.原告上缴违法所得。理由是：系争房屋未经装修，被告承租后进行了装修。原告违法出租，所产生的搬迁费用应由原告承担。被告现另行租赁房屋将因租金上涨遭受损失。

原告针对反诉辩称：不同意被告的反诉请求。原告对被告装修并不知情，但经现场查看，认为装修价值在未经折旧的情况下为8000元。

法院认为，原告陶某某作为系争房屋的有限产权人之一，将系争房屋出租给被告汪某某以获取租金收益的行为，系利用公共资源谋取个人利益，损害社会公共利益。根据《中华人民共和国合同法》第52条第4项之规定，认定系争物业租赁合同属无效。

合同无效，因该合同取得的财产，应当予以返还；不能返还或者没有必要返还的，应当折价补偿。有过错的一方应当赔偿对方因此所受到的损失，双方都有过错的，应当各自承担相应的责任。现原告要求被告搬离并返还系争房屋，于法有据，法院予以支持。

关于原告要求被告支付房屋占有使用费的诉讼请求，尽管系争租赁合同无效，但被告实际占有使用系争房屋，构成不当得利，应依合同约定的租金标准支付给原告。但原告的出租行为系损害公共利益，故其无权取得该部分收益，现原告要求被告支付自2017年1月10日起至被告实际搬离系争房屋之日止的房屋使用费，本院不予支持。本院将另行下达决定书对该部分收益予以收缴。

就被告要求原告赔偿装修损失的反诉请求，法院认为：首先，原告将处于未装修状态的房屋（毛坯房）租予被告使用，却称不同意被告装修，不符日常生活经验，故本院认定被告装修系争房屋业经原告同意；其次，尽管双方对装修现值无法达成一致，且被告怠于对系争房屋的装修现值进行审价，但一则经现场查看，系争房屋确经装修，二则原告亦认可装修具有一定价值，三则双方对合同无效均存在过错，故本院对装修中已形成附合部分酌情支持7000元。

就被告要求原告赔偿搬迁费、空调移机费、宽带设备移机费、房屋租金差价的反诉请求，因无相关事实及法律依据，本院不予支持。

就被告要求原告双倍返还被告押金3000元的反诉请求，因其主张双倍返还押金并无合同及法律依据，故本院在1500元范围内予以支持。

就被告要求原告上缴违法所得的反诉请求，鉴于民事诉讼乃解决平等主体间私权纠纷之定位，故该请求不属本案的审理范围。就原告在系争租赁关系中的业已实际取得的收益（即原告已收取的2015年4月10日至2016年1月9日房屋使用费部分），可由住房管理部门进行处理。❶

问题：

1.《民法典》对无效法律行为的法律后果是怎样规定的？

2.请对法院的判决作出评析。

【知识要点】

（一）无效法律行为的特征

所谓无效的法律行为，指因欠缺法律规定的某些或全部有效要件，在法律上自始、当然、确定的不发生行为人预期之效力的法律行为。

（1）无效法律行为自始无效。无效的法律行为，因欠缺法律规定的某些或全部有效要件，自该行为成立之时即为无效。以合同为例，只要是无效的合同，即使已经履行完毕，仍然自始无效。《民法典》总则编第155条规定："无效的或者被撤销的民事法律行为自始没有法律约束力。"

（2）无效法律行为当然无效。无效的法律行为，无须任何人主张，当然不发生效力。当事人对法律行为的效力有争议的，可以提起诉讼。法院的判决，仅为对法律行为是否无效进行法律审查，判决无效的，其无效是基于该法律行为不符合法律规定的有效要件，而非基于法院的裁判。法院在诉讼中发现法律行为无效的，无需当事人提出，应当依职权作出判决。

---

❶ 改编自上海市松江区人民法院民事判决书（2016）沪0117民初16963号。

（3）无效法律行为确定无效。确定无效指无效法律行为在其成立时即不发生效力，且以后也无再发生效力的可能。即其不生当事人预期效力，已属确定。

但是，民法毕竟是私法，鼓励交易、保护交易安全是其目标之一，为了缓和法律行为无效的绝对性，法律设若干规定作为例外。一是相对无效制度。所谓相对无效，是指不得以其无效对抗善意第三人。按理法律行为在无效的情况下，任何人可以主张无效，当事人也可以对任何人主张无效，但是，在某些无效的情况下，法律规定当事人不得向善意的第三人主张无效。如《民法典》总则编第 61 条第 3 款规定："法人章程或者法人权力机构对法定代表人代表权的限制，不得对抗善意相对人。"换言之，在法人章程或者法人权力机构对法定代表人代表权作出限制的情况下，法定代表人超越权限所为的法律行为无效，但是，如果相对人对其越权行为善意不知情，则该法律行为在双方之间有效。二是部分无效制度。法律行为一部分无效时，原则上应全部归于无效，但在例外情形下，以除去无效部分不影响其他部分的效力为条件，可以认可其他部分为有效。对此，《民法典》总则编第 156 条规定："民事法律行为部分无效，不影响其他部分效力的，其他部分仍然有效。"此外，我国台湾地区"民法"还规定了无效法律行为转换制度。台湾地区"民法"第 112 条规定："无效之法律行为，若具备他法律行为之要件，并因其情形，可认当事人若知其无效，即欲为他法律行为者，其他法律行为，仍为有效。"

（二）法律行为无效的原因

《民法典》总则部分规定的导致法律行为无效的原因包括：

1. 当事人无民事行为能力

《民法典》总则编第 144 条规定："无民事行为能力人实施的民事法律行为无效。"法律基于对未成年人及无民事行为能力的成年人的保护，规定这些无民事行为能力人不得独立实施民事法律行为，他们需要实施民事法律行为的，应当由他们的法定代理人代理实施。因此，无民事行为能力人独立实施的民事法律行为无效。

2.虚假意思表示

根据实施虚假意思表示的主体是单方还是双方，虚假意思表示可以分为单独虚假意思表示和通谋虚假意思表示。

所谓单独虚假意思表示，指表意人单方面故意隐匿其真意，而表示与其真意不同之意思，又称真意保留。我国台湾地区"民法"第86条规定："表意人无欲为其意思表示所拘束之意，而为意思表示者，其意思表示，不因之无效。但其情形为相对人所明知者，不在此限。"我国《民法典》没有规定真意保留问题。所谓通谋虚假意思表示，指表意人与相对人通谋而为的虚假的意思表示。通谋虚假意思表示有两种情形，一是纯粹的通谋虚假行为，即只有一个法律行为，如离婚一方为了在离婚时多分财产，与朋友通谋虚构夫妻共同债务；二是在通谋虚假意思表示行为之外，还隐藏另一个真意法律行为，即存在两个法律行为，如房屋买卖的双方当事人为了少交税款，订立"阴阳合同"。

《民法典》总则编第146条规定："行为人与相对人以虚假的意思表示实施的民事法律行为无效。以虚假的意思表示隐藏的民事法律行为的效力，依照有关法律规定处理。"

3.违反法律、行政法规的效力性强制性规定

法律规范可分为强制性规范和任意性规范。任意性规范允许当事人排除适用，而强制性规范是民事主体应当遵守的规范。根据我国审判实务，强制性规范分为效力性强制规范和管理性强制规范。法律行为只有违反效力性强制性规定的才无效，违反管理性强制性规定的不必然导致无效。《民法典》接纳了这一观点。《民法典》总则编第153条第1款规定："违反法律、行政法规的强制性规定的民事法律行为无效，但是该强制性规定不导致该民事法律行为无效的除外。"

2019年最高人民法院公布的《全国法院民商事审判工作会议纪要》（以下简称《九民会议纪要》）第30条对效力性强制性规定的认定标准作了列举式说明："下列强制性规定，应当认定为'效力性强制性规定'：强制性规定涉及金融安全、市场秩序、国家宏观政策等公序良俗的；交易标的禁止买卖的，如禁止人体器官、毒品、枪支等买卖；违反特许经营规定的，如场外

配资合同；交易方式严重违法的，如违反招投标等竞争性缔约方式订立的合同；交易场所违法的，如在批准的交易场所之外进行期货交易。关于经营范围、交易时间、交易数量等行政管理性质的强制性规定，一般应当认定为'管理性强制性规定'。"

法律行为违反的强制性规范，可以是私法上的规范，也可以是公法上的规范。

4. 违反公序良俗

公序良俗原则为现代民法一项重要的基本原则，在现代民法上占有极重要的地位，具有修正和限制私法自治原则的功能。违反公序良俗，成为决定法律行为无效的最重要的原因之一。对此，不少国家和地区的民法有专门的规定，如《德国民法典》第138条规定："法律行为违背善良风俗的，其为无效。"《日本民法典》第90条规定："违反公共秩序或善良风俗的法律行为，无效。"我国台湾地区"民法"第72条规定："法律行为，有悖于公共秩序或善良风俗者，无效。"我国《民法典》第153条第2款规定："违背公序良俗的民事法律行为无效。"

公序良俗属于不确定概念，其内涵和外延均不确定。民法之所以需要规定公序良俗原则，是因为立法当时不可能预见一切损害社会公益和道德秩序的行为而作出详尽的禁止性规定，故以公序良俗弥补禁止性规定之不足。"契约之成立，固以当事人之合意为必要，然如内容为不合法，亦足影响于社会之健全。故近世各国民法，为矫正契约自由之弊害起见，多设不得违反强行法规及公序良俗之限制。"❶ 换言之，规定公序良俗条款的目的在于遇有损害社会公益和社会道德秩序的行为，而法律又缺乏相应的禁止性规定的情况下，使法院可以违反公序良俗为由认定该行为无效。民法使用甚多带有价值、不确定的规范性概念，如公共秩序及善良风俗。此外，尚有概括条款，如法律行为违反公序良俗者无效等。此等不确定法律概念及概括条款的主要机能在于使法律运用灵活，顾及个案，适应社会发展，并引进变迁中的伦理观念，使法律能与时俱进，实践其规范功能。❷

---

❶ 胡长清. 中国民法总论［M］. 北京：中国政法大学出版社，1997：5.

❷ 王泽鉴. 民法总论［M］. 北京：中国政法大学出版社，2002：55.

5. 恶意串通行为

恶意串通指行为的双方均存在恶意，通过通谋实施法律行为损害他人利益。恶意串通行为与通谋虚假行为均为双方法律行为，但是两者还是有一定的区别。首先，通谋虚假行为主观上不要求达到恶意；其次，其结果也不要求必须损害他人利益。而《民法典》总则编第 154 条规定："行为人与相对人恶意串通，损害他人合法权益的民事法律行为无效。"

（三）无效法律行为的后果

《民法典》总则编第 157 条对民事法律行为无效、被撤销的后果作了规定：民事法律行为无效、被撤销或者确定不发生效力后，行为人因该行为取得的财产，应当予以返还；不能返还或者没有必要返还的，应当折价补偿。有过错的一方应当赔偿对方由此所受到的损失；各方都有过错的，应当各自承担相应的责任。法律另有规定的，依照其规定。

1. 返还财产

民事法律行为被确认为无效后，行为人因该行为取得的财产，应当返还给对方。换言之，对方享有返还请求权。至于该返还请求权的性质，究竟是物权性质的物上请求权，还是债权性质的不当得利返还请求权，取决于我们是否承认物权行为的独立性、无因性理论。如果承认物权行为的独立性、无因性理论，在债权行为、物权行为均无效时，该返还请求权的性质是物上请求权；在债权行为无效，而物权行为有效时，该返还请求权的性质是不当得利返还的债权请求权。因为物权行为有效，当事人已经取得物权，但是又因为作为其原因行为的债权行为无效，物权的取得没有了合法的根据，所以构成不当得利。反之，如果不承认物权行为独立性、无因性，合同无效时的返还请求权，在性质上属于物权性质的原物返还请求权。因为法律行为无效是自始无效，对方当事人自始未能取得物权，当事人是基于所有权请求对方返还。目前我国以后者为通说。❶

2. 折价补偿

折价补偿主要发生在不能返还或者没有必要返还的情形。前者如根据无

---

❶　沈德咏．《中华人民共和国民法总则》条文理解与适用（下）[M]．北京：人民法院出版社，2017：1032.

效合同交付的物品已经灭失，或者无效合同的标的是提供劳务；后者如根据无效合同交付的物品已经被使用，虽可以返还，但是双方认可没有必要返还而适用折价补偿。

3.赔偿损失

赔偿损失是指赔偿因法律行为无效所产生的损失。有过错的一方应当赔偿对方因此所受的损失，双方都有过错的，应当各自承担相应的责任。在法律行为无效时适用赔偿损失的，以赔偿义务人存在过错为条件。

所谓"法律另有规定的，依照其规定"，是指法律针对某类法律行为无效的后果，设有专门的规定，如《民法典》婚姻家庭编第1054条对婚姻无效和被撤销的法律后果作了专门规定："无效的或者被撤销的婚姻自始没有法律约束力，当事人不具有夫妻的权利和义务。同居期间所得的财产，由当事人协议处理；协议不成的，由人民法院根据照顾无过错方的原则判决。对重婚导致的无效婚姻的财产处理，不得侵害合法婚姻当事人的财产权益。当事人所生的子女，适用本法关于父母子女的规定。婚姻无效或者被撤销的，无过错方有权请求损害赔偿。"

七、可撤销的民事法律行为

【案例一】

2011年7月24日，叶某、陈某某与垄盛公司签订《上海市商品房预售合同》，约定：叶某、陈某某向垄盛公司购买系争房屋松江区车墩镇影佳路123弄同润玫瑰芳苑14号4层×××室。根据垄盛公司暂测的房屋建筑面积，叶某、陈某某购买该房屋的总价款暂定为人民币128万元。《合同补充条款一》第2条约定：双方权利和义务以本合同约定条款为准，双方确认双方的意思表示已在本合同约定条款中得到了完整、准确、清晰、真实的体现。预售广告、售楼书、沙盘展示、位置示意图等宣传资料仅为参考，凡未在本合同中约定的，对双方均不具有约束力。预售合同签订后，叶某、陈某某向垄盛公司支付房款128万元。

垄盛公司在销售系争楼盘"同润玫瑰芳苑"时对轨道交通 22 号线作如下广告宣传：1. 在系争楼盘销售处室内墙上广告和纸质宣传广告上标注：轨交 22 号线中的闵西站（或车墩站）在系争楼盘的东侧。其中闵西站（或车墩站）上用申通地铁标识进行标示。硬质纸质广告右下角载有两行小字：本资料仅作为参考用途，其中的任何内容（包括但不限于标注、设施、面积、建筑等）仅供示意，不能作为交房标准及面积计算的标准。所述面积为暂测建筑面积，有关本资料的任何内容及其他一切事项，以政府有关部门审核后批准之文件、图册及房屋买卖合同约定为准。项目注册名：玫瑰芳苑。本广告仅供参考。广告中具体确定的内容，可作为购房合同附件。2. 垄盛公司在其影佳路和沪杭高速上的户外广告中均载入申通地铁标识。其中影佳路路口广告右下角载明：本广告仅供参考，最终以政府有关部门审核后批准之文件为准，广告中具体内容可作为购房合同附件。

法院查明：轨道交通 22 号线曾被称为金山铁路支线，现名金山铁路线，为市域铁路。该路线从 2009 年 8 月开工建设，起点站为上海南站，终点站为金山卫，途经徐汇、闵行、松江、金山。系争楼盘东侧建有车墩站（曾名为闵西站）。该路线已于 2012 年 9 月 28 日开通试运营，全程票价为 10 元，最低票价为 3 元，能使用交通卡，但无法使用老年卡。

2002 年，新华网曾作名为《以颜色和符号识别线路、上海确定轨道交通标识》的报道。该报道载明，上海市交通局局长刘桂林日前宣布，上海轨道交通的行业标识为 ShanghaiMetro（上海地铁）的第一个字母 S、M 合并后的艺术处理。这个标识代表上海轨道交通行业，可以在轨道交通站外道路引导、车站、列车、票卡和信息系统等广泛使用；与轨道交通相关的运营和建设企业，也可在批准后使用，并允许添加易于辨别的下标符号。后该标识被申通地铁申请为专用商标，专用权期限为 2005 年 6 月 14 日至 2015 年 6 月 13 日。

2011 年 11 月 28 日，叶某、陈某向法院提起诉讼，请求判令其与垄盛公司之间签订的《上海市商品房预售合同》无效，垄盛公司退还购房款 128 万元并赔偿叶某、陈某某 128 万元。后经法院释明《上海市商品房预售合同》为有效合同后，叶某、陈某某认为垄盛公司在系争楼盘广告中使用申通地铁标识的虚假广告行为使其对系争楼盘的性质产生重大误解，故以重大误解为由将第一项诉请（即要求判令合同无效）变更为请求法院撤销双方之间签订的《上海市商品房预售合同》。

庭审中，双方确认 2012 年 7、8 月松江区建交委于车墩镇车峰路上设置指路牌，该指路牌开始时是使用地铁标识，后更改为铁路标识。另，法院询问叶某、陈某某其因重大误解遭受的损失，叶某、陈某某称损失主要为铁路相对于地铁而言出行不便、无法使用老年卡，增加出行成本以及铁路房的价值远低于地铁房。❶

问题：

1. 该合同是否属于重大误解法律行为？

2. 以重大误解为由请求撤销合同的，是否须以存在损失为必要？

【案例二】

案外人张某某系民富园德政北路某号房屋所有权人。2010 年 5 月 1 日，被告毛某与张某某签订房屋租赁合同，约定毛某以每月 1100 元的租金租赁上述房产，租赁期至 2011 年 7 月 1 日止。在租赁期间毛某将该房用于经营水果生意。

2011 年 3 月 8 日，被告毛某与原告杨某某签订房屋租赁转让协议，约定毛某将涉案房产的租赁转让给杨某某，转让费 3.7 万元，杨某某于 2011 年 3 月 8 日将 3 万元付给毛某，余款 0.7 万元在 2011 年 3 月 10 日交付房产时一次付清，2011 年 3 月 10 日至 2011 年 4 月 30 日的房租由毛某承担。当天，杨某某、毛某及房东张某某三方协商后，杨某某与张某某签订租赁合同（合同中显示的签订日期为 2011 年 5 月 1 日），租赁期限为 2011 年 5 月 1 日至 2013 年 4 月 30 日，月租金 1300 元。

杨某某在与毛某签订转让协议后得知该房屋内曾经发生过死人事件，因杨某某欲租房经营美容院，其在得知此事后即向毛某表示不愿意受让租赁该房产，并与毛某及房东张某某多次联系。后经调解，杨某某与张某某之间的新租赁合同解除。现原告杨某某起诉毛某，主张撤销双方间的转让合同，返

---

❶ 改编自上海市第一中级人民法院（2013）沪一中民二（民）终字第 121 号。

还转让费 3.7 万元。

一审期间，涉案房产所有权人张某某到庭作证称，房产中曾经发生过死亡事件，事件发生在 2000 年（煤气中毒），自己未向杨某某、毛某告知过。❶

问题：原告杨某某要求撤销与被告毛某之间的租赁合同转让协议的诉请是否应当获得法院的支持？

【案例三】

原告路某某诉称：原、被告均是收藏爱好者，双方经朋友薛某介绍相识。后自己通过网络将家里收藏的西方三圣铜佛像的图片发给被告胡某某观看。次年 1 月，被告与薛某一同前往西安自己家中验看实物并洽谈交易事宜。其间，被告另看上原告家中的碧玉千手观音佛像。双方最终商定，碧玉千手观音佛像交易价为 70 万元，西方三圣铜佛像交易价为 60 万元（20 万元 / 尊），合计 130 万元。被告当即付款 10 万，余款 120 万元由被告向原告出具欠条，并承诺于同年 7 月 5 日前给付，由薛某担保清偿。

被告胡某某将四尊佛像运回南京，但未按约定给付余款，原告诉请法院判令被告支付货款 120 万元。

被告胡某某提出反诉称，双方经朋友薛某介绍并达成买卖四尊佛像协议属实，对欠条的真实性予以认可，但原告在交易时向被告介绍西方三圣铜佛是明代的，碧玉千手观音佛像是唐代的且材质是碧玉的，现经鉴定该四件佛像均为现代仿品，且碧玉千手观音佛像的材质是大理石，并非碧玉。被告认为，其在交易时已构成重大误解，故提起反诉，请求判令撤销双方之间的买卖合同，相互返还佛像和货款。

针对反诉，路某某辩称，1. 交易的藏品是自己爱人生前遗物，是十多年前从民间交易而得，自己并不是收藏爱好者，也不懂该方面专业知识。反诉原告是看了西方三圣铜佛像照片后，于 2011 年 1 月至反诉被告家中鉴赏藏品并达成买卖协议的。在交易中，反诉原告是自己验看实物，碧玉千手观音佛像是反诉原告当场看中的，反诉被告从未向其介绍过四件佛像的年代分别是明代、唐代的物件，也未承诺四件佛像是明代、唐代的及碧玉千手观音佛

---

❶ 改编自江苏省徐州市中级人民法院民事判决书（2012）徐民终字第 0691 号。

像材质是碧玉的。根据工艺品交易惯例，此类商品售出概不退换，反诉原告已出具欠条，双方的买卖行为已终结。2. 反诉原告以重大误解为由要求撤销合同，依法不能成立。因为反诉原告是具有20年收藏史的收藏爱好者，且双方的交易是先验货后成交的，反诉原告不存在误解，其行为是"捡漏"，即以很便宜的价格买很值钱的物件。综上，反诉原告之诉请没有法律依据，请求法院予以驳回。

法院查明：1. 交易的四尊佛像系原告丈夫的遗物，是其丈夫于十多年前通过民间交易所得。2. 在交易过程中，薛某曾向被告介绍三尊铜佛像是明代的物件，碧玉千手观音佛像材质是碧玉且是唐代的物件。在薛某向被告作介绍时原告并不在场，原告未向被告介绍或承诺四尊佛像的年代。3. 欠条上有"碧玺"二字："今从路某某处购买佛像，其中碧玉千手观音一尊〔定价人民币柒拾万元（700,000）整〕、西方三圣铜佛像〔定价人民币陆拾万元（600,000）整〕，议定总计壹佰叁拾万元〔已付订金人民币拾万元（100,000）整〕，余款定于半年内付清（即到二〇一一年七月五日），由薛某作担保。欠款人、二〇一一年一月五日"。经北京东博古玩字画鉴定中心鉴定，上述标的物均为现代仿品。其中千手观音佛像材质的主要成分是大理石（大理石与碧玉在品质和价格上有巨大差异）。❶

问题：被告请求以重大误解为由撤销合同，是否应当获得法院的支持？

【案例四】

2007年7月25日，原告赵某某经拍卖从安乡社保处取得位于安乡县深柳镇安乡大道的一处房产的所有权，当时的拍卖面积为1516.04平方米。2009年3月23日，赵某某与工行安乡支行签订了租赁该处房产的租赁合同，租赁期为2009年3月23日至2014年3月23日，共计5年；租金为4.68万元/年。

后经有关部门重新测量，确定该房产的实际面积为2207.45平方米，与原拍卖公告和第01-201174、01-201175号《房屋产权所有权证》载明的1516.04平方米相差691.41平方米。安乡社保处在获知此情况后，遂于2012

---

❶ 改编自南京市白下区人民法院民事判决书（2011）白民初字第2694号。

年 2 月 13 日以赵某某为被告提起不当得利之诉。经安乡县人民法院组织调解，并以［2012］安民初字第 180 号《民事调解书》确认赵某某应于 2012 年 3 月 14 日按照实际面积差额补交购房款 3.9 万元给安乡社保处。

赵某某在向安乡社保处补足购房款 3.9 万元后，以其于 2009 年 3 月 23 日与工行安乡支行签订的房屋租赁协议中的出租房屋的面积是 1516.12 平方米，而非后经实际测量并经《房屋产权所有证》补充载明的 2207.45 平方米，标的物面积存在 691.41 平方米的巨大误差为由，要求变更合同租金条款，并由工行安乡支行支付前 3 年少缴的租金 6.4 万元。❶

问题：赵某某与工行安乡支行签订的租赁合同是否属于重大误解的合同？

【案例五】

2002 年 8 月 6 日，原告某供销社因单位改制，将所属公房 14 间棉花仓库和后排 6 间附属机房公开拍卖出售。被告郑某竞买获得棉花仓库第 14、13 间和后排机房第 6、5 两间，价款为 13400 元。购房合同书上房屋"四至"的北至表述为："北至（从河边起算）第 13 间和 12 间之间的人字梁止，后房随前面房人字梁直线进入东方垂檐滴水。"签约后，双方各自履行了规定的义务。当日下午，被告对所购房屋"四至"进行核对清理，并在后排机房按购房合同划定的界址，在第 4 间与第 3 间的隔墙一侧进行砌墙封堵。购得后排机房 4 间的买受人李某知情后，请求县政府派工作组进行核对处理。经工作组实地核实，后排机房房间设置与前房是错位的。以原、被告签约为后排房屋界址表述的"随前面房人字梁直线进入东方垂檐滴水"一句进行划定，被告可获得后排附属机房 6 间中的 3 间还多，而非 2 间，致使另一购房户所购的 4 间房屋无法落实。

经调解双方未能达成协议，原告诉至法院。原告以书写购房合同存在笔误，将后排附属机房与他人连接的房间划定的界址表述错误，造成他人购买的房间无法落实，应属民事行为上的"重大误解"为由，请求法院依法变更合同。

被告辩称，购房合同中的"四至"记载清楚明晰，各条款与实地吻合，

---

❶ 改编自湖南省常德市中级人民法院（2013）常民—终字第 8 号。

不存在笔误。按界至多出的 1 间属"防火道"间，应归其所有，并同意补交 600 元。❶

问题：原被告之间的购房合同是否属于重大误解的合同？

【案例六】

2009 年 12 月 7 日，原告刘某某在被告安邦公司为其所有的车辆苏NU××××、苏 NG××× 挂车投保了机动车商业险和机动车交强险，保险期间分别为 2009 年 12 月 26 日至 2010 年 12 月 25 日和 2009 年 12 月 8 日至 2010 年 12 月 7 日。

2010 年 4 月 3 日 23 时 5 分，原告刘某某驾驶上述车辆中的一辆在高邮市某交叉路口发生交通事故，车上货物刮倒了路上的广播电视、电信线路以致线路、绿化带、路边房屋和一辆小型客车受损。交警部门认定，原告驾驶的车辆所载货物超高是形成该事故的原因，故原告对该事故承担全部责任。后经交警部门调解，原告赔偿各项损失共计 51215 元。原告向被告安邦公司理赔过程中，被告认为上述车辆未在被告处投保货险且车辆所载货物超高，故该事故不在保险赔偿的范围。

后被告又对原告进行了电话回访，双方就涉案事故达成了销案的协议，具体内容如下：

被告问：我们是安邦保险公司的，你是刘某某先生吗？

原告答：是的。

被告问：4 月 3 日的事故，你还记得吗？在高邮市，你这个案子需要销案吗？

原告答：当时砸到电线，中间有点不平，砸到了一点点。

被告问：你要是销案的话，我们就帮你销了。

原告答：算了吧，你们不赔就算了。

被告问：好，那帮你销案了。

后原告得知自己的损害并非保险合同排除的保险理赔范围，遂提起诉讼，称在理赔过程中，原告是在被告误导下口头放弃向被告理赔。现请求依

---

❶ 改编自九江法院网案例，http://jjzy.chinacourt.gov.cn/article/detail/2005/08/id/2580946.shtml.

法判令撤销因原告口头放弃向被告理赔而达成的销案协议。

被告安邦公司辩称：涉案保险事故在我公司已经销案，原告刘某某曾口头放弃理赔，而且原告的上述投保车辆在发生事故时超高超载，且没有经过我公司定损。根据双方订立的《机动车第三者责任保险条款》第7条第1款和第6款，该事故亦不属于保险赔偿的范围。

本案的争议焦点是，原、被告双方在上述电话回访中就涉案事故所达成的销案协议是否具备可撤销的条件。

一审法院认为，根据《合同法》第54条第2款的规定，一方以欺诈、胁迫的手段或乘人之危，使对方在违背真实意思的情况下订立的合同，受损害方有权请求人民法院或仲裁机构变更或者撤销。本案中，被告安邦公司在原告向其要求理赔时出具的拒赔通知载明的拒赔理由是"上述车辆未投保货险且车辆所载货物超高"，但直至诉讼也未能提供相应的合同条款依据，双方订立的保险合同中亦无任何条款约定车辆所载货物超高属于免赔情形，且根据该合同约定，涉案保险事故属于约定的保险责任范围，故被告以根本不存在的条款拒赔显然存在欺诈，而原告口头同意销案则以被告为实现欺诈而实施的诱问为基础。原告在接到该拒赔通知后与被告达成的销案协议，显然违背了原告的真实意思表示，原告请求撤销该协议，法院依法予以支持。据此，法院判决撤销原告刘某某与被告安邦公司就涉案保险事故达成的销案协议。

安邦公司不服一审判决，向宿迁市中级人民法院提起上诉。

安邦公司上诉称：在安邦公司电话回访被上诉人刘某某时，被上诉人明确表示放弃理赔，并进行了销案处理。被上诉人具有完全的民事行为能力，应当对其行为承担相应的法律后果。双方关于销案的协议系自愿达成，未违反法律规定，依法应受法律保护，一审判决对该协议予以撤销是错误的，请求二审法院依法改判驳回刘某某的诉讼请求。

二审法院认为：合同一方当事人故意告知对方虚假情况，或者故意隐瞒真实情况，诱使对方当事人作出错误意思表示的，其行为构成欺诈。本案中，从电话回访的内容分析，被上诉人刘某某同意销案的原因是此前上诉人安邦公司拒绝理赔，致使其误以为因交通事故造成的损失将不能从安邦公司处获得赔偿。安邦公司认为其不应赔偿的理由分别是被上诉人未投保货物损失险、被保险车辆装载货物超高及不属其赔偿范围，但在诉讼中未能对其拒赔理由提供法律及合同上的依据。安邦公司作为专业保险公司，基于工作经验及对保险合同的理解，明知或应知本案保险事故在其赔偿范围之内，在其认知能力比较清楚，结果判断比较明确的情况下，对被上诉人作出拒赔表示，有违诚实信用原则。在涉案销案协议订立过程中，安邦公司基于此前的拒赔行为，故意隐瞒被上诉人可以获得保险赔偿的重要事实，对被上诉人进行错误诱导，致使被上诉人误以为将不能从保险公司获得赔偿，并在此基础上作出同意销案的意思表示，该意思表示与被上诉人期望获得保险赔偿的真实意思明显不符。故安邦公司的行为构成欺诈，依照《合同法》第54条第2款之规定，该销案协议应予撤销。

综上，二审法院作出判决：驳回上诉，维持原判。❶

问题：请结合可撤销法律行为的理论对法院的判决作出评析。

【案例七】

原告马某某、朱某某为夫妻，被告程某为被告程某某的侄子。

2003年9月12日，为了帮建药厂的朋友刘某某，被告程某某出面向原告朱某某借款。合同约定程某某向朱某某借款111.2万元，借款期限一年，月息2分；程某某提供其在建的坐落于铁西区站前街民众委1号商网，建筑面积共231.91平方米的房屋作抵押。

借款到期后，马某某曾起诉程某某索要欠款，后撤诉。2004年10月，马某某以程某某涉嫌合同诈骗向四平市公安局报案。

程某某于2005年1月12日被四平市公安局经侦支队采取限制人身自由的强制措施直至2005年1月13日。1月13日，程某某出具一份承诺，全文为："我程某某在2005年12月31日前如还不上马某某贰佰叁拾捌万元整（￥238万），将站前街九号地程某的房子抵给马某某，用于偿还所欠马某某（￥238万）贰佰叁拾捌万元整。该房按实际价格评估，多退少补，我保证按约偿还所欠债务。2005年1月11日起发生的贰佰壹拾壹万元的利息由程某

---

❶ 案例来源：北大法宝．（www.pkulaw.cn）【法宝引证码】CLI.C.1764689.

某承担（月利率为 2 分）。"同时出具保证书一份，全文为："我与马某某双方自愿解决贰佰壹拾壹万贰仟元问题。双方保证信守承诺，在此期间发生的一切问题，我自愿承担法律责任，与公安局无关。"

同日，马某某与程某签订协议书一份，全文为："经双方协商，乙方程某自愿用站前街九号地营业面积 877.8 平方米、地下室 120 平方米，总计 997.8 平方米为程某某抵偿甲方马某某债务贰佰叁拾捌万元整。在二 00 五年十二月底由程某某给付 238 万整。如给付不上，由甲方马某某将站前街九号地营业面积及地下室总计 997.8 平方米收回。收回时按实际价格计算，多退少补，利息按贰佰壹拾壹万元整计算，从 2005 年 1 月 1 日起至 2005 年 12 月 31 日止。月息按 2 分计算。提前偿还利息按实际月份计算。双方必须自行履行。如一方违约，由法院依法处理。该房先由马某某申请法院查封（乙方所持购房发票及购房合同原件暂由甲方保存）。"

2005 年 2 月 1 日，马某某、朱某某起诉至吉林省四平市中级人民法院称，2003 年 8 月 22 日被告程某某向原告借款 238 万元（其中已通过另一案件判决偿还 100 万元）。被告程某作为程某某的债务担保人，于 2005 年 1 月 13 日签订了担保《协议书》，承诺用站前九号地综合楼作为抵押，现约定的还款期已到，请求法院判令二被告给付 138 万元及利息。

现被告程某某辩称，根据程某某与朱某某的借款合同，借款数额为 111.2 万元，《承诺》中承认的多出部分的借款是程某某在无人身自由的前提下签订的。

被告程某提出反诉称，2005 年 1 月 13 日与马某某签订的协议书约定用站前九号地共计 997.80 平方米的房屋为程某某抵偿马某某债务 238 万元，是在四平市公安局经侦支队违背我真实意思的情况下签订的。因四平市公安局经侦支队限制我姑姑程某某的人身自由，我在被胁迫的情况下签署了该协议。请求撤销 2005 年 1 月 13 日我与马某某签订的协议书。

该案争议的焦点之一是 2005 年 1 月 13 日程某某向马某某出具《承诺》、程某与马某某签订《协议书》时是否存在胁迫。

可提供的证人证言包括：

1.2005 年 9 月 9 日，四平市公安局经侦支队靳某某出具《情况说明》，说明了四平市公安局经侦支队对程某某于 2005 年 1 月 12 日采取强制措施至 1 月 13 日以及马某某与程某某、程某在经侦支队签订协议的过程。2005 年 9 月 11 日，四平市公安局经侦支队办案人员王某某出具《情况说明》，也对上述过程作了说明。

2. 2005 年 9 月 30 日，四平市中级人民法院法官宋某某向程某某、程某的律师出具证言，说明其于 2005 年 1 月 13 日在四平市公安局经侦支队帮助马某某起草协议书的过程及见闻。2007 年 2 月 26 日，宋某某出具《情况说明》，内容为："我于 2005 年 1 月 13 日下午，马某某打电话找我让我到四平市公安局经侦支队来一趟，帮助他写个协议书。我于下午 4 点多钟到的经侦支队，在走廊看见一个男的和一个经侦支队的工作人员吵吵。经侦支队这个人个子不太高，五十多岁。后马某某和我说，这是靳支队长。另外，程某很不情愿地签完字后把笔扔了。当时，靳支队长也在场，还有经侦支队两个年青大个的也在场。"宋某某两次出具的证言内容基本一致。

3. 2005 年 10 月 10 日，郭某某（系本案纠纷产生时程某某所在单位的会计）向程某某的代理律师出具证言。2007 年 3 月 15 日，郭某某出具《情况说明》。两份证言就程某某、郭某某于 2005 年 1 月 12 日被四平市公安局经侦支队采取强制措施至 1 月 13 日以及宋某某在 1 月 13 日下午到经侦支队帮助马某某起草协议书、程某不情愿地签订协议书的过程作出了说明，该内容与宋某某的证言基本一致。

此案经过一审、重审、二审、再审等五次审理。其中吉林高院审理认为，《民通意见》第 69 条明确规定："以给公民及其亲友的生命健康、荣誉、名誉、财产等造成损害或者以给法人的荣誉、名誉、财产等造成损害为要挟，迫使对方作出违背真实的意思表示的，可以认定为胁迫行为。"第 70 条规定："一方当事人乘对方处于危难之机，为牟取不正当利益，迫使对方作出不真实的意思表示，严重损害对方利益的，可以认定为乘人之危。"乘人之危是指行为人利用他人的为难处境或紧迫需要，强迫对方接受某种明显不公平的条件并作出违背其真实意思的表示。本案当中，四平市经侦支队对程某某采取立案调查措施属于公安机关依照法律规定行使侦查权，对程某某是否继续采取强制措施取决于程某某涉嫌经济犯罪的事实是否成立，不受程某与马某某是否签订抵押协议的影响。如果程某某的行为构成犯罪，那么即使程某与马某某签订担保合同，四平市公安局也不会因为程某签订担保合同而停止侦查。如果程某某的行为不构成犯罪，那么即使程某不签订担保合同，四平市公安局也必须依法停止侦查。程某与马某某签订的抵押协议与程某某因涉嫌诈骗而被采取强制措施没有直接的必然因果关系。程某主张其在受到胁迫或处于危难之机而签订抵押合同没有事实及法律依据。

而最高人民法院审理认为：程某某于 2005 年 1 月 12 日被四平市公安局经侦支队采取限制人身自由的强制措施直至 2005 年 1 月 13 日，在此期间程某某出具《承诺》、程某与马某某签订《协议书》等事实，可由四平市公安局经侦支队办案人员靳某某、王某某分别于 2005 年 9 月 9 日和 9 月 11 日出具的《情况说明》、四平市中级人民法院法官宋某某于 2007 年 2 月 26 日出具的关于程某签订《协议书》时的《情况说明》以及四平市公安局经侦支队询问笔录予以证实。其次，四平市中级人民法院宋某某法官于 2005 年 1 月 13 日出具的证言以及 2007 年 2 月 26 日出具的《情况说明》证实，程某与马某某签订的《协议书》是由宋某某按照马某某的要求拟定，且四平市经侦支队办案干警直接参与了对协议内容的修改。郭某某于 2005 年 10 月 10 日出具的证言以及 2007 年 3 月 15 日出具的《情况说明》以及在本院再审庭审中出庭作证时的陈述与宋某某的证言能够相互印证。尤其是宋某某作为马某某的朋友在 2005 年 1 月 13 日帮助马某某起草《协议书》，对该协议书的形成过程与作为程某某下属的郭某某所作的证言能够相互印证。因此，两人的证言能够证明程某 2005 年 1 月 13 日与马某某签订《协议书》时并无合意的过程，程某并非处于自愿的状态。最后，无论四平市公安局经侦支队对程某某采取的强制措施是否合法，在程某某被限制人身自由的情形下，程某某作出向马某某偿还 238 万元债务的承诺，与双方之前签订的两份借款合同所约定的借款金额存在 26.8 万元的差额。在本案诉讼过程中，马某某始终未能说明该差额的出处及根源。程某某在人身自由被限制的情形下作出的超出原约定数额的债务，在无其他合理解释的前提下，不能认定程某某作出的意思表示是真实自愿的。程某作为程某某的侄子，出于尽快使其姑母获得人身自由的主观目的，与马某某签订《协议书》加入其姑母的债务之中，亦不应认定

为其真实意思表示。❶

问题：请结合意思表示自由的理论对吉林高院的观点和最高人民法院的观点作出评析。

【案例八】

2018 年 12 月 18 日，原告居某某应被告田某某的要求，替被告查看房屋漏水情况。在被告田某某向原告讲述房屋情况时，原告爬上漏水房屋查看。因房屋椽子脱落，原告从屋顶摔下受伤。原告被送往启东市中医院，被诊断为左股骨颈骨折、左股骨粗隆间骨折。

住院期间，原告需向医院缴纳费用，被告为彻底解决双方矛盾，共计支付医药费 50992.89 元，并要求原告出具字据。2018 年 12 月 20 日，原告妻子黄某某向被告田某某出具一份字据，字据载明：今居某某由于跌伤，田某某负责医院的医药费用，今后一切概不负责。

2018 年 12 月 29 日，原告居某某经治疗出院，其间共计花费医疗费49492.89 元。

2019 年 7 月 30 日，经南通三院司法鉴定所鉴定，原告居某某伤情被评定为九级伤残；建议居某某误工期限以 210 日为宜；护理期限以 90 日（其中 2 人护理 10 日，1 人护理 80 日）为宜；营养期限以 90 日为宜；原告居某某左侧人工全髋关节定期更换费用约需 45000 元，使用寿命一般 12 年左右。

原告认为双方签订的字据显失公平，提起诉讼，要求撤销双方签订的字据。理由是，原告是在不了解自己病情的严重性及在急需资金治疗的情况下，与被告签立上述字据。被告在休养半年之后，经鉴定构成九级伤残，内置的人工全髋关节需要定期更换。双方签订的字据显失公平。

被告田某某辩称：已签订的字据不应当被撤销。❷

问题：原告的诉讼请求是否应当获得法院的支持？

---

❶ 改编自最高人民法院民事判决书（2013）民提字第 24 号。
❷ 改编自江苏省启东市人民法院（2020）苏 0681 民初 68 号。

【知识要点】

（一）可撤销法律行为的特征

撤销一词在《民法典》中多处出现，有的是指法律行为的撤销，有的是指非法律行为的撤销，前者如《民法典》总则编第 147 条规定的重大误解法律行为的撤销，后者如《民法典》总则编第 36 条规定的监护人资格的撤销。同样以法律行为作为撤销对象的，撤销又有因意思表示存在瑕疵而撤销和非因意思表示瑕疵而撤销，前者如上述《民法典》第 147 条规定的重大误解法律行为的撤销，后者如《民法典》合同编第 538 条规定的债的保全中债务人处分财产等法律行为的撤销。《民法典》总则编第 147 条至第 151 条所规定的可撤销民事法律行为，是指因意思表示存在瑕疵，撤销权人有权主张撤销的民事法律行为。

（1）可撤销法律行为主要是因为意思表示有瑕疵，法律才赋予当事人请求撤销的权利。该意思表示瑕疵，可以是基于意思表示错误，也可以是基于意思表示不自由等内心意思与表示行为不一致的情况。

（2）可撤销法律行为虽然存在瑕疵，但是在撤销之前，法律行为已经发生效力，一旦撤销，则溯及既往，该法律行为自始无效。可撤销法律行为与无效法律行为不同，可撤销法律行为在被撤销前已经发生效力，须经撤销才自始无效，而无效法律行为自始无效。

（二）法律行为可撤销的原因

根据《民法典》总则编的规定，可以构成法律行为撤销原因的是：重大误解、欺诈、胁迫以及显失公平。

1. 重大误解

《民法典》总则编第 147 条规定："基于重大误解实施的民事法律行为，行为人有权请求人民法院或者仲裁机构予以撤销。"

最高人民法院颁布的《民通意见》第 71 条曾经对重大误解行为作出解释："行为人因为对行为的性质、对方当事人、标的物的品种、质量、规格和数量等的错误认识，使行为的后果与自己的意思相悖，并造成较大损失的，可以认定为重大误解。"可见，我国民法上规定的重大误解行为，基本等同于民法理论上的"错误"。

所谓错误，指表意人因误认或不知，致其表示行为与内心意思不一致。构成错误的要件包括：（1）表示行为与内心意思不一致；（2）其不一致是出于表意人之误认或不知，这区别于前述真意保留和虚假表示的故意。

解决错误问题，德国在司法和学理上有几个原则：第一是"解释先于撤销"原则。经由解释认定当事人确实存在内心意思与表示行为不一致的，才发生错误行为的效力问题。第二是"误载（误言），无害真意"原则。所谓误载（误言）无害真意是指双方对意思表示的内容理解是一致的，但是在表示时发生错误，此时，应当以双方之间一致的理解来解释法律行为的内容。德国的鲸鱼肉案是典型案件：甲乙双方达成了购买鲸鱼肉买卖合同，双方在订立合同时对合同中使用的荷兰语 Haakjoringskod 一词均理解为鲸鱼肉，但该词的实际含义是指鲨鱼肉，后因交付的货物是鲨鱼肉而涉讼。法院认为应根据当事人的实际理解，确认合同内容是买卖鲸鱼肉。

错误的类型多种多样，上述《民通意见》例举的有：行为的性质错误、对方当事人错误、标的物的品种、质量、规格和数量等的错误。学理上总结的错误类型一般包括：（1）动机错误；（2）意思表示内容错误；（3）表示行为错误；（4）当事人资格错误或者物之性质错误；（5）其他错误。不同的错误，产生的效力不完全一致。

（1）动机错误。动机错误是指意思表示缘由的错误，即表意人在其意思形成的过程中，对其决定为某特定内容意思表示具有重要性的事实，认识不正确。动机存于内心，不是他人所能知道的，因此，基于动机错误实施的法律行为一般不得主张撤销。即使相对人明知表意人动机错误，原则上也有效。理由是，知悉表意人所以为此意思表示的缘由及其错误，尚不足作为转嫁表意人料事错误或投机失败的危险。但是，相对人如果是以违反诚实信用的方法，利用表意人的动机错误而缔约的，应构成权利滥用，不受保护。❶

（2）意思表示内容错误。意思表示内容错误是指表意人就其表示的意义及其表示的效力发生错误。典型的有：①当事人同一性的错误，如误认甲为

---

❶　王泽鉴. 民法总则［M］. 北京：中国政法大学出版社，2001：373–374.

自己女儿的救命恩人而为赠与。②标的物同一性的错误，如误认某马为上届奥运会马术障碍赛夺冠之马而购买。③法律行为性质错误，如甲提出将某物卖给乙，乙误以为是赠与而为承诺。我国台湾地区"民法"第88条第1款针对意思表示内容错误的效力设有专门的规定："意思表示之内容有错误，或表意人若知其事情即不为意思表示者，表意人得将其意思表示撤销之。但以其错误或不知情，非由表意人自己之过失者为限。"实务中认为这里所指的"过失"指重大过失，即自己对错误的发生存在重大过失的不能撤销。《民通意见》所指的行为人因为对行为的性质、对方当事人的错误认识，即属于意思表示内容错误。我国《民法典》未规定重大误解非由过失造成始得请求撤销。

（3）表示行为错误。表示行为错误，即表意人的表示行为与其内心所欲不一致。如误言、误书、误为。上述台湾地区"民法"第88条第1款所指的"表意人若知其事情即不为意思表示者"即指表示行为错误。表示行为错误的，表意人得将其意思表示撤销之。但以其不知情，非由表意人自己之过失者为限。表示行为错误与意思表示内容错误的区别是：在意思表示内容错误，表意人使用了其欲使用的表示方法，但误认其意义；而在表示行为错误，表意人使用了其所不欲使用的表示方法。❶

（4）当事人的资格错误或者物的性质错误。当事人的资格错误或物的性质之错误，原属动机错误，本不应影响意思表示的效力，但法律为保护表意人之利益，例外地将其视为意思表示内容错误，使表意人可以撤销其意思表示。对当事人的资格错误或者物的性质错误而为的意思表示，我国台湾地区"民法"第88条第2款规定："当事人之资格或物之性质，若交易上认为重要者，其错误，视为意思表示内容之错误。"当事人的资格，指性别、职业、健康状态、资信等特征而言。物的性质，指足以影响物的使用及价值的事实或法律关系而言。根据此款规定，只有当事人的资格或物的性质在交易上认为重要的，法律才允许撤销。《民通意见》规定的标的物的品种、质量、规格的错误认识，即属于物的性质的错误。

---

❶ 王泽鉴.民法总则［M］.北京：中国政法大学出版社，2001：376.

（5）其他错误。其他错误，如传达错误、法律效果错误、计算错误等。对此，我国《民法典》同样未作细分。对传达错误，我国台湾地区"民法"第89条规定："意思表示，因传达人或传达机关传达不实者，得比照前条之规定，撤销之。"所称前条之规定，指前述第88条。我国台湾地区"民法"的此一规定可资我们借鉴。法律效果错误，指表意人对其意思表示所生的法律效果有所误认，如甲欲购买乙的房屋，乙明确告知甲该房屋处于租赁状态，甲不知道法律有"买卖不破租赁"的规定，以为在买下后可以要求承租人搬走，仍然购买，事后以不知道有此法律规定而反悔，即属于法律效果错误。一般认为，为了维护交易安全，当事人不得以法律效果错误而主张撤销法律行为。

2. 欺诈

《民法典》总则编第148条规定："一方以欺诈手段，使对方在违背真实意思的情况下实施的民事法律行为，受欺诈方有权请求人民法院或者仲裁机构予以撤销。"第149条规定："第三人实施欺诈行为，使一方在违背真实意思的情况下实施的民事法律行为，对方知道或者应当知道该欺诈行为的，受欺诈方有权请求人民法院或者仲裁机构予以撤销。"

《民通意见》第68条对欺诈所作的界定是："一方当事人故意告知对方虚假情况，或者故意隐瞒真实情况，诱使对方当事人作出错误意思表示的，可以认定为欺诈行为。"构成欺诈需要满足四个方面的要件：（1）有欺诈行为，即对不真实的事实表示其为真实，而使他人陷于错误、加深错误或保持错误。欺诈一般是积极的作为，如故意告知对方虚假情况，消极的不作为，如不告知相对方真实情况等，原则上不成立欺诈。但是，如果当事人一方在法律上、合同上或交易之习惯上就某事项负有告知之义务，则其单纯的缄默也构成欺诈。❶（2）欺诈行为与表意人陷于错误而为意思表示具有因果关系。相对人是否尽交易上必要注意，对因果关系的成立，不生影响。（3）有欺诈的故意，即故意告知对方虚假情况，或者故意隐瞒真实情况。根据《民法典》第148条和第149条，欺诈的构成不以致被欺诈之人受有财产上损害为

---

❶ 王泽鉴. 民法总则［M］. 北京：中国政法大学出版社，2001：391.

必要。因为这里所保护的不是相对方的财产，而是相对方的意思自由。（4）实施欺诈的人可以是法律行为的一方当事人，也可以是法律行为以外的第三人。根据《民法典》第149条，第三人实施欺诈行为，使一方在违背真实意思的情况下实施的民事法律行为，只有相对方知道或者应当知道该欺诈行为的，受欺诈方才有权请求人民法院或者仲裁机构予以撤销。

3. 胁迫

《民法典》总则编第150条规定："一方或者第三人以胁迫手段，使对方在违背真实意思的情况下实施的民事法律行为，受胁迫方有权请求人民法院或者仲裁机构予以撤销。"

《民通意见》第69条对胁迫所作的界定是："以给公民及其亲友的生命健康、荣誉、名誉、财产等造成损害或者以给法人的荣誉、名誉、财产等造成损害为要挟，迫使对方作出违背真实的意思表示的，可以认定为胁迫行为。"构成胁迫需要满足四个方面的要件：（1）有胁迫行为。胁迫行为，是指以给自然人及其亲友的生命健康、荣誉、名誉、财产等造成损害，或者以给法人的荣誉、名誉、财产等造成损害为要挟，迫使对方作出违背真实的意思表示。（2）胁迫行为与意思表示的作出具有因果关系，即法律行为系受胁迫而发生恐惧，并因此恐惧而作出。（3）胁迫行为可以由相对人为之，也可以由第三人为之。（4）胁迫行为具不法性。如果不存在不法，不构成胁迫。如甲对乙说："你不签这份合同，其他两份合同也不和你签。"这是正常商业行为，不存在不法。

学理上认为胁迫具有不法性，其情形有三：

一是手段不法。如甲对乙说："你不签这份拆迁补偿合同，就等着挨揍吧。"签订拆迁补偿合同是合法行为，但以威胁揍人为达成合同的手段，因其手段不当而具有不法性。

二是目的不法。如甲对乙说："你若不参加投资（法律禁止经营），我就告发你企业偷税之事。"告发偷税是合法的行为，但因出于达成法律禁止的行为而具有不法性。

三是手段与目的关联不法。如甲对乙说："你不把厂房出租给我，我就告发你企业偷税之事。"租赁厂房是合法的（目的），告发偷税也是合法的

（手段），但是，以告发偷税为手段胁迫他人出租厂房，出租厂房与告发偷税不具有内在关系，显失平衡，胁迫具有不法性。❶

4. 显失公平

《民法典》总则编第 151 条规定："一方利用对方处于危困状态、缺乏判断能力等情形，致使民事法律行为成立时显失公平的，受损害方有权请求人民法院或者仲裁机构予以撤销。"

《民通意见》第 72 条对显失公平所作的定义是：一方当事人利用优势或者利用对方没有经验，致使双方的权利与义务明显违反公平、等价有偿原则的，可以认定为显失公平。显失公平行为在德国及我国台湾地区"民法"上均被称为暴利行为。构成显失公平需要满足下列要件：（1）行为人主观上存在利用对方处于危困状态、无经验、轻率、缺乏判断能力的情形。（2）法律行为的内容依当时的情形，显然不公平。

民法虽然强调意思自治，赋予民事主体通过法律行为安排自己生活的权利，但是，公平是法律追求的终极目标，当表面的意思自由带来有违公平理念之结果时，法律需要作出政策调整，或使之无效，或使之可以撤销。因此，《德国民法典》第 138 条规定暴利行为无效；我国台湾地区"民法"第 74 条则规定："法律行为，系乘他人之急迫、轻率或无经验，使其为财产上之给付或为给付之约定，依当时情形显失公平者，法院得因利害关系人之声请，撤销其法律行为或减轻其给付。前项声请，应于法律行为后一年内为之。"

原《民法通则》第 59 条对显失公平行为规定的法律后果是当事人有权请求变更或者撤销，《民法典》第 151 条仅规定可撤销。应当讲，如果当事人仅请求变更的，只要确实存在显失公平，也应当予以支持。

（三）撤销权

1. 撤销权的性质

《民法典》总则编第 147 条至第 151 条所规定的撤销权，是民事主体根据法律规定请求撤销存在瑕疵的法律行为的权利。该撤销权所撤销的对象是法律行为，在性质上属于形成权的一种，具有从权利的性质。撤销权的效

---

❶　王泽鉴.民法总则［M］.北京：中国政法大学出版社，2001：400.

力，在于溯及既往地使可撤销法律行为归于消灭。法律行为被撤销者，视为自始无效。

2. 撤销权的行使

撤销权属于形成权，其行使是通过撤销权人的单方法律行为进行的。《民法典》总则编第147条至第151条所规定的撤销权需要撤销权人通过向人民法院或仲裁机构提出请求的方法行使。换言之，这里的撤销权是形成诉权。依解释，如果撤销权人不采取向法院起诉或向仲裁机构申请仲裁的方式为之，而直接向相对人以意思表示为之的，不发生撤销权行使的效力。如果相对人表示同意撤销的，相当于双方当事人通过协议解除原来的法律关系。

3. 撤销权的消灭

撤销权可因除斥期间经过而消灭，也可因权利人抛弃而消灭。撤销权既属于形成权，有溯及既往地使可撤销的法律行为归于消灭的效力，则应有除斥期间的限制。除斥期间的作用，在于促使撤销权人尽快地行使权利，并保护相对人的利益，有利于交易安全。除斥期间经过，撤销权即归消灭，可撤销的法律行为因而成为完全有效的法律行为。

根据《民法典》第152条，有下列情形之一的，撤销权消灭：（一）当事人自知道或者应当知道撤销事由之日起一年内、重大误解的当事人自知道或者应当知道撤销事由之日起九十日内没有行使撤销权；（二）当事人受胁迫，自胁迫行为终止之日起一年内没有行使撤销权；（三）当事人知道撤销事由后明确表示或者以自己的行为表明放弃撤销权。当事人自民事法律行为发生之日起五年内没有行使撤销权的，撤销权消灭。

八、效力待定的民事法律行为

【案例】

原告卢某某在安吉县经营水泥制品和销售，卢某系其子。2015年8月19日，被告一徐某某与卢某签订购销合同，约定徐某某委托卢某制作预应力空心板。合同对空心板的具体规格、数量、价格、运费及送货地点等作了规定。

2015年8月19日至2016年3月27日期间，卢某某向徐某某供应水泥板共计价值17.5万元。2017年2月21日前，徐某某已支付卢某某货款6.5万元。

2017年2月21日，被告二张某某向卢某某出具承诺书，承诺书载明：经双方友好协商，卢某某同意与张某某配合向徐某某追讨货款，若徐某某三个月内未将货款付清，公司先把所欠货款垫付给卢某某。承诺人为被告三御草公司，张某某作为公司代表人及担保人签字。同日，徐某某又向卢某某支付3万元。

后徐某某未再支付剩余款项。卢某某将徐某某、张某某、御草公司三人告上法院。

本案争议焦点是张某某作出的承诺书对御草公司是否发生效力。

一审法院认为，御草公司及张某某均否认张某某系御草公司的员工，卢某某亦未举证证明张某某系御草公司的员工，且卢某某也未举证证明御草公司委托张某某处理与卢某某之间的事务。张某某没有代理权却实施了代理行为，御草公司在知晓该份承诺书后未追认，故该份承诺书对御草公司不发生效力。张某某为徐某某向卢某某提供保证之事实清楚，双方对保证方式未作约定，张某某应负连带清偿责任。双方未约定保证期间的，卢某某有权自主债务履行期届满之日起六个月内要求张某某承担保证责任。卢某某诉请御草公司支付货款无事实和法律依据，不予支持。❶

问题：请结合效力待定民事法律行为的理论对法院的判决作出评析。

【知识要点】

（一）效力待定法律行为的特征

不符合民事法律行为有效要件的法律行为的效力状态，除无效、可撤销外，还有效力待定。效力待定的法律行为，又称效力未定法律行为，指该法律行为效力发生与否尚未确定，待他人承认或者拒绝行为的介入，其效力才能确定的法律行为。

---

❶ 改编自浙江省湖州市中级人民法院民事判决书（2018）浙05民终132号。

（1）效力待定的法律行为不同于无效的法律行为。无效的法律行为，其不发生效力，自始已经确定。而效力待定的法律行为，在有他人行为介入之前，是否发生效力尚未确定，须待他人行为的介入才能确定。

（2）效力待定的法律行为不同于可撤销的法律行为。可撤销的法律行为，在撤销之前是有效的。而效力待定的法律行为，在有他人行为介入之前，其效力如何尚处于悬而未决的状态。

（二）法律行为效力待定的原因

效力待定法律行为一般有三种形态，一是限制民事行为能力人所为的双方法律行为；二是无权代理行为；三是无权处分行为。

《民法典》总则编第145条规定："限制民事行为能力人实施的纯获利益的民事法律行为或者与其年龄、智力、精神健康状况相适应的民事法律行为有效；实施的其他民事法律行为经法定代理人同意或者追认后有效。相对人可以催告法定代理人自收到通知之日起三十日内予以追认。法定代理人未作表示的，视为拒绝追认。民事法律行为被追认前，善意相对人有撤销的权利。撤销应当以通知的方式作出。"

《民法典》总则编第171条规定："行为人没有代理权、超越代理权或者代理权终止后，仍然实施代理行为，未经被代理人追认的，对被代理人不发生效力。相对人可以催告被代理人自收到通知之日起三十日内予以追认。被代理人未作表示的，视为拒绝追认。行为人实施的行为被追认前，善意相对人有撤销的权利。撤销应当以通知的方式作出。"

原《合同法》第51条规定："无处分权的人处分他人财产，经权利人追认或者无处分权的人订立合同后取得处分权的，该合同有效。"《民法典》取消了此条规定，因此，我国《民法典》规定的效力待定的法律行为主要是前两种。

（三）效力待定法律行为的效力

1. 第三人追认

须第三人追认的法律行为，第三人追认与否，将决定该法律行为是否发生效力。依照民法理论，所谓追认，指有追认权的人使他人所为法律行为发生效力的单方法律行为。追认的效力在于，该法律行为，一经第三人追认，即溯及于成立之时发生完全的效力。反之，第三人拒绝追认，即溯及于成立之时成为无效的法律行为。因此，追认权属于形成权。追认行为是有相对人的法律行为，其追认可向当事人的任何一方以意思表示为之。追认方式不必与效力待定的法律行为的方式一致。例如，某限制民事行为能力人所实施的法律行为属于要式行为，法定代理人的追认，不必采取同样的要式法律行为。

2. 相对人的保护

针对效力待定的法律行为，一方面为了早日结束法律行为效力不定的状态，另一方面也是为了保护相对人利益，法律赋予了相对人在一定期间内享有催告权和撤销权。

上述《民法典》第145条和171条均规定相对人有催告权，催告限制民事行为能力人的法定代理人或者无权代理中的被代理人自收到通知之日起三十日内予以追认。法定代理人或者无权代理中的被代理人在收到催告通知后，未作表示的，视为拒绝追认。在法定代理人或者无权代理中的被代理人追认前，善意相对人有撤销法律行为的权利。法律行为因相对人之撤销的意思表示，视同自始无效。

九、附条件、附期限的民事法律行为

【案例一】

原告韩某某与被告王某某于2012年9月9日按照农村习俗举行结婚仪式，未办理结婚登记即以夫妻名义同居生活，于2013年11月3日生一子，取名韩小某。原、被告同居期间发生纠纷，双方自行解除了同居关系。因子女抚养纠纷，被告曾于2014年9月9日提起诉讼，法院于2014年10月27日作出判决：（一）韩小某由王某某抚养，韩某某每年支付抚养费5000元，至韩小某18周岁止，于每年12月30日前付清；（二）王某某的个人财产归其本人所有。

有关韩某某于两人同居前为王某某所下彩礼2.4万元，及购买金项链1

条、金耳钉2枚、金戒指1枚、手机1部，当时的判决未作处理。

2014年11月26日韩某某向法院提起诉讼，要求王某某返还彩礼款2.4万元及金项链1条、金耳钉2枚、金戒指1枚、手机1部。

法院审理认为：原告韩某某为达到与被告王某某结婚的目的，按照农村习俗为被告王某某下彩礼款2.4万元及购买金项链1条、金耳钉2枚、金戒指1枚、手机1部，事实清楚。在王某某诉韩某某同居关系析产子女抚养纠纷一案中，韩某某为得到小孩的抚养权，愿意放弃彩礼，是一种附条件的民事法律行为，但经法院判决小孩由王某某抚养后，韩某某重新提起婚约财产诉讼，要求王某某返还彩礼，符合法律规定，应予支持。原、被告虽已同居生活两年多时间，并生育一子，但被告并未明确表示拒绝返还彩礼的意愿，可酌情按50%比例返还彩礼款1.2万元（2.4万元×50%）。金项链、金耳钉、金戒指、手机为实物，应返还实物。最终法院判决：1.被告王某某于判决生效后十日内返还原告韩某某彩礼款1.2万元。2.被告王某某返还原告韩某某金项链1条。❶

问题：为达结婚目的送彩礼是否属于附条件的法律行为？

【案例二】

原告刘某某与被告白某某合伙经营药品，后刘某某退出合伙，白某某于2011年7月26日向刘某某出具欠据一张，内容为："欠据，白某某与刘某某合作经营药品并共同投资，因个人原因刘某某退出合作，经白某某、刘某某协商同意，返还刘某某投资款贰万陆仟圆￥26，000.00元，因经营原因此款暂欠，待货品售后归还。特立此据，合作人、欠款人白某某，2011年7月26日。"

后白某某去向不明，刘某某向法院起诉。

原审法院认为，白某某为刘某某出具的欠据系白某某真实意思表示，欠据中载明的"待货品售后归还"，属于还款期限约定不明，刘某某要求白某某给付欠款，符合《合同法》第60条"当事人应当按照约定全面履行自己的义务"、第62条第1款第（4）项"当事人就有关合同内容约定不明确，

---

❶ 改编自安徽省临泉县人民法院民事判决书（2014）临民一初字第04072号。

依照本法第 61 条的规定仍不能确定的，适用下列规定：（四）履行期限不明确的，债务人可以随时履行，债权人也可以随时要求履行……"，刘某某的请求应予以支持。白某某经传票传唤，无正当理由拒不到庭，依据《民事诉讼法》第 130 条"被告经传票传唤，无正当理由拒不到庭的或者未经法庭许可中途退庭的，可以缺席判决"的规定，原审法院作出（2012）浑民二初字第 434 号民事判决：一、白某某于判决生效之日起十日内给付刘某某欠款人民币 2.6 万元；二、公告费 600 元由白某某承担。

宣判后，刘某某与白某某均未上诉。

但是，白山市浑江区人民检察院再审检察建议书认为：1. 原审法院采用公告送达依据不足，送达方式不适当；2. 刘某某与白某某约定的"待货品售后归还"应视为是一种附条件的民事法律行为，原审判决认定双方对于还款期限约定不明，系适用法律不当。❶

问题：刘某某与白某某约定"待货品售后归还"是否构成附条件的民事法律行为？

【案例三】

1999 年 8 月 11 日，原告王某与被告赵某在新郑市民政局办理结婚登记手续。2001 年 1 月 1 日，王某与赵某签订协议书一份，协议约定：夫妻之间应相互尊重，相互帮助，爱护对方，彼此忠诚对待。如一方道德品质出现问题，向对方提出离婚，必须赔偿对方精神损失费和青春损失费共计人民币 30 万元。2001 年 4 月 30 日，赵某生育一子，取名王小某。2004 年秋，因家务琐事生气，王某离家在外租房居住。分居期间，赵某发现王某与一女子有婚外情，并提供了照片和录音资料等证据予以证实。

2005 年 3 月 21 日，王某曾提起诉讼，要求与赵某离婚。新郑市人民法院于 2005 年 4 月 21 日作出（2005）新民初字第 490 号民事判决：不准原告王某与被告赵某离婚。2005 年 12 月 20 日，原告王某再次提起离婚诉讼。在诉讼过程中，赵某提起反诉，要求王某赔偿精神损失费 15 万元。后王某提出撤诉申请，新郑市人民法院准予王某撤诉，并以双方婚姻关系未解除，在

---

❶ 改编自吉林省白山市中级人民法院民事判决书（2014）白山民二终字第 28 号。

双方婚姻关系存续期间，赵某提起损害赔偿请求，依法应当驳回为由，于 2006 年 4 月 24 日作出（2006）新民初字第 180 号民事裁定：一、准许原告（反诉被告）王某撤诉。二、驳回被告（反诉原告）赵某的反诉。

2007 年，王某再次提起离婚诉讼，要求：1. 解除与被告赵某的婚姻关系；2. 婚生子王小某由原告抚养；3. 依法分割夫妻共同财产。

针对王某的诉讼请求，赵某提起如下反诉要求：1. 判决与王某离婚；2. 婚生子王小某由自己抚养，王某承担抚养费；3. 依法分割共同财产；4. 王某依约支付违反忠诚协议的违约金（即双方约定的精神损失费）15 万元。❶

问题：请结合附条件法律行为的理论分析赵某请求王某支付违反忠诚协议的精神损失费 15 万元的诉请是否应当获得法院支持？

【案例四】

原告田某；第一至第七被告系原告丈夫张某先的兄弟姐妹。

1987 年 3 月 4 日原告田某的婆婆马某某在两名村调解委员的见证下，由他人代书遗嘱一份，称自己年老多病卧床不起，故召集子女、邀亲友及村调解委员共商自己晚年侍奉问题，自己决定随长子长媳（指张某先与田某）终身，并嘱家有老房一处，归于侍奉自己百年之后的张某先夫妇。

马某某立遗嘱后，即由原告田某夫妇照顾其生活。数月后因原告田某之夫张某先身体有病，夫妻二人回到山西居住治疗，马某某的生活由身边的其他子女照顾。自 1987 年到 1989 年期间，田某夫妇为马某某看病花 173.5 元、寄钱 1290 元以及物品等，1989 年 5 月 1 日马某某去世。

1989 年春全市进行农村房屋权属登记时，此房登记房主为马某某，家庭人口 1 人，证号为龙羊黄河营字第 ×× 号，土地使用证：龙集建（91）字第 0921382 号，但房产证没有载明具体的登记日期。此房的产权证书直至 1992 年 5 月 30 日才由原告缴费领取。

原告田某之夫张某先于 2009 年 11 月 21 日因病去世。

后原告为办理房屋过户手续，向法院提起诉讼，请求确认遗嘱真实有效。

---

❶ 改编自河南新郑市人民法院（2007）新民初字第 627 号；（2008）新民初字第 1600 号。

一审法院认为：1987 年 3 月 4 日马某某所立遗嘱意思表示真实，依法成立。从文书内容看，马某某将房屋遗赠给原告田某夫妇是附条件的，其条件为"随长子长媳终身""侍奉母亲百年之后"。就本案马某某立遗嘱时的身体状况而言，对其所应尽的赡养义务绝不仅是给钱寄物，更重要的是照顾老人吃喝拉撒睡等，以求老人暮年精神上的慰藉。客观上原告夫妇是没有满足这一要求，即遗嘱所附条件并未成就。附积极的延缓条件的民事法律行为，其所附条件不成就时，当事人的期待权消灭，民事法律行为不产生效力，故判决驳回原告田某的诉讼请求。

田某不服判决提起上诉称：1. 一审法院认定事实不清，证据不足。被继承人马某某于 1987 年 3 月 4 日立遗嘱后，上诉人及其夫就开始在龙口长期侍奉被继承人马某某。但在 1988 年 10 月 27 日，上诉人之夫张某先患高血压和右手麻木，左腿行动不便，回山西矿务局第一职工医院住院治疗，至 1989 年 6 月 29 日治愈。上诉人及其夫回山西并非回家，而是到医院为上诉人之夫住院治疗疾病。且上诉人是在小姑子张某戊（被告之一）提议为其侍奉母亲马某某的情况下，才于 1989 年春节后回山西照顾其夫张某先。上诉人与其夫是在龙口侍奉被继承人马某某近两年后才因治病需住院回山西的，并非一审法院认定的数月。2. 一审法院判决适用法律错误。涉案遗嘱是附期限的民事法律行为，而非一审法院认定的附条件的遗嘱。请求二审法院查明事实，确认遗嘱合法有效。

被上诉人答辩称：在母亲 77 岁需要专人照顾的那年，上诉人夫妇说由他们照顾。字据上规定，必须侍奉母亲百年之后，房子给上诉人夫妇。但上诉人夫妇拿到字据后，仅在山东老家住了两个多月，看到老人一时半刻死不了，就拿着字据跑了，遗弃了老人，全村大街小巷议论纷纷。家里人不能看着老人不管，于是小女儿张某戊把老人接回家中侍奉，之后其他儿子把老人搬回老房，由两个儿子、两个女儿共同侍奉至送终送殡。当时给上诉人夫妇打了多次电话，叫他们回来处理后事，上诉人均称有病不能回来。二十多年后，上诉人持该字据要求确认有效，法院不应支持其请求。请求二审法院驳回上诉，维持原判。❶

---

❶ 改编自山东省烟台市中级人民法院民事判决书（2014）烟民四终字第 85 号。

问题：

1. 遗嘱是否可以附生效条件？

2. 如果遗嘱可以附生效条件，附生效条件的遗嘱与附负担的遗嘱有什么区别？

【知识要点】

法律行为是依当事人意思表示成立并发生当事人所欲发生的法律效果的行为，是实现当事人意思自由的工具。因此，当事人欲对法律行为效果的发生或消灭加以限制，自无不可。这种限制可以通过为法律行为增加附款的方式完成。传统民法上，法律行为的附款有二：一为条件；二为期限。法律行为附有前者，称为附条件的法律行为，附有后者，称为附期限的法律行为。

（一）附条件法律行为

1. 附条件法律行为的概念

附条件法律行为是指当事人约定以将来不确定事实的发生或者不发生决定法律行为效力发生或消灭的法律行为。

附条件法律行为中的条件是指将来客观上不确定发生的事实。换言之，其事实必须在附以条件时无法确定其是否发生，这是条件与期限的区别。如果所附的是将来肯定会发生的事实，则属于期限而非条件。如甲乙达成一致，甲的父母去世后，甲把房子租给乙。因人终有一死，因此，该法律行为是附期限，而非附条件。

2. 条件的分类

（1）停止条件与解除条件。

此系以条件的作用是决定法律行为效力之发生还是效力之消灭为标准所作的分类。决定法律行为效力发生的条件为停止条件，又称生效条件。附停止条件的法律行为虽已成立，但未生效，其效力处于停止状态，须待条件成就，法律行为方才发生效力。如果条件始终不成就，则该法律行为始终不生效。如甲与乙约定："你今年考上大学，我送你一部手机。""考上大学"即为停止条件，其决定赠与合同的效力是否发生。决定法律行为效力消灭的条件为解除条件。附解除条件的法律行为一经成立即生效，但因条件之成就而使其失效。如果该条件始终不成就，则该法律行为始终不失效，相当于未附条件的法律行为。

（2）积极条件与消极条件。

此系以作为条件的事实发生或不发生为标准所作的分类。以某事实的发生为条件之成就，属于积极条件。反之，以某事实的不发生为条件之成就，属于消极条件。如甲与乙约定："你今年考上大学，我送你一部手机。"此属于积极条件。若甲与乙约定："你若一年之内不抽烟，我送你一部手机。"则属于消极条件。

（3）偶成条件、随意条件、混合条件。

此系以条件之成就是否受当事人意思的左右为标准所作的分类。

偶成条件，指条件之成就与当事人的意思无关，而取决于当事人以外的人的行为或自然事实。例如甲与乙约定："如果明天下雨，我就送你一把新伞。"是否下雨，与当事人的意思无关，其取决于天气的偶然性，因此，此处所附的条件是偶成条件。

随意条件，指与当事人意思有关的条件。分为两种：纯粹随意条件和非纯粹随意条件。纯粹随意条件指仅依当事人一方的意思可决定条件成就或不成就。又可分为依债务人意思与依债权人意思。依债务人意思的条件，如甲对乙表示："自行车借给你骑，我需要时随时取回。"条件是否成就，取决于债务人甲的意思。依债权人意思的条件，如甲对乙表示："你如果答应去开会，我就把书借给你。"条件是否成就，取决于债权人乙的意思。

非纯粹随意条件指其条件成就与否除本于当事人的意思外，还须有某种积极的事实，如甲对乙表示："你今年通过司法考试，我就送你一部最新款苹果手机。"通过司法考试不同于参加司法考试，非仅依当事人的意思就能实现，还需要有通过考试的事实。

我国《民法典》对随意条件法律行为的效力未予明确。日本民法第 134 条［随意条件］规定："附停止条件的法律行为，其条件只涉及债务人意思时，无效。"根据这一规定，其他情形下的随意条件均有效。

混合条件，是指条件是否成就，取决于一方当事人及第三人的意思者。例如甲对乙表示："你如与王某结婚，婚庆费用我出。"能否成婚，取决于乙与第三人王某的意思。

（4）非真正条件。

具有条件的外观而不具有条件之实质的条件，称为非真正条件，又称表见条件。非真正条件包括：

第一，法定条件。即以法律规定的条件作为法律行为所附条件。以法定条件作为约定法律行为生效或者失效的条件，无异于画蛇添足。例如，甲乙订立的合同按照法律规定必须经国家相关机构批准才能生效，而甲乙在合同中约定："本合同在获得国家机关审查批准后生效。"此种约定的条件，徒具条件的外形，因此不属于附条件法律行为。

第二，不法条件。即以违反法律强制性规定或公序良俗的事项为内容的条件。如以杀人为赠与之条件，该条件因违反法律强制性规定而不法；以非法同居关系之维持为赠与之条件，该条件因内容违反公序良俗而不法。条件不法，原则上整个法律行为无效。但在某些情形下，为了保护债权人利益，如附不法条件之条款并非法律行为之本质部分，则在除去该条件后，法律行为其余部分仍为有效。如以女雇员之结婚为解除雇佣合同的条件，该"不得结婚"的条件违反公序良俗，但是，雇佣合同仍然应当认定为有效。此外，学理上认为尚存在不容许附条件的法律行为，如婚姻、收养、离婚等身份行为不容许附条件，理由也在于维护公序良俗。

第三，既成条件。即以已经实现或者确定不实现的事实为内容的条件。作为条件的事实必须是将来的事实。如果该事实已经发生，只是当事人不知道，则不构成条件。如甲对乙表示："如果我儿子这次数学考100分，我就把这本书送你。"事实上甲的儿子期末考试早已完成，确实得了100分。对此，日本民法第131条［既成条件］规定："条件在为法律行为时已经成就，如其为停止条件，则法律行为无条件；如其条件为解除条件，则法律行为无效；条件不成就在为法律行为时已经确定，如其为停止条件，则法律行为无效；如其条件为解除条件，则法律行为无条件。"

第四，不能条件。即以事实上不能实现的事实为条件。如甲将乙打成重伤，公安机关已经立案。现甲乙约定："如果乙撤回案件，甲就赔偿乙100万元。"因重伤案件非自诉案件，乙不能撤回，此即属于不能条件。对此，日本民法第 133 条［不能条件］规定："附不能停止条件的法律行为，无效。附不能解除条件的法律行为，为无条件。"

3. 附条件法律行为的效力

《民法典》总则编第 158 条规定："民事法律行为可以附条件，但是按照其性质不得附条件的除外。附生效条件的民事法律行为，自条件成就时生效。附解除条件的民事法律行为，自条件成就时失效。"

因条件之成就或不成就均未确定，使附条件法律行为之效力是否发生或是否消灭，亦处于不确定状态。此种状态下，因条件之成就或不成就而受利益的一方当事人，对于该利益的获得有一种可能性，在法律上称为期待权。期待权既属于权利之一种，自应受法律保护。因此，《民法典》总则编第 159 条规定："附条件的民事法律行为，当事人为自己的利益不正当地阻止条件成就的，视为条件已成就；不正当地促成条件成就的，视为条件不成就。"

（二）附期限法律行为

1. 附期限法律行为的概念。

附期限法律行为是指当事人约定一定的期限，并以该期限的到来，决定法律行为效力发生或者消灭的法律行为。

附期限的法律行为与附条件的法律行为的相同之处是：二者都是对民事法律行为效力的某种限制。两者不同之处在于：期限确定会到来，而条件则属不确定发生的事实。

2. 期限的分类

（1）始期与终期。期限以其作用在决定效力之发生或效力之消灭为标准，分为始期与终期。决定法律行为效力发生的期限为始期，决定法律行为效力消灭的期限为终期。

（2）确定期限与不确定期限。以日期是否确定为标准，期限可分为确定期限与不确定期限。若决定法律行为效力的日期是确定的，属于确定期限。例如甲乙约定："本合同一年后生效。"若决定法律行为效力的日期是不确定的，则属于不确定期限。例如甲与乙约定："下雨，我就把伞送给你。"因终会下雨，因此，该约定属于期限而非条件，又因为哪天下雨不确定，该约定的期限是不确定期限。

3. 附期限法律行为的效力

《民法典》总则编第 160 条规定："民事法律行为可以附期限，但是按照其性质不得附期限的除外。附生效期限的民事法律行为，自期限届至时生效。附终止期限的民事法律行为，自期限届满时失效。"

第十章 代 理

一、代理制度概述

【案例一】

2007年4月28日，案外人裴某某以"君汇赢理财工作室"的名义与原告陈某某签订《资产委托管理协议》一份，约定陈某某为委托人、合同甲方，"君汇赢理财工作室"为受托人、合同乙方，甲方同意将其本人在美通银行开设的外汇保证金账户委托给乙方代为操作，账户初始资金为8200美元，委托期限为1年，至2008年4月28日终止。对于账户盈利亏损的分成分担方案，合同选择了方案2，即甲方无须承担风险，乙方保证甲方年收益率为10%，如果1年期满后，账户出现亏损，则乙方必须按照年收益率10%的标准赔偿给甲方……如果盈利，除掉10%的收益后，双方应按5:5比例进行分成。

协议履行期间，裴某某未向陈某某支付收益，协议期满后陈某某找不到裴某某，无法取回投资的本金8000美元，因此起诉被告亚汇公司。

原告起诉的理由与事实：上述《资产委托管理协议》的签订地点在亚汇公司的住所地北京市朝阳区东三环中路7号北京财富中心某座317室。裴某某提供的热线电话亦为亚汇公司的电话。陈某某在协议签订后得知裴某某系亚汇公司的代理人，通过亚汇公司热线电话400-810-4563查询其投资账户内现有资金为38.51美元，因此认为裴某某与其签订《资产委托管理协议》的行为系亚汇公司委托，要求亚汇公司承担该合同约定的义务。陈某某提供了拨打上述热线电话的录音予以证明。在录音中陈某某称"我是你们的客户，我想查一下我现在里面的资金是多少"，接线员回电称"您现在的交易账号是……这个余额还有 38.51"，对于交易的过程，接线员让陈某某找其代理人裴某某联系。

被告亚汇公司辩称，根据合同相对性原则，陈某某与裴某某存在法律关系。亚汇公司不承认裴某某是公司的代理人，与美通银行也没有任何关系，不同意陈某某的诉讼请求。庭审中，被告亚汇公司认可 400-810-4563 系该公司热线电话，对陈某某提供的电话录音的真实性亚汇公司未提出异议。

一审法院审理认为：裴某某与陈某某在签订《资产委托管理协议》时在受托人处填写了"君汇赢理财工作室"，现无证据证明"君汇赢理财工作室"为一依法成立的民事主体，因此与陈某某签订该协议的真实的相对人应为裴某某个人。根据陈某某提供的证据，虽在协议签订前后裴某某并未向陈某某披露亚汇公司，但陈某某根据裴某某提供的亚汇公司的客户热线可查询到其委托裴某某理财的账户余额，且在热线电话中亚汇公司认可陈某某系该公司客户，亦认可裴某某系该公司的代理人，故可认定裴某某系受亚汇公司委托，隐名代理该公司与陈某某签订了《资产委托管理协议》。依据《合同法》第 403 条之规定，受托人以自己的名义与第三人订立合同时，第三人不知道受托人与委托人之间的代理关系的，受托人因委托人的原因对第三人不履行义务，受托人应当向第三人披露委托人，第三人因此可以选择受托人或者委托人作为相对人主张其权利，但第三人不得变更选定的相对人。现陈某某选择由亚汇公司作为相对人主张权利，亚汇公司即应履行《资产委托管理协议》中受托人的义务。因协议中约定的委托期限已满，依据合同约定亚汇公司应当支付陈某某 10% 的收益，并将本金返还陈某某。综上，判决亚汇公司于判决生效后 7 日内支付陈某某 9000 美元（此款项须按支付时国家外汇管理局公布的人民币兑换美元的汇率交易中间价折算为人民币支付）。❶

问题：

1. 请通过此案区分隐名代理、未披露代理人的代理、表见代理。

2. 请结合代理理论对法院的判决作出评析。

---

❶ 改编自北京市第二中级人民法院民事判决书（2010）二中民终字第 10739 号。

【案例二】

兴城市永康水产物资经销处企业性质为个体工商户，经营者为被告一王某某。王某某从事购销多宝鱼的生意，在兴城收购多宝鱼，到深圳等地销售。王某某与被告二李某某、被告三张铁某是朋友关系。李某某主要帮助王某某筹措经营资金，并帮助他出面在兴城收购多宝鱼。张铁某系从事多宝鱼运输的个体户。

2013年5月间，王某某委托李某某帮助其在兴城收购多宝鱼。李某某通过朋友联系到原告张锡某的渔场欲收购多宝鱼。2013年5月19日，受李某某的指派，张铁某到张锡某的渔场装载3797斤多宝鱼。5月22日，张铁某到张锡某的渔场分别装载了5176斤多宝鱼和2000斤多宝鱼，三车多宝鱼的约定价格均为每斤21元。张铁某将三车多宝鱼都运到了王某某设在深圳的多宝鱼经销点。张铁某为张锡某出具的三份购销单上面有张铁某和李某某的签名，而李某某的签名均为张铁某代签。

经原告张锡某的多次催要，7月12日李某某受王某某委托向张锡某汇款10万元。之后王某某又陆续汇款约2.9万元。截至原告提起诉讼，尚欠张锡某鱼款10万元。❶

原告张锡某诉三被告，要求三被告支付10万元的欠款。

被告王某某称：张锡某所说的鱼款金额是准确的，这笔钱应该还，应该由我还。

被告李某某辩称：我是给王某某帮忙，我是帮他弄钱，张铁某负责装鱼。王某某让我给张锡某打10万元钱，我就打了。我不应该还张锡某钱。

被告张铁某辩称：我是装鱼的。我受王某某指派装鱼。我从张锡某渔场拉过鱼，拉过三车。张锡某说的鱼款数额对，但我不应该还张锡某钱。

问题：请结合代理制度分析被告李某某、张铁某是否应当承担还款责任。

---

❶ 改编自辽宁省葫芦岛市中级人民法院民事判决书（2014）葫民终字第00611号。

【知识要点】

民事主体实施法律行为既是私法自治的体现，也是民事主体从事生产或者生活的需求。但是，一方面由于民法行为能力制度的存在，部分民事主体因不具有行为能力而不能独立实施法律行为，需要他人的辅助；另一方面，部分民事主体可能因为事务繁忙无法分身，或者欠缺某方面的交易经验，需要请他人代为实施法律行为。为满足社会生产和生活的需求，民法上产生了代理制度。

民法创设法定代理制度，可以补充无民事行为能力人和限制民事行为能力人意识能力的欠缺或不足；民法创设意定代理制度，可以扩张民事主体的活动范围。

（一）代理的法律特征

民法上所称代理，指代理人在授权范围内以被代理人的名义向第三人为意思表示或者受领第三人的意思表示，其后果直接归属于被代理人的行为。《民法典》总则编第 162 条规定："代理人在代理权限内，以被代理人名义实施的民事法律行为，对被代理人发生效力。"

代理的法律特征包括：（1）代理为法律行为的代理。法律行为以意思表示为要素，因此，代理实际上是意思表示的代理，即代理人代被代理人为意思表示或者代为受领意思表示。事实行为及侵权行为不存在代理。（2）代理人以被代理人的名义实施法律行为。部分国家和地区民法承认隐名代理等非以被代理人的名义进行的代理行为。（3）代理人在授权范围内独立为意思表示。（4）代理人实施法律行为所产生的后果由被代理人承担。代理人在授权范围内实施的民事法律行为，其效力归属于被代理人。

代理法律关系由三方当事人构成：被代理人，又称本人；代理人；相对人，又称第三人。三方之间存在的关系包括：

其一，本人与代理人之间的关系。本人与代理人之间的关系有两种，一是代理之基础关系，即内部关系。在意定代理的情况下，其基础关系通常是委托、合伙、承揽、雇佣、劳动等合同关系；在法定代理的情况下，其基础关系是父母子女之间的监护关系或者其他法律关系，如夫妻关系。二是授权法律关系，即外部关系。在意定代理的情况下，代理人获得代理权需要有本人的授权，本人的授权属于有相对人的单方法律行为。授权可以向代理人为之，也可以向相对人为之。在法定代理的情况下，代理人获得代理权是来自于法律的直接规定。

其二，本人与相对人之间的关系。此为代理人进行代理活动（实施法律行为）所产生的民事法律关系，如代理人代理本人与相对人订立了买卖合同，本人与相对人之间即存在买卖合同关系。

其三，代理人与相对人之间的关系。在通常情形下，代理人与相对人之间是代理行为关系，并不发生实质性的法律关系。但是特殊情形下，代理人与相对人之间也可能发生民事法律关系，如在无权代理情形下，无权代理人可能需要对相对人承担民事责任。我国《民法典》总则编第171条第3款、第4款规定："行为人实施的行为未被追认的，善意相对人有权请求行为人履行债务或者就其受到的损害请求行为人赔偿。但是，赔偿的范围不得超过被代理人追认时相对人所能获得的利益。相对人知道或者应当知道行为人无权代理的，相对人和行为人按照各自的过错承担责任。"

（二）代理人与其他类似人员的区别

1. 使者

使者，指帮助他人传达意思或者意思表示的人。在民事活动中，使者是民事主体参加民事活动或者实施法律行为的辅助人，其任务在于传达民事主体的意思或意思表示。使者与代理人的主要区别是，代理人在授权范围内独立为意思表示，而使者不独立为意思表示，其仅起居中传话的作用，俗称传话人。

2. 法定代表人

法人既可以通过法定代表人进行民事活动，也可以通过代理人进行民事活动。无论是通过法定代表人进行民事活动，还是通过代理人进行民事活动，他们所为法律行为的后果均由法人承担。就此而言，二者并无区别。法人的法定代表人与法人的代理人，二者之间的区别主要体现在：（1）法定代表人为法人的机关，非独立的民事主体。法定代表人与法人之间的关系为一个权利主体的内部关系，法定代表人的行为是法人本身的行为；而法人的代理人为独立的民事主体，代理人与法人之间的关系，为两个平等主体间的关系。（2）法定代表人对外代表法人实施民事法律行为，对内还可以代表法人实施管理等非法律行为；而代理人仅代理法人实施民事法律行为。

3. 中介人

中介人是指依据中介合同向委托人报告订立合同的机会或者提供订立合同的媒介服务的民事主体。中介人与代理人的主要区别在于：代理人有代委托人订立合同的权利，而中介人无代委托人订立合同的权利，中介人的工作是促成合同的订立，或者为委托人提供订立合同的媒介服务，其不得代委托人订立合同。

4. 行纪人

行纪为一种合同关系。依行纪合同，行纪人受他方委托，以自己的名义为委托人实施法律行为，并收取报酬。行纪人与代理人均是为委托人的利益进行民事活动。行纪人与代理人的主要区别在于：（1）行纪人先以自己的名义为法律行为，再将其实施法律行为的效果转给委托人。行纪在理论上称为间接代理，实际上无需代理权的授予；而代理人系以委托人的名义为法律行为，其行为的效果直接归属于委托人，代理需要有代理权的授予。（2）行纪人须有特殊身份，系依法登记专门从事行纪营业的主体；而代理人无须有特殊身份。（3）行纪行为的范围由法律规定，一般限于动产之买卖及法律规定的某些行为；而代理行为的范围比较广泛。

5. 经销商

经销商是指从供货商处购进货物然后销售赚取差价的商人。经销商与供货商的关系不是代理关系。经销关系实际上是买卖合同关系。经销商是以自己的名义，并为自己的利益，从供货商处买进商品，然后销售给他人赚取差价。供货商与最终的购买人不发生任何合同关系。而在代理关系中，以代理销售货物为例，代理人是为了供货商的利益与第三人订立买卖合同，其所订立的买卖合同的后果由供货商承担，而非代理人承担。

6. 经纪人

经纪人不是一个法律概念，经纪人是一种营业或者职业。经纪人从事经纪活动，可能以代理人的身份，可能以行纪人的身份，还可能以中介人的身份。

（三）代理适用的范围

代理制度系以扩张及补充私法自治为目的。原则上财产法律行为均得为代理。但是，身份行为如结婚、离婚、遗嘱等，因须尊重本人意思，一般不允许代理。《民法典》总则编第 161 条规定："民事主体可以通过代理人实施民事法律行为。依照法律规定、当事人约定或者民事法律行为的性质，应当由本人亲自实施的民事法律行为，不得代理。"

代理的适用，限于为意思表示及受领意思表示，通常适用于法律行为。对准法律行为，如催告、物之瑕疵的通知得类推适用代理制度。诉讼等非法律行为也可以适用代理。事实行为不涉及意思表示，因此不适用代理。事实行为虽不适用代理制度，但为事实行为可以由他人协助，此时，可适用占有辅助人、履行辅助人的规定。

（四）代理的类型

1. 法定代理、委托代理

这是我国《民法典》总则编对代理的分类。《民法典》总则编依代理权产生的依据不同，将代理分为两种：委托代理和法定代理。委托代理人按照被代理人的授权行使代理权。法定代理人依照法律的规定行使代理权。

法定代理人，其代理权来自法律的直接规定，如法律规定的监护人的代理、夫妻日常家事代理等；委托代理人，其代理权来自本人的授权。有学者认为应当将委托代理改称为意定代理，因为授予代理权就能产生代理，不一定要有委托合同。此观点有相当的合理性。

2. 直接代理、间接代理

这是大陆法系民法学说对代理的分类。直接代理是指代理人以被代理人的名义实施法律行为，其行为后果由被代理人承担的制度；间接代理是指代理人以自己的名义与第三人实施法律行为，行为后果先由代理人承担，之后再将法律后果转移给委托人的制度。大陆法系的德国、日本等民法上所称的代理仅指直接代理。民事主体一方委托他人购买或者销售货物，受托人以自己的名义代委托人向第三人购买或者出售的，适用行纪制度。学说上将行纪称为间接代理，其本质不是代理，而是与代理类似的制度。在间接代理关系中，委托双方是根据行纪合同安排相互之间的权利义务，不存在代理权的授予，受托人以自己为一方当事人与第三人进行交易，委托人与第三人不发生任何法律关系。但间接代理又不同于一般的买卖合同，毕竟受托人是为委托人的利益实施法律行为。

3. 显名代理、隐名代理

这是英美法系民法对代理的分类。英美法系将代理分为两类，披露代理人的代理和未披露代理人的代理，披露代理人的代理包括显名代理和隐名代理。❶显名代理相当于大陆法上的直接代理。隐名代理是指代理人向第三人披露自己为代理人的身份，同时以自己的名义代本人与第三人实施法律行为。因为代理人在与第三人实施民事法律行为时已经披露了自己为代理人的身份，因此，其行为后果由被代理人承担。未披露代理人的代理是指代理人未向第三人披露自己为代理人的身份，而以自己的名义代本人与第三人实施法律行为。隐名代理、未披露代理人的代理的情况在现实生活中普遍存在，因此我国原《合同法》在委托合同部分用第 402 条规定了隐名代理的法律后果，用第 403 条规定了未披露代理人的代理行为的法律后果。

我国《民法典》总则编规定了代理的一般制度；合同编第 25 章规定了行纪合同；合同编第 23 章规定了委托合同，其第 925 条继续保留了原《合同法》第 402 条规定的隐名代理，第 926 条继续保留了原《合同法》第 403 条规定的未披露代理人的代理。第 925 条规定："受托人以自己的名义，在委托人的授权范围内与第三人订立的合同，第三人在订立合同时知道受托人与委托人之间的代理关系的，该合同直接约束委托人和第三人；但是，有确切证据证明该合同只约束受托人和第三人的除外。"第 926 条规定："受托人以自己的名义与第三人订立合同时，第三人不知道受托人与委托人之间的代理关系的，受托人因第三人的原因对委托人不履行义务，受托人应当向委托人披露第三人，委托人因此可以行使受托人对第三人的权利。但是，第三人与受托人订立合同时如果知道该委托人就不会订立合同的除外。受托人因委托人的原因对第三人不履行义务，受托人应当向第三人披露委托人，第三人因此可以选择受托人或者委托人作为相对人主张其权利，但是第三人不得变

---

❶ 江平.中华人民共和国合同法精解［M］.北京：中国政法大学出版社，1999：345.

更选定的相对人。委托人行使受托人对第三人的权利的,第三人可以向委托人主张其对受托人的抗辩。第三人选定委托人作为其相对人的,委托人可以向第三人主张其对受托人的抗辩以及受托人对第三人的抗辩。"

4. 复代理

复代理是指代理人以其名义授予代理权,将其所代理事务之全部或者一部分,转托他人代理之代理。复代理又称再代理,或者转代理。

在委托代理中,代理关系有一定的人身性,所谓人身性,指代理人与被代理人之间往往存在信任关系。所以,原则上代理人应当亲自代理被代理人实施法律行为,但是,在符合一定条件的情况下,代理人可以将代理事务的全部或者一部分转托给他人,由此产生的代理就是复代理。在复代理中,复代理人是本人的代理人,其在代理权限范围内所为的法律行为,直接拘束本人。

《民法典》第169条规定:"代理人需要转委托第三人代理的,应当取得被代理人的同意或者追认。转委托代理经被代理人同意或者追认的,被代理人可以就代理事务直接指示转委托的第三人,代理人仅就第三人的选任以及对第三人的指示承担责任。转委托代理未经被代理人同意或者追认的,代理人应当对转委托的第三人的行为承担责任,但是在紧急情况下代理人为了维护被代理人的利益需要转委托第三人代理的除外。"

(1)复代理需要经过被代理人的同意,该同意可以是事先同意,也可以是事后追认。

(2)复代理经被代理人同意或者追认的,复代理人成为被代理人的代理人,而非代理人的代理人。复代理人在授权范围内实施的法律行为的后果由被代理人承担。代理人仅就第三人的选任及对第三人的指示承担责任。

(3)复代理未经被代理人同意或者追认的,被代理人对复代理人的行为不承担责任,而由代理人对复代理人的行为承担责任。但是在紧急情况下代理人为了维护被代理人的利益需要转委托第三人代理的,即使被代理人不同意转委托,其仍然需要对复代理人的行为承担责任。

5. 单独代理、共同代理

代理人有数人时,以代理权行使的方式为标准,代理可分为单独代理和共同代理。数代理人各自可以单独为代理行为的，是单独代理，也称集合代理。如当事人将一个收购项目委托几个代理人完成，对各代理人之间有明确分工。数人共同行使一个代理权的，称为共同代理。如当事人聘请几个律师一起为其打某一官司，几个律师之间没有明确分工。在共同代理，代理权应共同行使，若仅由其中一人为代理行为时，即属于无权代理，非经本人或其他共同代理人承认对被代理人不生效力。《民法典》总则编第166条规定："数人为同一代理事项的代理人的，应当共同行使代理权，但是当事人另有约定的除外。"

二、代理权

【案例一】

2009年6月4日，被告一枣庄道桥公司收到招标单位重庆交建集团公司发出的重庆三环高速公路涪陵李渡至南川双河口段工程项目土建工程施工合作单位优选获选通知书，通知书要求枣庄道桥公司于2009年6月14日前足额缴纳工程保证金。2009年6月5日，重庆交建集团公司向被告二重庆建工投资公司出具委托书，委托重庆建工投资公司向枣庄道桥公司收取工程保证金467万元。

2009年6月9日，枣庄道桥公司与重庆建工投资公司签订重庆三环高速公路涪陵李渡至南川双河口段工程项目土建工程施工第LJ6合同段综合保证金协议，约定由枣庄道桥公司向重庆建工投资公司缴纳工程综合保证金。

2009年6月12日，枣庄道桥公司出具授权委托书，载明："致：重庆建工投资公司，兹委托刘某缴纳重庆三环高速公路涪陵至南川段第六合同段综合保证金和差额保证金肆佰陆拾柒万元整至贵公司账户。特此授权。"同日，刘某通过其个人银行账户向重庆建工投资公司的银行账户转账467万元。

2012年6月6日，刘某与原告屈某签订债权转让合同，约定刘某将其对枣庄道桥公司享有的上述467万元债权全部转让给屈某。同年6月8日，刘某将债权转让事宜书面通知了枣庄道桥公司和重庆建工投资公司。2013年7

月 16 日，屈某向枣庄道桥公司发出关于催促履行债务的函，同年 7 月 25 日又向重庆建工投资公司发出关于连带承担债务的函。

后屈某向法院提起诉讼，请求判令：1. 枣庄道桥公司偿还屈某 467 万元；2. 枣庄道桥公司以 467 万元为基数，按照中国人民银行同期同类贷款基准利率的 4 倍，从 2009 年 6 月 12 日起至还清之日止向屈某支付资金占用损失；3. 重庆建工投资公司对枣庄道桥公司的上述债务承担连带责任。

重庆市第一中级人民法院经审理认为：

1. 刘某对枣庄道桥公司享有债权。施工合作单位优选获选通知书、工程项目土建工程施工第 LJ6 合同等证据均证明枣庄道桥公司是本案所涉工程保证金的交纳义务人，而刘某仅是受枣庄道桥公司的委托代其向重庆建工投资公司交纳保证金。刘某在履行委托事务的过程中，代枣庄道桥公司垫付了 467 万元的工程保证金。根据《合同法》第 398 条"委托人应当预付处理委托事务的费用。受托人为处理委托事务垫付的必要费用，委托人应当偿还该费用及其利息"之规定，枣庄道桥公司应当向刘某偿还其垫付的保证金 467 万元，故刘某对枣庄道桥公司享有 467 万元的债权。

2. 刘某与屈某之间的债权转让合同是双方当事人的真实意思表示且不违反法律和行政法规的强制性规定，同时刘某就债权转让事宜已尽到了通知义务，故该债权转让合同合法有效。并且该转让已对枣庄道桥公司发生效力，屈某有权要求枣庄道桥公司偿还 467 万元款项。

3. 重庆建工投资公司仅是受重庆交建集团公司的委托向枣庄道桥公司收取工程保证金，屈某要求重庆建工投资公司为枣庄道桥公司的债务承担连带责任的诉讼请求缺乏事实和法律依据。

综上，一审法院判决：1. 枣庄道桥公司于判决生效之日立即向屈某偿还资金 467 万元，并从 2013 年 7 月 17 日起至前述款项付清时止，以 467 万元为基数，以中国人民银行同期同类贷款基准利率为标准向屈某偿付资金占用损失；2. 驳回屈某的其他诉讼请求。

枣庄道桥公司不服一审判决，向重庆市高级人民法院提起上诉。

二审法院另查明：重庆新湘骏公司于 2010 年 5 月 17 日申请设立，设立时的法定代表人为刘某。2009 年 6 月 20 日，枣庄道桥公司（甲方）与重庆新湘骏公司（乙方）签订内部承包责任书，约定甲方同意将中标的重庆三环高速公路涪陵李渡至南川双河口段工程项目土建工程施工第 LJ6 合同段以内部风险承包的方式交给乙方负责组织施工。甲方的责任和权利包括：甲方人员有责任和义务协助乙方对项目进行管理，保持与业主和监理的联系，协助乙方办理与项目有关的事宜。乙方的责任和权利包括：乙方代表甲方承担并履行合同规定的承包人的全部义务和责任。合同还约定，本项目的现金担保、履约保函及开工预付款保函的银行保证金及手续费由乙方承担，甲方负责办理。重庆市渝北区公安分局经侦支队于 2013 年 9 月 6 日对刘某的讯问笔录中载明，在回答公安机关提出的关于"你与枣庄道桥公司以及道遂集团是什么关系"的问题时，刘某答："我挂靠这两家公司中的南涪路工程的标，并且代这两家公司支付了工程保证金。"

重庆市高级人民法院二审认为本案的争议焦点为刘某是否对枣庄道桥公司享有债权。

二审法院审理认为，屈某主张根据合同法第三百九十八条的规定，刘某依据枣庄道桥公司向重庆建工投资公司出具的授权委托书代枣庄道桥公司缴纳了工程综合保证金 467 万元，即享有了对枣庄道桥公司 467 万元的债权，该主张不能成立。理由如下：第一，枣庄道桥公司向重庆建工投资公司出具的授权委托书是枣庄道桥公司单方向第三方作出的意思表示，是赋予刘某以枣庄道桥公司的名义而为一定法律行为的资格，其实质是代理权授予行为，该代理权授予行为使得刘某享有了委托代理权。第二，委托代理权发生的原因是代理权授予行为，一般而言代理权授予行为是与某种基础法律关系相联系的，该种基础法律关系可能是委托合同关系、合伙合同关系、劳动合同关系等。本案中屈某举示的授权委托书仅能证明枣庄道桥公司单方授予刘某委托代理权，并不能证明该代理权的授予是基于何种基础法律关系。而枣庄道桥公司与刘某的权利义务应由其双方的基础法律关系予以调整。第三，枣庄道桥公司上诉认为，枣庄道桥公司的授权行为系基于与刘某的建设工程承包合同关系，并举示了重庆新湘骏公司与枣庄道桥公司签订的内部承包责任书以及刘某在公安机关的陈述，上述证据反映出枣庄道桥公司授予刘某代理权可能存在委托合同之外的其他基础法律关系。

综上，二审法院认为，屈某的诉讼请求不能成立。重庆市高级人民法院判决撤销一审判决，驳回屈某的诉讼请求。❶

问题： 请结合代理中授权行为独立性理论对一审、二审法院的判决作出评析。

【案例二】

2007年3月至2008年6月，案外人陈某某欠原告刘某某8万元。2010年6月2日，刘某某起诉陈某某，阴某某为刘某某的诉讼代理人。经法院调解，陈某某与刘某某达成调解协议："陈某某自愿于2010年8月6日前将位于荥阳市豫龙镇二十里铺村市场×号门面房一间抵偿给刘某某，刘某某于2010年11月30日之前补偿给陈某某差价款2万元。"

2010年11月26日，刘某某给自己的诉讼代理人阴某某出具承诺一份，内容为："关于我和陈某某纠纷一事，无论阴某某从陈某某手中怎样追回一楼或六楼房产，最终阴某某可以给我陆万元最后了结。"

后由于×号门面房已出售，2010年11月28日，陈某某将位于荥阳市豫龙镇二十里铺村市场综合楼西门洞六楼西户132平方米住房一套（下称涉案房屋）抵偿给刘某某，并放弃2万元差价款。陈某某将房屋钥匙交给阴某某。

2011年6月26日（协议上打印日期），被告二徐某某以刘某某的名义与被告一楚某某（阴某某的儿子）签订房屋买卖协议书一份，协议内容为："甲方刘某某（楚某某提供的协议上另添加阴某某），乙方楚某某。关于乙方购买甲方住房一事，今经双方共同协商一致同意，均自愿达成一致协议，条款如下：一、甲方自愿以壹拾万元的价格将涉案房屋卖归乙方所有，由乙方装修长期（永久性）居住使用。二、乙方一次性向甲方支付房款壹拾万元整。三、在乙方对该房屋居住使用期间如与政府或开发商发生纠纷时由乙方照头解决。四、本协议经双方签字后即时生效。"徐某某替刘某某在该协议上签名。

2012年6月10日，徐某某以刘某某名义给阴某某出具授权委托书一份，

---

❶ 改编自（2013）渝一中法民初字第01070号；（2015）渝高法民终字第00072号。

内容为"委托人刘某某，受委托人阴某某。自愿委托阴某某作为我全权代理人参与对涉案房屋居住使用权的处理。阴某某的代理权限为：可代为协商房屋价款，代签转让协议，代收房款等。阴某某的签字与我本人签字具有同等的法律效力，因本委托所产生的一切法律后果全部由我承担。"

2012 年 7 月 4 日，徐某某以刘某某的名义出具授权委托书一份，内容为："委托人刘某某，受委托人阴某某。关于涉案房屋须拆迁一事，现自愿委托上列受委托人阴某某为我与荥阳市豫龙镇人民政府参加协商该房屋拆迁的一切相关事宜的委托代理人。授阴某某的代理权限为特别授权，可代签协议"等。

楚某某出示的徐某某出具授权委托书的内容为："委托人刘某某，受委托人阴某某。关于我在荥阳市豫龙镇二十里铺村市场红楼西门洞六楼西户住房一套须拆迁一事，现自愿委托上列受委托人阴某某为我与荥阳市豫龙镇人民政府参加协商该房屋拆迁的一切相关事宜的委托代理人。授阴某某的代理权限为特别授权，可代签协议等。另授阴某某可代为对我和徐某某在 2011 年 6 月 26 日与楚某某所签房屋买卖协议进行追认和代为协商补偿房屋装修赔偿相关事宜，阴某某的签字与我本人的签字具有同等法律效力。"

2012 年 7 月 21 日，阴某某出具证明一份，内容为："刘某某在豫龙镇房款收回后，最终由我照头向刘某某付陆万元，证明人阴某某。"

2012 年 8 月 18 日，阴某某出具收条一份，内容为："今收到楚某某支付购房款陆万元整。待转刘某某。收款经手人阴某某。"同日，徐某某在一内容为"今收到楚某某支付房款陆万元"的收到条上签写"刘某某、徐某某"。

2012 年 7 月 4 日，楚某某与荥阳市豫龙镇人民政府签订了郑上路升级改造征收补偿协议。后该房屋被拆。

2012 年 6 月 23 日，刘某某去青海，2012 年 8 月 24 日返回郑州。

原告刘某某起诉楚某某和徐某某，请求确认 2011 年 6 月 26 日订立的房屋买卖协议无效。

原审法院认为：2011 年 6 月 26 日房屋买卖协议的当事人为刘某某与楚某某，被告徐某某替原告刘某某签字，未征得原告刘某某的同意，刘某某对其签字未进行追认，故徐某某的代签行为无效。被告徐某某以刘某某的名义给阴某某出具的授权委托书亦无效。陈某某将涉案房屋抵给刘某某后，即使刘某某授权阴某某为其处理房屋，阴某某作为刘某某的委托代理人与其子楚某某签订房屋买卖协议的行为，为自己代理行为，亦属无效行为。故判决2011年6月26日房屋买卖协议无效。

楚某某不服原审判决提起上诉，称双方所签订的2011年6月26日房屋买卖协议已经全部履行完毕，刘某某本人对徐某某以其本人名义与我签订协议的行为是明知的。一审法院认定事实不清，请求二审法院查明事实后依法改判或发回重审。❶

问题：

1. 如果代理人将自己代理出售的房屋卖给自己的儿子，是否构成自己代理？

2. 请结合《民法典》代理制度对法院的判决进行评析。

【知识要点】

（一）代理权的性质及产生原因

代理权系使代理人以本人名义所为法律行为的效力，得直接归属于本人的法律权能。代理权在本质上系一种"资格"或"权能"，而非固有意义上的"权利"，仅系代理效力直接归属于本人的要件而已，代理权本身并无独立的、积极的功能，不能单独成为法律行为的标的，因此不能单独让与，不能成为侵权行为的标的。❷

代理权的产生原因包括：

1. 依法律规定而产生

法定代理权系因法律规定而产生。如《民法典》总则编第23条规定了监护人的代理权："无民事行为能力人、限制民事行为能力人的监护人是其法定代理人。"再如《民法典》第1060条规定了夫妻日常家事代理权："夫妻一方因家庭日常生活需要而实施的民事法律行为，对夫妻双方发生效力，但是夫妻一方与相对人另有约定的除外。"这些规定是监护人法定代理权和

---

❶ 改编自河南省郑州市中级人民法院民事判决书（2014）郑民四终字第262号。

❷ 施启扬. 民法总则（修订第八版）[M]. 北京：中国法制出版社，2010：286.

夫妻法定代理权产生的原因。

2. 依本人授权行为而产生

委托代理权的产生原因系基于本人的授权行为。所谓授权行为,指本人授予代理权人代理权的单方意思表示。本人的授权行为是一种法律事实,基于这一法律事实,代理人获得代理权。实践中,授权行为常与某种基础法律关系相结合。这类基础关系主要有委托合同关系、合伙合同关系、承揽合同关系、劳动合同关系等。这些基础关系也称为授权行为的原因。

(二)授权的方式

授权行为是一种有相对人的单方法律行为。授权行为非要式行为,可以口头,可以书面,甚至可以通过默示行为进行。如在部分委托、雇佣等非有代理权不能为法律行为的合同中,一般认为成立合同关系时同时含有授权的默示意思表示。❶虽然《民法典》认可授权行为为不要式法律行为,但在商业活动中,明确授权范围是明智的选择。对此,《民法典》总则编第 165 条规定:"委托代理授权采用书面形式的,授权委托书应当载明代理人的姓名或者名称、代理事项、权限和期限,并由被代理人签名或者盖章。"

(三)授权行为的独立性

代理权的授予,通常有其基础法律关系。《法国民法典》继承罗马法的习惯,认为代理系委托契约之外部关系,不认可代理关系中有独立的授权行为,因此将有关代理的规则包含在委任合同中,而代理人所为法律行为之效力归属于本人,被视为委任合同的一种附属性法律效果。如《法国民法典》第 1984 条规定:"委任或代理是指一人授权另一人以委任人的名义,为委任人完成某种事务的行为。委托契约,只有经受委托人(代理人)承诺才能成立。"该规定未对委托合同与代理权的授予加以区别。

德国学者拉邦德于 1866 年发表《依德国商法典完成法律行为时的代理》一文,力倡严格区分委任合同与代理权的授予。按照其观点,代理权之授予并非契约,乃单方法律行为,因此不必获得代理人的承诺即可成立。虽然代理权之授予通常伴有委托、雇佣、承揽等基础法律关系,但在概念上代理权之授予应与委托等基础法律关系严加区别。代理权的授予与基础法律关系的

---

❶ 施启扬.民法总则(修订第八版)[M].北京:中国法制出版社,2010:287.

结合可能出现三种样态：

其一，有代理权的授予，无委托合同等基础法律关系。如甲嘱乙代为订餐，属于社交上的情谊行为，无委托或雇佣等基础法律关系，乙不承担订餐义务。但甲嘱乙代为订餐存在授权乙与第三人实施法律行为的单方授权行为，乙因此取得代理权。

其二，有委托合同等法律关系，无代理权的授予。如甲与乙订立委托合同，委托乙在甲出差期间住在甲家照看宠物狗。甲乙之间存在委托合同关系，但无代理权的授予。

其三，基础法律关系与授权行为同时存在。如甲与乙订立委托乙出卖不动产的委托合同。在此情形下，甲乙之间有两个法律关系，一是委托合同关系，二是代理权的授予。

据上可知，代理权之授予，并非委托合同等基础法律关系的外部效力，而是独立的法律行为，学说上称为授权行为的独立性。

拉邦德所主张的严格区别代理权的授予行为与委任合同等基础法律关系的理论，对此后大陆法系民法典的编纂产生重大影响。如《德国民法典》在总则部分规定代理制度，在分则债务关系法部分规定委托合同。我国民法亦严格区别代理与委托，认为代理权之发生非基于委托合同等基础法律关系，而是基于本人的授权行为。委托合同为双方法律行为，而授权行为属于单方法律行为。也因此代理制度规定在《民法典》总则编，而委托合同制度规定在《民法典》合同编。

（四）授权行为的有因性、无因性问题

代理权之授予虽属于独立制度，但事实上代理权的授予与委托、雇佣等基础法律关系多相伴而生，由此会产生一个问题：作为授权行为原因的基础法律关系如果不成立、无效或撤销时，授权行为是否受其影响？代理权的授予与基础法律关系的结合可能出现三种情况：一是二者都有效；二是二者都无效，如无民事行为能力人与他人订立委托合同并授予他人代理权；三是基础法律关系无效，但授权行为单独判断有效，如商店雇佣未成年人乙，并授予其代理权，若乙的父母对雇佣合同不为追认，则雇佣合同无效。又因授权行为是单方法律行为，无需乙为意思表示，所以商店的授权行为有效。此时就产生授权行为是否因基础法律关系无效而受影响的问题。如果不受影响，即为授权行为的无因性，反之则为有因。

对此问题学说上有不同主张。授权行为无因说认为，授权行为与基础关系各自独立，基础关系无效或撤销，不应影响授权行为的效力。授权行为有因说认为，授权行为之效力取决于基础法律关系。基础法律关系无效或撤销，授权行为应当消灭，代理权亦应消灭。

我国《民法典》对此问题没有明确规定。大部分学者同意有因说，即当基础法律关系不成立、无效或撤销时，代理人实施的民事法律行为因代理权的丧失而成为无权代理。此时，如果存在相对人有理由信赖有代理权的客观情形，相对人可以通过表见代理制度维护自己的利益。

（五）代理权行使的限制

《民法典》未对代理人的义务作出正面规定，学理上认为，代理人应当忠诚、勤勉、审慎地为被代理人处理代理的事务。但《民法典》对代理人行使代理权作了限制性规定，即禁止自己代理和禁止双方代理。

所谓自己代理，是指代理人代理本人与自己为法律行为。所谓双方代理，是指代理人同时作为相对人的代理人与本人为法律行为。

基于代理关系的本质，代理人应当维护被代理人的利益，而在自己代理，自己的利益会与被代理人的利益发生冲突；在双方代理，代理人无法同时为两个被代理人谋取最大的利益。因此，《民法典》总则编第 168 条规定："代理人不得以被代理人的名义与自己实施民事法律行为，但是被代理人同意或者追认的除外。代理人不得以被代理人的名义与自己同时代理的其他人实施民事法律行为，但是被代理的双方同意或者追认的除外。"

我国台湾地区"民法"第 106 条规定："代理人非经本人之许诺，不得为本人与自己之法律行为，亦不得既为第三人之代理人，而为本人与第三人之法律行为。但其法律行为，系专履行债务者，不在此限。"这里的履行债务，是指通过法律行为清偿债务。因为清偿债务不影响本人的利益，因此代理人实施的行为如果属于清偿债务的，可以自己代理或者双方代理。但这里的清偿限于单纯的清偿，而不包括代物清偿，因为代物清偿是以它种给付代替原给付，涉及对委托人是否有利的问题。

三、代理人的行为能力

【案例】

三原告杨某、胡某、杨某某向法院提出诉讼请求：1. 确认三原告与被告蔡某之间的房地产买卖合同无效；2. 判令被告归还系争房屋。

事实和理由：三原告是系争房屋原产权人。2015 年 8 月，三原告急需用钱装修系争房屋结婚，通过案外人陈某某向卫某借款 100 万元（实际只拿到 64 万元）；同意将系争房屋作为抵押，并办理了抵押登记手续。陈某某及卫某欺骗三原告要求其出具委托书，三原告为能尽快拿到借款，在未加考虑的情况下向第三人邱某某出具委托书，委托邱某某代为办理系争房屋出售事宜，事后三原告拿到借款，每月按时支付利息。2016 年 4 月，三原告发现刚刚装修好的房屋门锁被人更换，并已有他人入住。2016 年 4 月 9 日，三原告向徐汇区房地产交易中心调查得知，邱某某已经将系争房屋以 200 万的价格出售给蔡某，系争房屋当时的市场价为 360 万元，三原告没有收到过任何房款。

蔡某辩称，不同意原告的诉讼请求。系争房屋买卖手续完备，且已经过户，系争房屋也已经交付。

法院认定事实如下：

2015 年 8 月 27 日，三原告与卫某签订《房地产借款抵押合同》，约定借款 100 万，借款期限为 2015 年 8 月 27 日起至 2015 年 9 月 26 日止；三原告将系争房屋抵押给卫某。同日，三原告向登记部门申请抵押登记，2015 年 9 月 1 日被核准登记。

三原告向邱某某出具委托书：委托人因故无法亲自办理出售系争房屋的相关事宜，特委托受托人邱某某为委托人的代理人，就上述房地产代表委托人办理下列附录中所列的全部事项（含代为签订买卖合同、转移登记等共计 13 项），受托人有转委托权。受托人在上述代理权限内就上述房地产所实施的法律行为及所产生的法律后果，委托人均予以认可。上述委托的期限自本委托书签字之日起至 2016 年 9 月 30 日止。委托书的签署日期为 2016 年 3

月 3 日。2016 年 3 月 3 日，上海市东方公证处出具公证书，公证事项：委托书签名。公证书载明："兹证明杨某、胡某、杨某某来我处，分别在前面的《委托书》上签名，该签名行为均属实。"

2016 年 3 月 6 日，邱某某以三原告（甲方）名义与被告蔡某（乙方）签订《上海市房地产买卖合同》（注：合同载明的居间方为上海泽佑房地产经纪事务所），约定：甲方将系争房屋出售给乙方，转让价款为 200 万元；双方确认在 2016 年 4 月 30 日之前共同向房地产交易中心申请办理转让过户手续。合同还对付款方式等事项作了约定。

2016 年 3 月 7 日，被告向邱某某支付首付款 102 万元；2016 年 3 月 23 日被告向邱某某支付购房款 90 万元，上述两笔为银行汇款。被告称另有 10 万元现金支付。邱某某分别于 2016 年 3 月 7 日、3 月 23 日、4 月 5 日出具了收条。

2016 年 4 月 1 日，系争房屋被核准登记至被告名下。

取得产证后，被告即自行换锁进屋（注：被告称其找不到邱某某，屋内也无人，遂自行开锁）。其时，系争房屋刚由三原告重新装修完毕。

当月，被告蔡某将系争房屋出售给案外人，被告称出售价为 350 万元，房款已支付，因本案纠纷房屋被司法查封，故尚未办理过户登记。

2016 年 10 月 8 日，上海市东方公证处出具撤销公证书决定书［（2016）沪东证复决定第 32 号］，内容如下：杨某、胡某、杨某某：你们于 2016 年 9 月 24 日向本处提出复查申请，本处已受理。经复查，（2016）沪东证字第 9111 号公证书是我处为委托人杨某、胡某、杨某某出具的委托书公证书。现发现公证员在办理上述公证时有违反程序的情形，根据司法部相关规定，本处决定撤销（2016）沪东证字第 9111 号公证书。

另查明，第三人邱某某为限制民事行为能力的残疾人。

就原、被告签订合同时房屋的市场价格，三原告称在 360 万元左右，被告称在 280 万元左右，之所以合同价只有 200 万元是要求被告一次性付款。法院向三家中介公司询价，答复分别为 340 万元、360 万元和 360 万元。

就系争房屋信息的来源，被告称系其在浦东泽佑公司做中介的朋友王某某提供的。

就看房情况，被告称没有进入系争房屋，只进入系争房屋旁边的楼宇并看了看周边环境。法院认为，根据本案查明的事实，被告购买系争房屋有下列不合常理之处：1. 被告购买徐汇区桂林东街的房屋，却由浦东的中介公司居间，被告就其房源信息的出处未提供充分合理的解释或证据；2. 双方约定的房价过低，不到当时系争房屋市场价的60%；3. 被告购房却不看房，仅仅到系争房屋周边查看无法替代看房；4. 在取得产证后未经任何交涉即强行开锁强占房屋，被告一边称产证取得后联系不上邱某某只能自己解决，另一边邱某某却于4月5日出具了10万元尾款收条给被告，被告的解释与其提供的书面证据有矛盾；5. 被告在取得产证当月即又将房屋出售他人。综上分析，被告在房源取得、看房、收房等方面都显现出有别于一般购房人的特殊之处，而购房价格过低，取得权利后又急于出售，上述种种不符合常理和通常做法之处，不符合物权法有关善意取得的适用条件，法院不能认定被告是善意的买受人。另外，三原告书面委托之代理人邱某某为限制民事行为能力人，对于房屋买卖等复杂和重要民事行为，显然缺乏应有的判断能力和预见能力，委托人和邱某某的监护人也均对系争房屋的买卖行为不予认可，故其代为签订的合同效力不应确认。综上两点，三原告要求确认买卖合同无效的请求，依法有据，法院予以支持。❶

问题：

1. 代理人是否需要具备完全的民事行为能力？

2. 适用善意取得制度的前提是无权处分，本案是否存在无权处分？

【知识要点】

法定代理人需要有行为能力，因为法定代理本身就是为无民事行为能力人和限制民事行为能力人设定的制度。对于意定代理的代理人是否需要有行为能力，大陆法系主要国家（地区）的民法大多规定无需有行为能力。

《法国民法典》第1990条规定："未解除亲权的未成年人，得受选任作为受托人（代理人）；但是，委托人仅在按照有关未成年人的义务的规则范围内，对未成年受托人（代理人）享有诉权。"《德国民法典》第165条规

---

❶ 改编自上海市徐汇区人民法院（2017）沪0104民初16903号。

定："由代理人或者向代理人作出之意思表示的有效性，不因代理人在行为能力上受限制而受妨碍。"日本民法和我国台湾地区"民法"规定限制民事行为能力人可以为代理人。如《日本民法典》第 102 条规定："限制行为能力人作为代理人所为的行为，不能以行为能力之限制而撤销。"我国台湾地区"民法"第 104 条规定："代理人所为或者所受意思表示之效力，不因其为限制行为能力人而受影响。"根据日本民法和我国台湾地区"民法"的上述规定，无民事行为能力人不得为代理人，理由是法律不欲使无民事行为能力人实施法律行为。

对于代理人无需行为能力的理由，学者的论证是：关于行为能力，代理人无须有之，即其所为或所受意思表示，仅足以拘束本人，而不足以拘束为或受此意思表示之代理人，故代理人所为或所受意思表示之效力，自不因其为限制行为能力人而受影响。❶ 在英美法系国家的学者看来，代理人仅仅是本人的工具，本人在选择代理人时，有极大的自主性，他可以选择限制行为能力人或者无行为能力人为代理人，只要他愿意承担因代理人行为能力欠缺而发生的风险。❷

我们民法对代理人是否需要具有行为能力没有直接的规定，但是可以从相关条文推导出，代理人需要有行为能力。《民法典》总则编第 173 条第 3 项规定："有下列情形之一的，委托代理终止：（三）代理人丧失民事行为能力的。"既然法律规定代理人丧失民事行为能力而委托代理终止，由此反推，委托代理的代理人需要有行为能力。但也有观点认为，第 173 条规定代理人"丧失"民事行为能力的才导致代理权终止，故代理人是限制民事行为能力人（没有丧失），不影响其享有或者行使代理权。❸

---

❶ 胡长清 . 中国民法总论［M］. 北京：中国政法大学出版社，1997：307.

❷ 江帆 . 代理法律制度研究［M］. 北京：中国法制出版社，2000：11–12.

❸ 沈德咏 .《中华人民共和国民法总则》条文理解与适用（下）［M］. 北京：人民法院出版社，2017：1101.

四、代理行为的瑕疵

【案例一】

甲是字画鉴赏行家。某日，乙委托甲代自己收购一幅价值100万元以内的名家书画。甲明知朋友丙正在出售的一幅字画是丙与哥哥的共同财产，丙系擅自出售该字画这一情况，仍然代乙购买了此幅字画。后丙的哥哥知道弟弟擅自出售字画一事，要求乙返还。乙说自己不知道丙擅自出卖字画，因此构成善意取得。

问题：乙的抗辩能否成立？

【案例二】

乙明知朋友丙正在出售的一幅字画是丙与哥哥的共同财产，丙系擅自出售该字画这一情况，仍然指示不知情的甲代理自己向丙购买。后丙的哥哥知道弟弟擅自出售字画一事，要求乙返还。乙抗辩说，代理人甲购买此幅字画时不知道此幅字画是丙与哥哥的共同财产，自己属于善意取得。

问题：乙的抗辩能否成立？

【知识要点】

代理人与第三人实施的法律行为，如果存在欺诈、胁迫等情况，致使法律行为效力受影响时，判断欺诈、胁迫等事实的有无，是看代理人，还是看本人，我国《民法典》对此没有规定。

《日本民法典》第101条规定："（一）代理人对相对人所为的意思表示的效力，因意思的不存在、错误、欺诈、强迫，或者对知道或者不知道某一情事因存在过失而受到影响时，该事实的有无，应由代理人予以确定。（二）相对人对代理人所为的意思表示，因意思表示的受领人明知，或者因过失不知某一情事，致其效力受影响时，其事实的有无，应由代理人予以确定。（三）受委托为特定法律行为的代理人为该行为时，本人不能以自己已知的情事主张代理人不知。本人因过失不知该情事时，亦同。"

我国台湾地区"民法"第105条规定:"代理人之意思表示,因其意思欠缺、被诈欺、被胁迫,或明知其事情,或可得而知其事情,致其效力受影响时,其事实之有无,应就代理人决之。但代理人之代理权,系以法律行为授予者,其意思表示,如依照本人所指示之意思而为时,其事实之有无,应就本人决之。"可见,原则上,代理行为中意思表示瑕疵是否存在是看代理人,特殊情况下才看本人。

五、无权代理

【案例】

2011年10月17日,被告一刘某某持被告二大成公司的授权委托书到原告王某某处购买钢材,委托书的内容为:"王某某:关于我公司承建的位于鄢陵县陈化店的(工程名称)花都温泉升级改造项目现需要钢材,特委托刘某某前往你处洽谈并购买钢材,我公司愿意承担由此产生的一切后果及法律责任。委托人许昌大成建设(集团)有限责任公司(公章)2011年10月17日。"

2012年2月3日,被告刘某某向原告王某某出具欠条1份,内容为:"今购买王某某钢材269.802吨,记款:壹佰贰拾肆万壹仟柒佰捌拾肆元¥1241784.00,自即日起每天每吨加价伍元。并保证在该工程主体封顶时结清全部货款及所加利息,否则从封顶之日起,所欠货款按每天每吨6元计息。注:以上货款价格及垫资款均为税前价格。项目名称:花都温泉升级改造项目。欠款人:刘某某,2012年2月3日。2012年元月22号伍万元已扣除。刘某某2012年2.3号。"2012年2月7日至2012年6月25日,原告王某某又分16次向"花都温泉"送钢材共计价款291525元,被告刘某某在销货单上签名。

现原告王某某诉刘某某和大成公司,要求二被告立即支付钢材款1447970元及相应利息。

法院另查明:2011年7月22日,被告大成公司与鄢陵花都温泉酒店有限公司签订建设工程施工合同，工程名称为：花都温泉升级改造工程（知泉主楼、温泉大观、恒温游泳馆），项目副经理为被告刘某某；2012 年 6 月 27 日，被告大成公司与鄢陵花都温泉酒店有限公司签订钢结构施工承包合同，被告刘某某为该工程的项目经理。

被告大成公司辩称，被告刘某某在购买钢材时，所持被告大成公司的授权委托书上大成公司的印章系伪造，自己不应当承担还款责任。

一审法院认为：《合同法》第 49 条规定："行为人没有代理权、超越代理权或者代理权终止后以被代理人名义订立合同，相对人有理由相信行为人有代理权的，该代理行为有效。"本案中，被告刘某某为原告王某某出具欠条中虽未加盖被告大成公司的印章，但被告刘某某在购买原告的钢材时出具了加盖被告大成公司印章的授权委托书，被告刘某某是被告大成公司钢结构分公司的经理，在 2011 年 7 月 22 日被告大成公司与鄢陵花都温泉酒店有限公司签订建设工程施工合同中担任项目副经理，被告刘某某为原告王某某出具的欠条及授权委托书中均注明项目名称为"花都温泉升级改造项目"。被告刘某某的委托代理人在庭审中亦认可刘某某所购钢材系用于该工程。被告大成公司辩称，被告刘某某在购买钢材时，所持被告大成公司的授权委托书上大成公司的印章系伪造，但并未提供相关事实证据。即使该印章如被告大成公司所述系伪造，但原告王某某作为普通公民，认为被告刘某某具有被告大成公司的授权，符合与其身份相符的认知能力。结合上述有效证据，本院认为，被告刘某某购买原告王某某钢材的行为符合表见代理的特征，由此产生的法律后果应由被告大成公司承担。原告要求被告大成公司给付钢材款的诉求于法有据，本院予以支持。

被告大成公司不服一审判决提出上诉。理由是：本案买卖合同当事人是王某某与刘某某，上诉人并未委托被上诉人刘某某到被上诉人王某某处购买钢材，刘某某的行为系个人行为，而非职务行为。一审法院在被上诉人王某某没有主张表见代理且未组织双方当事人在是否构成表见代理的问题上进行举证和辩论的情况下，直接认定本案构成表见代理程序不当，应予撤销。本案交易发生于王某某和刘某某个人之间，刘某某是该工程的实际承包人，其开展民事活动产生的民事责任应当由其个人承担。综上，请求二审撤销一审判决，依法改判或发回重审。

被上诉人王某某称，一审判决认定事实清楚，适用法律正确，刘某某不具有建筑资质，本案钢材用在了大成公司的工程上，刘某某也认可承包大成公司的工程，一审认定买卖关系清楚。

被上诉人刘某某辩称，工程由其承包，本人愿意承担本案债务，与大成公司无关。

二审查明，被上诉人刘某某在购买钢材时给王某某出具的委托书中大成公司的印章编号与大成公司在一、二审诉讼期间委托代理人代为诉讼中的委托书所加盖印章编号不一致，且刘某某二审当庭认可自己出具的大成公司委托书中的印章系他人私刻。❶

问题： 根据现有的证据，本案是否构成表见代理？

【知识要点】

（一）无权代理的概念

无代理权的人以他人名义实施法律行为，称为无权代理。无权代理行为在法律上并不当然无效，属于效力待定，如本人追认，即成为有权代理，无权代理人所实施的法律行为有效；如本人不予追认，无权代理人所实施的法律行为对本人无效，由无权代理人对相对人承担责任。此外，无实际授权的代理行为具备有权代理的表象时，无须本人追认而对本人发生效力，即表见代理。表见代理是无权代理，但就其法律效果而言相当于有权代理，故学说上为示区别，将无权代理分为狭义无权代理和表见代理。一般所指的无权代理是指狭义的无权代理。

（二）无权代理的类型及效力

《民法典》总则编第171条规定："行为人没有代理权、超越代理权或者代理权终止后，仍然实施代理行为，未经被代理人追认的，对被代理人不发生效力。相对人可以催告被代理人自收到通知之日起三十日内予以追认。被代理人未作表示的，视为拒绝追认。行为人实施的行为被追认前，善意相对人有撤销的权利。撤销应当以通知的方式作出。行为人实施的行为未被追认

---

❶ 改编自河南省许昌市中级人民法院民事判决书（2014）许民终字第1771号。

的，善意相对人有权请求行为人履行债务或者就其受到的损害请求行为人赔偿。但是，赔偿的范围不得超过被代理人追认时相对人所能获得的利益。相对人知道或者应当知道行为人无权代理的，相对人和行为人按照各自的过错承担责任。"

据此，狭义的无权代理有三种情形：自始无代理权的无权代理、超越代理权的无权代理及代理权消灭后的无权代理。

无权代理产生的法律行为效力待定。

1. 本人的追认权

在无权代理的情形下，本人享有对无代理权人实施的法律行为予以追认的权利，即追认权。此追认权系法律为保护被代理人的利益而设。因为无权代理行为并不一定对被代理人不利，法律为保护被代理人利益以及促进交易，特设追认权制度，依被代理人的自由选择决定该无权代理行为是否对自己发生效力。此追认权在法律性质上属于一种形成权。民法上形成权的效力在于，仅凭权利人单方的意思表示即可决定法律关系之变动。因此，法律为平衡本人与相对人的利益，对形成权的存续有期限的限制，即相对人可以催告被代理人自收到通知之日起三十日内予以追认。被代理人在收到相对人的催告通知后三十天届满而未作出表示的，即视为拒绝追认。

无权代理经本人追认，即转变为有权代理，发生有权代理的法律效力。

2. 相对人的催告权和撤销权

在无权代理的情形下，法律为保护本人的利益，赋予其享有追认权。为了平衡保护无权代理之相对人的利益，又赋予相对人催告权和撤销权。

在本人对无权代理行为未予追认前，相对人可以行使撤销权，消灭该无权代理行为，使相对人与代理人之间实施的法律行为归于无效。《民法典》总则编第 171 条第 2 款对相对人的撤销权有所限制：一是唯有善意相对人才有此撤销权，恶意相对人无此撤销权；二是此撤销权须在本人追认前行使，如果本人已经追认，善意相对人的撤销权即归于消灭。

3. 本人不予追认的后果

《民法典》总则编第 171 条第 3 款、第 4 款规定："行为人实施的行为未被追认的，善意相对人有权请求行为人履行债务或者就其受到的损害请求行为人赔偿，但是赔偿的范围不得超过被代理人追认时相对人所能获得的利益。相对人知道或者应当知道行为人无权代理的，相对人和行为人按照各自的过错承担责任。"

具体而言，本人对无权代理行为不予追认的法律后果如下。

（1）善意相对人有权请求代理人履行债务。在2017年《民法总则》出台之前，我国理论与司法实务界对本人不予追认时无权代理人承担的是履行责任还是损害赔偿责任，始终存在争议。因为《民法通则》第66条仅规定，没有代理权、超越代理权或者代理权终止后的行为，未经追认的行为，由行为人承担民事责任。我国台湾地区"民法"第110条则明确规定无权代理人仅承担损害赔偿责任："无代理权人，以他人之代理人名义所为之法律行为，对于善意之相对人，负损害赔偿之责。"

根据《民法典》第171条，行为人没有代理权、超越代理权或者代理权终止后仍然实施代理行为，未经被代理人追认的，善意相对人有权请求行为人履行债务或者就其受到的损害请求行为人赔偿。《民法典》明确赋予善意相对人对无权代理人享有债务履行请求权。换言之，享有履行请求权的主体仅限于善意相对人，恶意相对人无此权利。

（2）善意相对人有权就其受到的损害请求无权代理人赔偿。善意相对人也可以不选择请求无权代理人履行债务，而选择请求无权代理人承担损害赔偿责任，但是，赔偿的范围不得超过被代理人追认时相对人所能获得的利益。

（3）相对人知道或者应当知道行为人无权代理的，相对人和行为人按照各自的过错承担责任。相对人知道或者应当知道行为人无权代理的，说明相对人非善意，此时，相对人仍然享有损害赔偿请求权，但相对人和行为人按照各自的过错承担责任。

（三）表见代理

1. 表见代理的概念

所谓表见代理，指本属于无权代理，但具有授予代理权的表象，致使相对人相信无权代理人有代理权而与其为法律行为，法律使其发生与有权代理同样的法律效果。《民法典》总则编第172条规定："行为人没有代理权、超越代理权或者代理权终止后，仍然实施代理行为，相对人有理由相信行为人有代理权的，代理行为有效。"合同法等交易法以鼓励交易为立法宗旨，但同时也需要维护交易安全。代理制度是鼓励交易的手段之一，而设立表见代理制度的目的，则在于维护交易安全。表见代理仅在委托代理中适用，其法理基础为诚实信用原则。

2. 表见代理的构成要件

（1）代理人无代理权。成立表见代理的第一项条件，是代理人无代理权。如果代理人实际上拥有代理权，不发生表见代理问题。

（2）存在无权代理人被授予代理权的表象。成立表见代理的第二项条件，是该无权代理人有被授予代理权之外表或假象。存在外表授权，是成立表见代理的根据。实际生活中，较多出现的是该无权代理人此前曾经被授予代理权，但在实施代理行为时代理权已经终止，即代理权消灭后的表见代理，或者该代理人于实施代理行为当时仍拥有代理权，只是所实施的代理行为超越了授权范围，即越权的表见代理。当然，也有自始未曾被授予代理权的情形。

在实务中，对无权代理人持有被代理人的介绍信，或用盖有被代理人的合同专用章或其他印章的空白合同书签订合同的行为是否构成表见代理，争议最多。对此，《民法总则（草案）》曾经在第 176 条规定："行为人没有代理权、超越代理权或者代理权终止后，仍然实施代理行为，相对人有理由相信行为人有代理权的，代理行为有效，但是有下列情形之一的除外：（一）行为人伪造他人的公章、合同书或者授权委托书等，假冒他人的名义实施民事法律行为的；（二）被代理人的公章、合同书或者授权委托书等遗失、被盗，或者与行为人特定的职务关系已经终止，并且已经以合理方式公告或者通知，相对人应当知悉的；（三）法律规定的其他情形。"但是，最终公布的《民法总则》和《民法典》均无此条。草案规定的标准或许可以作为认定表见代理的参考。

（3）相对人善意且无过失。相对人善意是指相对人事实上不知道代理人无代理权。对相对人的不知是否必须无过失，我国台湾地区"民法"第 107 条有明确规定："代理权之限制及撤回，不得以之对抗善意第三人。但第三人因过失而不知其事实者，不在此限。"即相对人需要无过失才能主张表见代理。我国《民法典》第172条使用的"相对人有理由相信行为人有代理权"这一表述，应当认为也要求无过失。

3. 表见代理的法律后果

根据《民法典》总则编第172条，行为人没有代理权、超越代理权或者代理权终止后，仍然实施代理行为，相对人有理由相信行为人有代理权的，代理行为有效。

表见代理性质上属于无权代理，但发生有权代理的法律后果。须加说明的是，在具备上述要件时，相对人可以基于表见代理对被代理人主张有权代理的效果，也可以依据狭义无权代理的规定，撤销其所为的法律行为。表见代理制度的目的在于保护善意相对人，当相对人主张代理行为有效时，被代理人不得以事实上未授予代理权作为抗辩。反之，被代理人不得基于表见代理而对相对人主张代理之效果。被代理人如欲使无权代理行为有效，仍须依无权代理的规定，对无权代理人的代理行为进行追认。

六、代理中的民事责任

【案例】

系争房屋的产权人为被告吕野某，吕野某系精神类残疾人。吕龙某系吕野某的妹妹，卫某某系吕龙某之子。

2015年5月3日，卫某某（甲方）持系争房屋的房屋产权证、吕野某的身份证原件、银行卡原件、残疾证与原告孙某某（乙方）签订《售房定金协议书》，约定甲方同意向乙方出售系争房屋，同时征得权利共有人的同意，由甲乙双方自行协商转让，该房屋总标的238万元。签约后，原告孙某某依约支付了房款首付款90万元及中介费4万元，卫某某也交付了系争房屋，但尚未完成过户手续。

2015年7月8日，吕龙某向法院申请宣告吕野某为无民事行为能力人。2015年9月15日，法院作出民事判决，宣告吕野某为无民事行为能力人，同时指定吕龙某为吕野某的监护人。

证人韩某某作证：看房时系争房屋由卫某某夫妻等三人居住，卫某某承诺将办好所有委托出售房屋的手续。

证人刘某某作证：2015年六七月份，自己告诉吕龙某如果不指定监护人就不能交易房屋，吕龙某表示"哦"。

证人张某某作证：2015年八九月份，吕龙某曾到中介公司询问："这小鬼（卫某某），把房子卖掉了是哇？"看上去不太开心。2016年，卫某某提出加价。

经对系争房屋的市场价进行鉴定：2016年3月的市场价为319万元，2016年11月的市场价为417万元。

原告孙某某向法院提起诉讼，请求：1.被告吕野某继续履行房屋买卖合同；2.如法院不能支持其前述诉讼请求，则要求：1.解除原、被告之间的房屋买卖合同；2.被告吕野某及第三人卫某某返还原告购房款人民币（币种下同）90万元及利息4万元；3.被告吕野某及其法定代理人吕龙某、第三人卫某某赔偿原告损失217万元（房屋差价损失204万元、中介费4万元、今后再购房屋的契税损失9万元）。

被告吕野某辩称：不同意原告的所有诉讼请求。原、被告之间不存在合同关系。被告也没有出售或委托他人出售房屋。系争房屋是被告名下仅有的一套房屋，任何人不得处分。原告与第三人签订了合同，应当起诉第三人。

第三人卫某某述称：自己与原告之间签订的《售房定金协议》没有经过吕龙某的同意。现同意解除《售房定金协议》，愿意返还购房款及利息。但利息应按照银行一年期利率计算。中介费与自己无关，房屋差价损失愿意赔偿50万元。

一审法院作出判决：解除孙某某与卫某某签订的《售房定金协议书》；卫某某返还购房款90万元及相应的利息，并赔偿房屋差价损失90万元、中介费4万元；孙某某返还系争房屋。理由是：1.从本案查明的事实来看，卫某某在签约时并未持有吕龙某的书面委托书，目前也没有证据可以证明吕龙某曾口头委托卫某某签订协议书。因此，可以认定吕龙某并未委托卫某某签署协议书。2.房屋买卖是重大的民事活动，本案原告明知房屋产权人是吕野某，且吕野某是智力残疾人，仅凭卫某某持有房屋产权证、吕野某的身份证、银行卡等原件，也不足以认定原告有理由相信卫某某有代理权，因此也不能认定为表见代理。综上，本院认定卫某某无权代理吕野某签订《售房定金协议书》，《售房定金协议书》对吕野某不发生效力。原告要求吕野某履行买卖合同（实为《售房定金协议书》）、配合办理过户手续的诉讼请求，应予驳回。

《售房定金协议书》对吕野某不发生效力，应由行为人卫某某承担责任。因此，原告要求解除《售房定金协议书》、卫某某返还购房款的请求，本院予以支持。合同解除后，原告有权要求赔偿损失。原告主张的中介费损失，该费用客观上已经发生，卫某某应予赔偿。原告主张的房屋差价损失，因《售房定金协议书》无法继续履行客观上导致了原告丧失交易的机会，在目前房价上涨的情形下，房屋差价损失客观存在，但本院考虑到原告明知卫某某并非产权人也未获得授权，仍与卫某某签订协议，且未及时催告权利人是否追认卫某某的代理行为，综合考虑本案中原告及第三人的过错，双方实际履行情况等因素，酌定卫某某赔偿房屋差价损失 90 万元。❶

问题：

1. 房屋买卖合同是否有效？

2. 无效合同有无解除问题？若解除房屋买卖合同，对原告承担责任的主体是谁？

3. 在无权代理中，无权代理人对相对人承担什么民事责任？

【知识要点】

代理制度中的民事责任，包括代理人的责任、被代理人的责任，以及第三人的责任。

（一）代理人的民事责任

（1）根据《民法典》第 171 条，行为人实施的行为未被追认的，善意相对人有权请求行为人履行债务或者就其受到的损害请求行为人赔偿，但是赔偿的范围不得超过被代理人追认时相对人所能获得的利益。相对人知道或者

---

❶ 改编自上海市第一中级人民法院（2017）沪 01 民终 5107 号。

应当知道行为人无权代理的，相对人和行为人按照各自的过错承担责任。此条主要是规定无权代理人对相对人的民事责任，承担责任的方式包括对相对人履行债务或者赔偿相对人损失。

2. 根据《民法典》第164条第1款，代理人不履行或者不完全履行职责，造成被代理人损害的，应当承担民事责任。此为代理人对被代理人承担的民事责任。承担此款规定的责任是否以过错为要件，存在争议。从条文表述看，本款内容并未强调代理人的过失，而且此代理人责任类似于违约责任，应当适用无过错责任的归责原则。❶ 此外，如果代理人与被代理人之间存在基础法律关系，代理人不履行或者不完全履行职责造成被代理人损害的，还可以依照其基础法律关系的规定处理。

（二）代理人与相对人的连带责任

根据《民法典》总则编第164条第2款，代理人和相对人恶意串通，损害被代理人合法权益的，代理人和相对人应当承担连带责任。此为代理人和相对人对被代理人承担的责任，以恶意为要件。

（三）代理人与被代理人的连带责任

根据《民法典》总则编第167条，代理人知道或者应当知道代理事项违法仍然实施代理行为，或者被代理人知道或者应当知道代理人的代理行为违法未作反对表示的，被代理人和代理人应当承担连带责任。此责任为过错责任。

七、代理的终止

【知识要点】

代理的终止事由，因委托代理和法定代理而有所不同。

（一）委托代理的终止

根据《民法典》总则编第173条，有下列情形之一的，委托代理终止：

---

❶ 沈德咏.《中华人民共和国民法总则》条文理解与适用（下）[M].北京：人民法院出版社，2017：1083.

（一）代理期间届满或者代理事务完成；（二）被代理人取消委托或者代理人辞去委托；（三）代理人丧失民事行为能力；（四）代理人或者被代理人死亡；（五）作为代理人或者被代理人的法人、非法人组织终止。

针对被代理人死亡，《民法典》第 174 条又规定："被代理人死亡后，有下列情形之一的，委托代理人实施的代理行为有效：（一）代理人不知道且不应当知道被代理人死亡；（二）被代理人的继承人予以承认；（三）授权中明确代理权在代理事务完成时终止；（四）被代理人死亡前已经实施，为了被代理人的继承人的利益继续代理。作为被代理人的法人、非法人组织终止的，参照适用前款规定。"

（二）法定代理终止

根据《民法典》总则编第 175 条，有下列情形之一的，法定代理终止：（一）被代理人取得或者恢复完全民事行为能力；（二）代理人丧失民事行为能力；（三）代理人或者被代理人死亡；（四）法律规定的其他情形。

第十一章　诉讼时效、除斥期间

一、时效制度概述

【案例】

2013年4月9日，原告黄某某、李某某与被告郑某一、郑某二达成名为《还款协议》实为收购的协议，协议约定黄某某、李某某收购郑某一、郑某二在湟中县西堡镇丰台沟村的砂石厂，收购价为338万元，由黄某某、李某某二人共同承担还款义务。从2013年5月份起必须每月还款不低于43万元，2013年12月30日还清。黄某某、李某某应向西宁南联商品混凝土有限公司收取的砂石货款也可以作为还款数额，砂石的数量及金额以西宁南联商品混凝土有限公司的财务确认挂账数据为依据。同时，黄某某、李某某向郑某一、郑某二出具欠条一份，内容为："今欠郑某一人民币178万元，欠郑某二人民币160万元，合计338万元。欠款缘由是湟中县西堡镇丰台沟村砂石厂前期所投的资金及股份由李某某、黄某某两人进行收购及一次性买断。本欠款于2013年12月30日前必须一次性向郑某一、郑某二还清。欠款人：李某某、黄某某。欠款时间2013年4月9日。"

2013年4月13日、2013年5月13日、2013年6月25日、2013年8月21日湟中县砂石资源综合整治领导小组办公室先后四次向李某某、黄某某收购的砂石厂发出《责令停止违法行为通知书》。《责令停止违法行为通知书》的内容为：西堡镇凤台沟黄某某砂石厂在凤台沟非法挖砂洗砂的行为，违反了《土地管理法》《环境保护法》《水土保持法》等法律的有关规定及相关文件精神，现责令立即停止上述违法行为，并限期拆除设备清理场地。

2014 年 2 月 7 日，郑某一、郑某二起诉黄某某、李某某，要求二被告按《还款协议》约定给付 338 万元的砂石厂收购款。黄某某、李某某提出《还款协议》显失公平，要求撤销《还款协议》。

一审法院认为，所谓可撤销的合同，是因意思表示不真实，通过行使撤销权，使已经生效的意思表示归于无效的合同。具有撤销权的人如果在规定期限内没有行使撤销权，就不能以合同具有可撤销的原因存在而不履行合同规定的义务。2013 年 4 月 23 日湟中县砂石资源综合整治领导小组办公室向黄某某发出《责令停止违法行为通知书》，黄某某、李某某应当自知道或应当知道撤销事由之日起一年内行使撤销权，但黄某某、李某某于 2014 年 9 月 23 日向本院起诉行使撤销权，已超过法律规定的除斥期间，即 2013 年 4 月 23 日湟中县砂石资源综合整治领导小组办公室向黄某某发出《责令停止违法行为通知书》为应知撤销事由之日，黄某某、李某某未在一年内行使撤销权，该撤销权已消灭。故黄某某、李某某要求撤销《还款协议书》的诉讼请求不予支持。黄某某、李某某认为双方签订的《还款协议》显失公平，撤销权行使期限从 2013 年 10 月份砂石厂关闭之日起算的理由没有事实依据，且黄某某、李某某未提供双方在签订《还款协议》时存在紧迫或者缺乏经验的情况下订立的权利义务不对等、标的物的价值和价款过于悬殊、承担责任、风险承担显然不合理的证据，对此理由一审法院不予采纳。

一审判决后，黄某某、李某某提出上诉。上诉理由是：我方在受让郑某一、郑某二的砂石厂仅 15 天后就收到了湟中县国土局关停的通知，对方在明知存在关停风险的情况下将砂石厂转让给我方，明显是转嫁风险，双方签订的合同显失公正。《民通意见》规定了一方当事人利用优势或者利用对方没有经验，致使双方的权利义务明显违反公平、等价有偿原则的，可以认定为显失公平。本案双方签订的合同显失公平，损害了李某某、黄某某的利益。同时，一审计算撤销权期限的起点错误，应从 2013 年 10 月 28 日起算，而不应从 2013 年 4 月 23 日算起，一审法院关于已过撤销权期限的理由错误。现上诉请求撤销一审判决，改判撤销双方签订的《还款协议》。❶

---

❶ 改编自青海省高级人民法院民事判决书（2015）青民一终字第 14 号。

问题：

1. 除斥期间制度与诉讼时效制度有哪些区别？

2. 此案是否已过除斥期间？

【知识要点】

（一）时效制度的概念、功能

时效，是指在一定期间内继续占有或不行使权利，而发生取得权利，或请求权减损效力或归于消灭的制度。❶

根据引起时效发生的事实状态的不同以及所导致的法律效果的不同，时效可以分为取得时效和消灭时效。取得时效，是指占有他人财产，行使所有权（或他物权）持续达到法定期限，即可依法取得该项财产所有权（或他物权）的法律制度。消灭时效，是指权利人不行使权利的状态持续到达法定期限，即发生该权利效力减弱或者消灭的法律制度。我国民事立法始终没有规定取得时效制度，《民法典》也仅规定了诉讼时效制度。

时效为法律事实之一种，属于自然事实中的状态。由于时效期间届满会发生与原权利人利益相反的法律效果，所以时效制度的本质是对民事权利的限制。

诉讼时效制度的功能，一是尊重现存社会秩序。一定的事实状态如果持续较长的时间，则会在社会上产生其为正当的信赖，人们不免以此为基础建立各种法律关系，这样就产生了新的秩序。如果为维持旧的秩序而将该事实状态推翻，会牵涉很多新建立的法律关系，扰乱社会秩序，不符合法律的本旨。为了稳定现存社会秩序，应当对于一定的事实状态予以承认，使建立在其基础上的法律关系得以保障。二是促使权利人及时行使权利。诉讼时效制度可以促使权利人及时行使权利。因为根据诉讼时效制度，权利人如不及时行使权利，可能导致权利不受法律保护的后果，这就促使权利人尽早行使权利，以维护自己的利益。诉讼时效制度并不是对义务人不履行义务的鼓励，而是基于"权利上的睡眠者不值得保护"这一理念，督促权利人及时行使自己的权利。三是降低诉讼成本。时间的流逝可能导致证据的灭失，也可能出

---

❶ 施启扬. 民法总则（修订第八版）[M]. 北京：中国法制出版社，2010: 326

现当事人死亡等情况。这些情况的出现，会增加当事人在诉讼中的举证难度，也会增加法院审理案件的难度，最终导致诉讼成本的增加。规定诉讼时效制度，法院只审理发生在一定期间内的争议，有利于当事人举证和法院调查取证，从而降低诉讼成本。

（二）诉讼时效期间与除斥期间的区别

《民法典》专设诉讼时效一章，其中又用一个条款规定了除斥期间。所谓除斥期间，是指法定权利的存续期间，因该期间届满而发生权利消灭的法律效果。《民法典》总则编第 199 条规定："法律规定或者当事人约定的撤销权、解除权等权利的存续期间，除法律另有规定外，自权利人知道或者应当知道权利产生之日起计算，不适用有关诉讼时效中止、中断和延长的规定。存续期间届满，撤销权、解除权等权利消灭。"

诉讼时效期间与除斥期间的区别如下：

（1）适用对象不同。根据我国《民法典》，诉讼时效期间针对请求权；而除斥期间针对形成权。

（2）法律效果不同。不同国家民法规定的时效客体不同，或为实体权利，或为请求权。我国《民法典》规定的诉讼时效客体是请求权，超过诉讼时效期间，产生抗辩权，实体权利并不消灭；而除斥期间届满，实体权利消灭。

（3）法定期间是否可变不同。诉讼时效期间适用中断、中止、延长，因此属于可变期间；而除斥期间为不变期间，不适用中断、中止和延长的规定。

（4）法院是否可以主动援用不同。因为我国民法规定诉讼时效期间届满产生抗辩权，因此在诉讼中法院不得主动援用，需由当事人自己提出诉讼时效届满的抗辩。《民法典》总则编第 193 条规定："人民法院不得主动适用诉讼时效的规定。"而除斥期间届满的，法院应当主动援用。

（三）时效制度的强制性问题

法律关于时效的规定，当事人可否约定变更，各国（地区）民法规定不一。有的规定不得由当事人依自由意思予以排除。如我国台湾地区"民法"第 147 条规定："时效期间，不得以法律行为加长或缩短之，并不得预先抛弃时效之利益"；有的则允许当事人约定减轻时效，使时效易于完成，但不允许约定加重时效，使时效难于完成；还有的允许当事人约定减轻时效或者加重时效，但设有一定的条件，例如，2001 年修正后的《德国民法典》第 202 条规定："（1）在因故意责任的情形，不得预先以法律行为减轻时效。（2）不得以法律行为将时效加重至 30 年的时效期间之外，其自法定的时效开始时间计算。"

我国民法不允许当事人通过约定改变时效的规定。《民法典》总则编第 197 条规定："诉讼时效的期间、计算方法以及中止、中断的事由由法律规定，当事人约定无效。当事人对诉讼时效利益的预先放弃无效。"

二、诉讼时效的客体

【案例一】

原告李某和被告孙某原为夫妻，二人于 2004 年因感情不和协议离婚。离婚协议约定：婚生子孙小某离婚后由女方李某抚养，孙某定期给付抚养费和教育费；现住公房及房屋内所有物品归女方所有；现金、存款方面双方不存在共同财产，离婚时互不干涉，不需再分割；男方经营的公司、所有的汽车等财产，离婚后属男方。

2014 年，李某发现孙某现住房是其与李某婚姻关系存续期间购买，孙某在离婚时对该房屋进行了隐瞒，故以此为由起诉到法院要求判决涉案房屋全部归自己所有。

被告孙某辩称，李某的起诉期早已超过两年的诉讼时效，而且当时双方因为感情不和，从 2001 年便已经开始分居，涉案的房屋是其在分居期间完全用个人的财产购买的，应属于个人财产。同时，离婚协议中的公房在离婚时已经取得完全产权，与公房相比，现住房在离婚时价值较小，而且购买此房也告诉过李某，故对于该房屋完全没有隐藏的动机和必要。况且，双方在离婚协议中明确约定"所有的汽车等财产，离婚后属男方"，自己的现住房

理应属于个人财产，因此不同意李某的诉讼请求。❶

问题：若涉案房屋属于夫妻共同财产，被告孙某主张起诉已超过两年诉讼时效的抗辩能否成立？

【案例二】

原告上海久×大厦小区业主大会诉称，被告上海环×实业总公司系上海市久×大厦底层、二层业主，其将系争房屋作为店铺使用，总建筑面积1601.75平方米。被告于2004年取得系争房屋所有权，但未按规定向业主大会交纳维修基金62227.99元。现原告起诉至法院，要求被告向原告交纳久×大厦底层、二层维修基金62227.99元。

被告上海环×实业总公司辩称，被告系参建取得系争房屋的，在办理产证时，相关部门未要求被告支付维修基金，现系争房屋产证已办理，从竣工至今已有14年，从被告取得产证至今也有7年，无人要求被告缴纳维修基金，原告诉请已超过诉讼时效。系争房屋一直由被告维护，原告的诉请不符合历史情况。原告业主大会的身份不符合诉讼法中诉讼主体的规定。故不同意原告诉请。

法院查明，1995年8月5日，上海××商业房地产经营公司（案外人）作为甲方，与被告签订了《拆迁补偿协议书》，双方约定：乙方被拆迁的房屋及构筑物于中山北一路××号，经核定拆除的建筑面积为2,100平方米；经双方协商，根据拆一还一原则，大楼建成后，1至2层约1600平方米作为产权补偿，地下室400平方米作为使用权补偿归还乙方。2004年1月5日，上海××商业房地产经营公司与被告签订《关于交付中山北一路××号久×大厦补偿用房的协议》，双方约定：由甲方交付乙方的商场位于中山北一路××号的底层和二层，底层691.36平方米，二层910.39平方米；甲乙双方共同办理交付房屋的产证手续，直至手续完备；办理产证的所需费用，由乙方自行负担。2004年3月1日，被告取得上海市中山北一路××号久×大厦底层、二层房屋的产权，被告未支付过系争房屋的维修资金。

---

❶ 改编自最高人民法院公布10起婚姻家庭纠纷典型案例（北京）之八：李某诉孙某离婚后财产纠纷案。

2010 年 9 月 15 日，上海市久 × 大厦小区业主大会就是否向法院起诉被告追讨维修基金征求全体业主意见，表决结果为：应到业主 80 人（户），其中同意 78 人（户），弃权 2 人（户），该表决结果显示超过半数以上业主均对起诉被告表示同意，会议决定由原告代表业主提起相关诉讼。

审理中，原告表示因被告关于系争房屋的拆迁补偿协议系 1995 年签订的，故适用 2000 年 12 月 31 日之前的每平方米的建筑面积成本价 1198 元来计算，故变更诉讼请求被告向原告交纳久 × 大厦底层、二层维修基金 57566.90 元。被告表示认可原告对于维修基金的计算方法，但因原告主体不符，且超过诉讼时效，故不同意原告的诉讼请求。双方各执己见，无法调解。

一审法院审理认为，住宅物业、住宅小区内的非住宅物业或者与单幢住宅楼结构相连的非住宅物业的业主，应当按照国家有关规定交纳专项维修资金。现被告未缴纳维修资金，理应按照相关规定缴纳。根据法律的规定业主大会有权依照法律、法规以及管理规约，主张权利。而缴纳维修资金的义务系由法律、法规予以规定，系业主的法定义务，并非系业主大会与业主基于债权关系而形成的债务，故对于维修资金的催讨不适用诉讼时效的规定。因此被告关于原告不符合诉讼法中规定的诉讼主体及原告起诉已超过诉讼时效的辩称意见，本院不予采信。原告收到被告缴纳的维修资金后应及时存入维修资金账户。依照《中华人民共和国物权法》第 83 条、《物业管理条例》第 54 条之规定，判决如下：1. 自本判决生效之日起 10 日内，被告上海环 × 实业总公司应向原告上海市久 × 大厦小区业主大会缴纳上海市中山北一路 × × 号底层、二层房屋的维修资金 57566.90 元。2. 如果未按本判决指定的期间履行给付金钱义务，应当依照《中华人民共和国民事诉讼法》第 229 条之规定，加倍支付迟延履行期间的债务利息。3. 本案受理费 1355.69 元，减半收取 677.85 元，由被告上海环 × 实业总公司负担。

一审判决后，上诉人环 × 总公司提起上诉称：被上诉人不符合民事诉讼主体资格，不是常设组织机构，也无承担民事责任的财产。业主大会享有要求侵权人停止侵害、排除妨碍、赔偿损失的权利，但并无提起诉讼的权利。上诉人 2004 年获得房地产权证，至被上诉人起诉亦有 6 年之久，被上诉人从未主张权利，其请求已超过诉讼时效，原审法院认为缴纳维修基金是法定义务不适用时效制度是错误的。上诉人与小区其他业主各自有入口完全分离，不使用电梯等设备，其他物业服务也自行完成。故请求二审法院撤销原审判决，改判驳回被上诉人的一审诉讼请求。

被上诉人业主大会答辩称：被上诉人是适格主体，有权提起诉讼。上诉人作为业主未缴纳维修基金，违反法定义务，侵害其他业主的权利，不应适用时效制度。故请求二审法院驳回上诉，维持原判。

二审法院审理认为，业主大会作为自治组织，管理全体业主的共有财产、共同事务，可以作为其他组织参加诉讼。业主大会具有社团性质，业主即是社团之社员，享有社员权，承担社员义务，其权利义务包含多种性质。业主大会作为全体业主的共有财产管理者，对房屋共有部分的维修和改良具有法律规定的权利。维修基金是法律规定的业主应当缴纳的款项，其用途就是对房屋共有部分的维修和改良。因此，业主大会要求作为小区业主之一的上诉人缴纳维修基金，这一权利基于业主是业主大会的社员，基于业主大会是房屋共有部分的维修和改良的管理者而产生，故这一权利并非是单纯的债权请求权，不是时效制度的客体，不应适用时效制度。综上所述，原审认定事实清楚，判决并无不当。据此，依照《中华人民共和国民事诉讼法》第153条第1款第1项之规定，判决如下：驳回上诉，维持原判。❶

问题：请结合我国民法关于诉讼时效客体的规定对法院的判决作出评析。

【知识要点】

所谓诉讼时效的客体，是指哪些权利应适用诉讼时效。各国（地区）民法关于诉讼时效客体的规定颇不一致。

（一）实体权利

其代表是日本民法。《日本民法典》第166条规定："（一）债权在下列情形因时效而消灭：1. 债权人自知道可以行使权利之时起五年内不行使时；

❶　改编自上海市虹口区人民法院（2011）虹民三（民）初字第833号。

2. 自可以行使权利之时起十年内不行使时。（二）债权或者所有权以外的财产权，自可以行使权利之时起二十年内不行使时，因时效而消灭。"可见，其规定的诉讼时效客体是债权等实体权利。

（二）请求权

其代表是德国民法以及我国台湾地区"民法"。《德国民法典》第 194 条之 1 规定："请求他人作为或者不作为的权利（请求权）受时效约束。"我国台湾地区"民法"第 125 条的规定："请求权，因十五年间不行使而消灭。但法律所定期间较短者，依其规定。"

《民法典》总则编第 196 条规定："下列请求权不适用诉讼时效的规定：（一）请求停止侵害、排除妨碍、消除危险；（二）不动产物权和登记的动产物权的权利人请求返还财产；（三）请求支付抚养费、赡养费或者扶养费；（四）依法不适用诉讼时效的其他请求权。"《民法典》人格权编第 995 条规定："人格权受到侵害的，受害人有权依照本法和其他法律的规定请求行为人承担民事责任。受害人的停止侵害、排除妨碍、消除危险、消除影响、恢复名誉、赔礼道歉请求权，不适用诉讼时效的规定。"

从第 196 条及第 995 条的条文表述可以推导出我国民法规定的诉讼时效的客体是请求权。请求权，以所由发生的法律关系为标准可以分为：因人格关系而产生的人格权请求权；因身份关系而产生的身份权请求权；因债权债务关系而产生的债权请求权；因物权关系而产生的物权请求权。以其请求的内容为标准可以分为：停止侵害请求权；排除妨碍请求权；消除危险请求权；返还财产请求权；恢复原状请求权；履行请求权；赔偿损失请求权；消除影响、恢复名誉请求权；赔礼道歉请求权等。

《民法典》第 196 条及第 995 条从反面规定了以下请求权不适用诉讼时效。

（1）停止侵害请求权、排除妨害请求权、消除危险请求权、消除影响、恢复名誉、赔礼道歉请求权不适用诉讼时效。一方面这些请求权的原权利一般是支配权，权利人行使此类请求权是为了恢复原权利的圆满状态，只要原权利存在，这些请求权就应当存在；另一方面，依行为人行为的性质，其对受害人的影响往往持续中。

（2）不动产物权和登记的动产物权的权利人请求返还财产的请求权不适用诉讼时效。鉴于不动产物权变动主要采取登记生效主义，特殊动产物权变动采取登记对抗主义，若允许已登记的权利人的请求权因时效期间届满而消灭，将动摇登记制度的效力。需要注意的是不动产返还请求权，因我国《民法典》物权编规定继承、合法建造等可以直接取得不动产物权，因此，即使没有办理权利登记，不动产权利人行使返还财产请求权也不适用诉讼时效。

（3）请求支付抚养费、赡养费或者扶养费的请求权不适用诉讼时效。此项立法的目的，更多是基于伦理道德，以保障权利人的生活。

（4）依法不适用诉讼时效的其他请求权。第196条第4项是兜底条款，需要结合其他法律规定，如2008年最高人民法院发布的《关于审理民事案件适用诉讼时效制度若干问题的规定》（即《诉讼时效司法解释》）第1条规定："下列请求权不适用诉讼时效：支付存款本金及利息请求权；兑付国债、金融债券以及向不特定对象发行的企业债券本息请求权；基于投资关系产生的缴付出资请求权；其他依法不适用诉讼时效规定的债权请求权。"

应予注意的是，在实体法中存在被称为请求权，但实质为形成权的权利，史尚宽先生指出："权利中有定为请求权而其性质乃为形成权者，例如，无效确认请求权、买受人之减少价金请求权、定作人对于承揽人减少报酬请求权、共有物分割请求权、出典人的回赎权、离婚请求权。"❶上述权利由于本质并非请求权，所以不适用时效的规定。

三、诉讼时效期间

【案例一】

被告万瑞公司是绥芬河市山景嘉园小区的物业管理机构。被告与小区业主委员会签订的物业服务合同约定的服务期限为2008年12月20日至2014年12月31日。

原告陈某系该小区的业主。正常情况下，原告每年需交物业费4340.68

---

❶ 史尚宽.民法总论［M］.北京：中国政法大学出版社，2000：629.

元。原告称因家里三次被水淹，时任被告公司经理孙某某答应免除原告2010年全年和2011年上半年的物业费，并承诺对原告2012年的物业费按七折计算收取，2013年和2014年的物业费按五折计算收取。但被告对此予以否认。

2012年2月16日，被告收取原告3300元物业费，在被告给原告出具的收据上注明系2012年1月至2012年12月31日的物业费。

2013年11月10日，被告收取原告4340元物业费，在被告给原告出具的收据上注明系2013年1月至2014年12月30日的物业费。

2014年1月1日，被告因故退出山景嘉园小区的物业管理，由山景嘉园业主物业管理处接手对小区进行物业管理。

2014年5月27日，山景嘉园业主物业管理处收取原告2014年1月至2014年12月的物业费4341元。原告认为被告已收取其2014年的物业费，新任物业服务单位再次收取属于重复收取。

原告将被告诉至法院，要求被告赔偿其被新任物业单位收取的4340元物业费。

被告提起反诉，要求原告支付2010年1月至2011年6月30日的物业费6101元。

就被告反诉部分，一审法院认为：根据庭审查明，原告并未交纳2010年1月至2011年6月30日的物业费，原告虽然辩称被告前任经理孙某某答应给予免除这一期间的物业费，但未能提供证据证实其主张。根据相关法律规定，向人民法院请求保护民事权利的诉讼时效期间为2年。原、被告均认可原告的物业费是从2011年7月1日以后收取的，被告如要求原告交纳2011年6月30日以前的物业费，就应及时行使权利。被告未能证明此前曾向原告催讨过2010年1月至2011年6月30日的物业费，亦未能提供证据证明存在诉讼时效中止、中断或延长的情形，故本院认为，被告要求原告交纳2010年1月至2011年6月30日期间的物业费的反诉请求已超过法定诉讼时效期间，本院不予支持。

一审宣判后，被告万瑞公司不服，向上级法院提起上诉。

上诉人万瑞公司上诉称：被上诉人拖欠的2010年1月至2011年6月期间的物业服务费、车位费6101元的诉讼时效应自2014年1月，即被告退出

山景嘉园小区的物业管理时开始计算。❶

　　问题：该案反诉部分的诉讼时效期间从何时开始起算？

【案例二】

　　被告陈某某于 1990 年 2 月 25 日向原告胡某某借款 5500 元；同年 3 月 6 日、3 月 11 日向原告借款计 15000 元；1991 年 5 月 17 日向原告借款 26000 元。以上借款共计 46500 元。在庭审中，原告自认被告已支付利息至 1996 年 2 月。

　　原告胡某某于 2010 年 11 月 17 日，以被告向其借款共计 46500 元至今未归还为由，向法院起诉被告陈某某及丈夫彭某某，请求二被告偿还借款本金 46500 元，并支付自 1996 年 2 月起按月利率 1.5% 计算至实际偿还之日止的利息。

　　被告彭某某的抗辩理由之一是借款已超诉讼时效。本案中 1990 年 2 月 25 日的借款和 1990 年 3 月的借款已超出法定的 20 年诉讼时效。

　　原审法院审理认为：原告胡某某与被告陈某某之间形成的民间借贷关系，系双方自愿，内容合法，依法应认定有效。借贷双方未明确约定借款期限，被告陈某某应当在原告要求的合理期限内返还借款。被告陈某某、彭某某系夫妻关系，夫妻关系存续期间被告陈某某以个人名义对外所负债务，应按夫妻共同债务处理，被告彭某某应当承担共同偿还责任。至于被告彭某某辩称本案中 1990 年 2 月 25 日的借款和 1990 年 3 月的借款已超出法定的 20 年诉讼时效，本院认为，出借人有权决定该款由借用人继续使用及使用期限，在未约定还款期日的情况下不存在权利人权利受到侵害之说，诉讼时效并不起算，故对被告彭某某的辩称不予采纳。判决被告陈某某、彭某某在判决发生法律效力之日起十日内共同偿还给原告胡某某借款 46500 元，并支付自 1996 年 3 月 1 日起按照中国人民银行公布的同期同档次贷款基准利率的标准计算至本判决确定的履行之日止的利息。❷

　　问题：请结合时效制度对法院的判决作出评析。

---

❶ 改编自黑龙江省牡丹江市中级人民法院民事判决书（2015）牡民终字第 22 号。
❷ 改编自浙江省台州市中级人民法院民事判决书（2011）浙台商终字第 264 号。

【知识要点】

（一）诉讼时效期间的分类

1.普通时效期间

现代各国（地区）民法关于诉讼时效期间的规定往往不是单一的，而是规定多种期间，一般包括普通时效期间、特别时效期间、长期时效期间。例如，《德国民法典》规定的普通时效期间为三年，土地权利的时效期间是十年，长期时效期间为三十年。《日本民法典》规定的普通时效期间债权为五年，债权或者所有权外的财产权为二十年。我国台湾地区"民法"规定的普通时效期间为十五年，特别时效期间有两年、五年不等。我国《民法通则》规定的普通时效期间是两年，时效期间比较短，对权利人的保护不周，因此，《民法总则》将普通时效期间改为三年。《民法典》继续沿袭《民法总则》三年的规定。《民法典》总则编第 188 条规定："向人民法院请求保护民事权利的诉讼时效期间为三年。法律另有规定的，依照其规定。"《民法典》总则编第 198 条对仲裁的时效问题作了规定："法律对仲裁时效有规定的，依照其规定；没有规定的，适用诉讼时效的规定。"

2.特别时效期间

在我国，特别时效期间是指长于或者短于三年普通时效期间的时效规定。如《民法典》合同编第 594 条规定："因国际货物买卖合同和技术进出口合同争议提起诉讼或者申请仲裁的时效期限为四年。"再如《拍卖法》第 61 条第 3 款："因拍卖标的存在瑕疵未声明的，请求赔偿的诉讼时效期间为一年，自当事人知道或者应当知道权利受到损害之日起计算。"

3.最长时效期间

《民法典》总则编第 188 条第 2 款规定："诉讼时效期间自权利人知道或者应当知道权利受到损害以及义务人之日起计算。法律另有规定的，依照其规定。但是自权利受到损害之日起超过二十年的，人民法院不予保护，有特殊情况的，人民法院可以根据权利人的申请决定延长。"这里的二十年就是最长时效期间。

最长时效期间与普通时效期间的区别如下：（1）时效期间的起算点不

同。三年的普通时效期间，从当事人知道或应当知道权利受侵害以及义务人之日起算；而二十年最长时效期间，从权利受侵害之日起算。（2）期间性质不同。三年的普通时效期间有中止、中断问题，性质上为可变期间；二十年的最长时效期间不发生中止、中断问题，仅可以适用延长制度。

（二）诉讼时效期间的起算

原《民法通则》第137条规定的诉讼时效期间的起算点是：从权利人知道或者应当知道权利被侵害时起算，但《民法典》有变化。《民法典》总则编第188条规定："诉讼时效期间自权利人知道或者应当知道权利受到损害以及义务人之日起计算。"增加了"知道义务人"这一条件。这一更改有其合理性，因为在某些情况下，受害人可能已经知道权利受侵害，但不知道侵害者是谁，因而无法提起诉讼。

此外，《民法典》针对几种特殊情况，分别规定了诉讼时效的起算点：

《民法典》第189条规定："当事人约定同一债务分期履行的，诉讼时效期间自最后一期履行期限届满之日起计算。"

《民法典》第190条规定："无民事行为能力人或者限制民事行为能力人对其法定代理人的请求权的诉讼时效期间，自该法定代理终止之日起计算。"

《民法典》第191条规定："未成年人遭受性侵害的损害赔偿请求权的诉讼时效期间，自受害人年满十八周岁之日起计算。"

此外，《民通意见》和《最高人民法院关于审理民事案件适用诉讼时效制度若干问题的规定》(《诉讼时效司法解释》)对诉讼时效的起算点也有特别规定，这些规定对司法实务有一定的参考作用。

根据《民通意见》第168条，人身损害赔偿的诉讼时效期间，伤害明显的，从受伤害之日起算；伤害当时未曾发现，后经检查确诊并能证明是由侵害引起的，从伤势确诊之日起算。

根据《诉讼时效司法解释》第6条，未约定履行期限的合同，依照合同法第61条、第62条的规定，可以确定履行期限的，诉讼时效期间从履行期限届满之日起计算；不能确定履行期限的，诉讼时效期间从债权人要求债务人履行义务的宽限期届满之日起计算，但债务人在债权人第一次向其主张权利之时明确表示不履行义务的，诉讼时效期间从债务人明确表示不履行义务之日起计算。

根据《诉讼时效司法解释》第 8 条，返还不当得利请求权的诉讼时效期间，从当事人一方知道或者应当知道不当得利事实及对方当事人之日起计算。

根据《诉讼时效司法解释》第 9 条，管理人因无因管理行为产生的给付必要管理费用、赔偿损失请求权的诉讼时效期间，从无因管理行为结束并且管理人知道或者应当知道本人之日起计算。本人因不当无因管理行为产生的赔偿损失请求权的诉讼时效期间，从其知道或者应当知道管理人及损害事实之日起计算。

四、诉讼时效的中止、中断、延长

【案例一】

2009 年 6 月 18 日，原告秦某某与黄小某签订《借款合同》，约定黄小某向秦某某借款 60 万元，借款期限为三个月，即 2009 年 6 月 18 日至 2009 年 9 月 17 日。同日，双方签订《房地产抵押合同》，黄小某以其所有的位于成都市高新区芳草西一街 2 号 13 栋 1 单元 2 楼 × 号住宅为《借款合同》作抵押担保。2009 年 6 月 24 日，该房屋办理了抵押登记。截止诉讼时，该抵押未注销登记。

2009 年 10 月 7 日，黄小某及其妻蒋某因车祸身亡。黄小某的父母黄某某、赵某某（被告），蒋某的父母蒋某某、何某某为第一顺序继承人。2009 年 10 月 27 日，蒋某某、何某某放弃对上述抵押房屋以及成都市武侯区二环路南四段 2 幢 3 单元 10-11 楼 ×××× 号、三亚市海坡开发区三亚湾路棕榈泉国际公寓 B 幢 ××× 号房产的继承，并经（2009）川成蜀证内民字第 56453、56454 号公证书公证。

2009 年 11 月 3 日，被告黄某某、赵某某与案外人步某、四川宝生投资有限公司签订《关于黄小某、蒋某与步某间债权债务的处理协议》。协议约定黄小某、蒋某夫妻于 2009 年 6 月 18 日以位于成都市武侯区二环路南四段2幢3单元10—11楼×××号房屋作为抵押担保向步某借款100万元的债务，由四川宝生投资有限公司代为偿付，步某收到款项后将产权证原件及公证委托书退还黄某某、赵某某。该协议经（2009）川成蜀证内民字第58063号公证书公证。

上述（2009）川成蜀证内民字第56453、56454号公证书为（2009）川成蜀证内民字第58063号公证书内容之一。

至诉讼时，位于成都市高新区芳草地街西一街2号13栋1单元2楼×号的涉案抵押房屋仍登记在黄小某名下。

2013年8月，秦某某从案外人步某处取得（2009）川成蜀证内民字第58063号公证书原件。2014年1月23日，秦某某起诉黄某某、赵某某，要求他们在继承遗产的范围内清偿债务。秦某某认可车祸次日得知黄小某、蒋某去世的消息。

黄某某、赵某某抗辩称本案的诉讼时效应从2009年10月27日开始计算，秦某某的起诉已过诉讼时效。

一审法院认为，诉讼时效期间权利人从知道或者应当知道权利被侵害时计算二年。秦某某与债务人黄小某、蒋某之间的借款期限为三个月。借款到期后，债务人黄小某、蒋某未归还借款。若黄小某不去世，秦某某应在2009年9月18日之后的两年内向其主张债权。黄小某去世后的2009年10月27日，黄小某、蒋某的继承人蒋某某、何某某作出放弃继承遗产的意思表示，根据《诉讼时效司法解释》第20条"有下列情形之一的，应当认定为民法通则第139条规定的'其它障碍'，诉讼时效中止：……（二）继承开始后未确定继承人或者遗产管理人。……"的规定，黄小某、蒋某去世后未留有遗嘱，也未确定遗产管理人，虽然秦某某2009年10月就知道黄小某车祸去世，但其在2013年8月取得（2009）川成蜀证内民字第58063号公证书之前并不明确知晓蒋某的父母蒋某某、何某某已作出放弃继承遗产的意思表示，秦某某也无从知晓黄小某、蒋某确定的继承人有哪些，故可以认定为法律规定的其他障碍，诉讼时效中止。2013年8月，秦某某取得公证书原件后，知晓蒋某某、何某某已作出放弃继承遗产的意思表示，于2014年1月23日提起诉讼，未超过诉讼时效。故秦某某要求黄某某、赵某某在继承遗产的范围内清偿债务 60 万元符合法律规定，法院予以支持。判决：黄某某、赵某某应于判决发生法律效力之日起十日内在继承遗产的范围内向秦某某清偿借款 60 万元。

宣判后，黄某某、赵某某不服一审判决提起上诉。❶

问题：本案是否符合诉讼时效中止的条件？

【案例二】

1996 年 4 月 10 日，原告尹春某的母亲张某某足月临产，到被告长春市二道区医院就诊。产前检查一切正常，张某某于当日下午分娩生下女婴尹春某。当日晚上发现尹春某右臂（右上肢）功能障碍，经长春市二道区医院同意去上级医院检查治疗。尹春某经吉林省人民医院检查及手术治疗，确诊为"右侧产瘫，臂丛神经从根部撕脱全断"。医院医嘱定期复查。

1996 年 9 月 2 日，长春市二道区医疗事故技术鉴定委员会根据国务院《医疗事故处理办法》和医疗事故分级标准将长春市二道区医院致尹春某右臂病症的医疗事故定为二级乙等医疗事故。尹春某父亲尹某某向二道区医院提出赔偿 10 万元的要求，二道区医院以国务院及吉林省卫生厅行政文件规定为标准，与尹某某达成协议，补偿尹春某 1 万元。

尹春某的病情从 1996 年 5 月至 1998 年 8 月经医院多次治疗，右上肢肌萎缩，功能未见恢复，尹春某的法定代理人于 1998 年 8 月向长春市二道区法院提起诉讼，要求被告为尹春某右臂的人身损害给付医疗费、住院补助费、继续治疗费、残疾补助费等 11 项民事赔偿计 11 万元，并要求法院给予评残。

长春市二道区法院经审理认为，尹春某以二道区医院赔偿 1 万元显失公平，要求予以赔偿的主张，因双方达成一次性处理协议并实际履行后至向人民法院起诉的时间已超过 1 年（《民法通则》规定身体受到伤害请求赔偿的时效期间是 1 年），不予保护，于 1998 年 10 月 13 日以（1998）二民初字第 1497 号民事判决，驳回尹春某诉讼请求。

1999 年 1 月，吉林省人民医院对尹春某病情进行最后医疗终结诊断，结论为："尹春某患产瘫，右臂丛神经上、中、上干撕脱伤，由于损伤时间较

---

❶ 改编自四川省成都市中级人民法院民事判决书（2014）成民终字第 5148 号。

长，自行恢复功能已不可能，待十几岁后可行功能重建术。"

1999 年 6 月，尹春某之父尹某某向检察机关申诉。

长春市人民检察院于 1999 年 11 月向长春市中级人民法院提出抗诉。主要理由是：1. 尹春某要求的是"民事赔偿"，并未对双方依行政法规达成的"补偿协议"要求变更或撤销，法院判决混淆了"赔偿"与"补偿"的界线，混淆了二道区医院应承担的民事责任与行政责任的界线。2. 因尹春某在会行走时，其父母才发现她右下肢跛行的病症，经医院诊断为"脑瘫后遗症，继发性右髋发育不良半脱位"，其诉讼时效应从病症发现或确诊之日起算。原审判决认定事实不清，适用法律错误。

长春市中级人民法院裁定指令长春市二道区人民法院另行组成合议庭对原判决进行再审。再审期间尹春某之父尹某某将尹春某的右上臂、右下腿及眼面部病情的医疗诊断证据提交法庭。

二道区法院于 2000 年 9 月 21 日作出（2000）二民初字第 7 号民事判决：国务院《医疗事故处理办法》第 18 条、吉林省《医疗事故处理实施办法》第 26 条规定，二级乙等医疗事故补偿标准为 1000 至 2000 元，二道区医院已给付尹春某 1 万元，不只是行政补偿。双方已签字同意并已履行，到法院起诉时已超过 1 年。庭审时尹春某又未提供新的证据。因此，依据《民通意见》第 73 条（指撤销显失公平法律行为的除斥期间为 1 年），驳回尹春某的诉讼请求。该判决同时指出，尹春某提供新的证据，可以另行告诉。

尹春某依据二道区法院（2000）二民初字第 7 号确认的"提供新的证据，可另行告诉"的判决，于 2001 年 8 月 10 日向长春市二道区法院再次提起民事诉讼，向法院提出对其右腿病症进行法医鉴定的申请，并要求长春市二道区医院承担伤残赔偿责任。

长春市二道区法院于 2002 年 12 月 19 日以（2001）二民初字第 1484 号民事裁定，认定尹春某以同一事实及理由起诉，故仍以再审判决相同的理由裁定驳回起诉。

尹春某不服该裁定，向长春市中级人民法院提出上诉。长春市中级人民法院审理认为，二道区法院（1998）二民初字第 1497 号民事判决后，长春市人民检察院向本院提出抗诉，在抗诉书中已将尹春某因医疗事故造成"脑瘫后遗症，继发性右髋发育不良半脱位"作为抗诉理由之一，且尹春某已承认在本院发回重审时，以该医疗事故已影响下肢功能作为一个诉讼请求提出，现尹春某的诉讼系同一事实再行起诉，故原审法院裁定并无不妥。长春市中级人民法院于 2002 年 6 月 10 日以（2002）长民终字第 509 号民事裁定书，裁定驳回上诉，维持原裁定。

尹春某仍不服，向检察机关申诉，长春市人民检察院提请吉林省人民检察院抗诉。吉林省人民检察院于 2003 年 1 月 13 日向吉林省高级人民法院提出抗诉。抗诉理由是：

1. 终审裁定认定事实错误

（1）终审裁定认定尹春某以"同一事实"再行起诉，系认定事实错误。尹春某第一次起诉的时间为 1998 年，依据的是吉林省医院诊断"右侧产瘫，臂从神经损伤"为二级乙等医疗事故的鉴定，请求法院支持其要求二道区医院赔偿对其右上臂损伤的主张。

尹春某第二次起诉是因在治疗过程中，随着逐渐长大，在会走时才发现走路时右腿跛行、右眼裂小、右眼面不出汗等病症，经吉林省医院 1999年 5 月 29 日诊断为"右下肢跛行，脑瘫后遗症，继发性右髋发育不良半脱位"，并且依据二道区法院（2000）二民初第 7 号再审确认的"原审原告提供新的证据，可另行起诉"的判决、吉林省医院的诊断，向法院申请对其右下肢出现的病症进行法医学伤残鉴定，同时要求二道区医院予以赔偿。两次起诉并非同一病症，同一理由。两级法院认定尹春某的诉讼请求是以"诉讼系同一事实，再行起诉"是错误的。因此，裁定驳回尹春某的诉讼请求明显不当。

（2）尹春某的两次起诉均是要求赔偿，并非要求变更或撤销"补偿协议"。尹春某与二道区医院达成的"补偿 1 万元的协议"，在其治疗的过程中，"补偿费用"尚不足支付由于医疗事故所增加的医疗费、监护人由此造成的误工损失等费用。因此，尹春某在起诉时并未要求变更或撤销该"补偿协议"，而是在补偿的基础上请求人民法院支持其由于医疗事故造成的伤害损失，要求二道区医院承担民事赔偿责任。两级法院将尹春某要求赔偿的请求认定为是要求"变更或撤销"补偿协议，而以最高人民法院《民通意见》

第 73 条超过诉讼时效期间的规定驳回起诉，这种认定是错误的。

2. 尹春某的诉讼请求符合《民法通则》第 137 条 "特殊情况" 的规定

《民法通则》第 137 条规定 "有特殊情况" 的人民法院可以延长诉讼时效期间。该条规定的司法意义有两点：一是授权人民法院确认何为 "特殊情况"；二是授权人民法院自行决定如何延长当事人的诉讼时效期间。关于何为 "特殊情况"，《民通意见》第 169 条界定为 "权利人由于客观的障碍在法定诉讼时效期间不能行使请求权"。尹春某在出生时由于医疗事故造成 "右侧产瘫，臂丛神经脱断" 还未治愈，在会走时才发现其右腿跛行，右眼面异常，经吉林省医院诊断为 "脑瘫后遗症，继发性右髋发育不良半脱位"，这种潜伏性的病症只能在其会走时才能发现。由于这种隐性病症，受害人当时无从知道而不能行使请求权，这应当属于由于客观障碍，权利人在法定诉讼时效期间不能行使请求权的 "特殊情况"。在病症出现后，人民法院应当确认其为 "特殊情况" 予以延长诉讼时效，以确保受害人得到司法救济。《民法通则》第 137 条的规定，应是确认本案不超过诉讼时效期间的法律依据。

3. 本案裁定混淆了 "行政补偿" 与 "民事赔偿" 的法律界限，适用法律错误

尹春某因医疗事故请求赔偿应适用《民法通则》。本案二道区医院依据国务院《医疗事故处理办法》和吉林省《医疗事故处理办法实施细则》对尹春某的伤害进行了一次性经济补偿，这种补偿只具有一种抚慰性质，是对受害方象征性的给付，仍属行政责任范围。在处理医疗事故纠纷赔偿案件中，国务院《医疗事故处理办法》和吉林省《医疗事故处理办法实施细则》的适用，是用来确认医疗事故的处理是否符合程序要求的，并不是用来确认医疗单位的民事责任和范围的。医疗事故损害引起的法律关系是民事法律关系。因为患者到医院就医，与医院所产生的是一种医疗服务的法律关系。医院出现的医疗事故是一种过失行为，侵害了患者的生命健康权，这属于《民法通则》调整的范围，侵害人应承担民事赔偿责任。况且，尹春某在治疗中增加的医疗费用、监护人由此造成的各种损失，以及尹春某十几年后才可行的 "功能重建术" 所需的医疗费用都应属赔偿的范围，不能因给付了一次性经济补偿而免除由于医疗事故产生的民事责任。因此，两级法院混淆了 "行政

补偿"与"民事赔偿"的法律界限，混淆了二道区医院应承担的民事责任和行政责任。

长春市中级人民法院受理抗诉后，裁定认为"本案应当进入实体审理"，遂发回长春市二道区人民法院再审。长春市二道区人民法院于 2004 年 7 月 23 日作出（2003）二民重字第 33 号民事判决：因原告上肢受到损害，原被告间达成一次性处理协议，但后来又发现原告下肢也受到了损害，所以原告此次起诉的请求应予支持。原告尹春某的身体是一个不可分割的整体，对其身体评残鉴定时，不应把上肢、下肢分离开分别评定。故原告以法医鉴定"综合评定为四级伤残"为依据要求被告赔偿的请求应予支持。再审判决二道区医院赔偿尹春某医疗费、残疾生活补助费、精神抚慰金等 21.6 万元。❶

问题：

1. 本案是否符合适用诉讼时效延长的条件？

2. 请结合诉讼时效制度、除斥期间制度等对各级法院的判决、检察院的抗诉作出评析。

【知识要点】

（一）诉讼时效中止

1. 诉讼时效中止的概念

所谓诉讼时效中止，指在时效期间行将完成之际，出现法律规定的特殊情形，阻碍权利人正常行使其请求权，法律为保护权利人而使时效期间暂停计算，待中止事由消灭后继续计算或者补上一段时间。

2. 诉讼时效中止的条件

《民法典》总则编第 194 条规定了时效中止的条件。该条规定："在诉讼时效期间的最后六个月内，因下列障碍，不能行使请求权的，诉讼时效中止：（一）不可抗力；（二）无民事行为能力人或者限制民事行为能力人没有法定代理人，或者法定代理人死亡、丧失民事行为能力、丧失代理权；（三）继承开始后未确定继承人或者遗产管理人；（四）权利人被义务人或者其他人控制；（五）其他导致权利人不能行使请求权的障碍。自中止时效的原因

❶ 改编自吉林省长春市而道区人民法院（2003）二民重字第 33 号。

消除之日起满六个月，诉讼时效期间届满。"

依据此条规定，发生诉讼时效中止的条件是：第一，有使权利人不能行使其请求权的障碍，包括上述五种情况。第二，此障碍发生在时效期间的最后六个月内。障碍发生在最后六个月之前的，不构成诉讼时效中止的事由。障碍持续进入六个月的，时效从进入六个月时中止。

3. 诉讼时效中止的效力

诉讼时效中止的效力，在于使时效期间暂停计算，待中止时效的原因消灭后，亦即权利人能够行使其请求权时，再补上六个月。这一规定与原来《民法通则》的规定不同。《民法通则》第139条规定："在诉讼时效期间的最后六个月内，因不可抗力或者其他障碍不能行使请求权的，诉讼时效中止。从中止时效的原因消除之日起，诉讼时效期间继续计算。"按照《民法通则》的此条规定，从中止时效的原因消除之日起，仅需将原来没有完成的时效期间补上，而非《民法典》规定的补上六个月。

（二）诉讼时效中断

1. 诉讼时效中断的概念

所谓诉讼时效中断，指在诉讼时效进行期间，有法定事由发生时，此前已经过的时效期间全归无效，待中断或者有关程序终结时起，诉讼时效期间重新计算。

2. 诉讼时效中断的法定事由

依据《民法典》总则编第195条的规定，有下列情形之一的，诉讼时效中断，从中断、有关程序终结时起，诉讼时效期间重新计算：（一）权利人向义务人提出履行请求；（二）义务人同意履行义务；（三）权利人提起诉讼或者申请仲裁；（四）与提起诉讼或者申请仲裁具有同等效力的其他情形。

此外，《诉讼时效司法解释》第13条规定："下列事项之一，人民法院应当认定与提起诉讼具有同等诉讼时效中断的效力：（一）申请仲裁；（二）申请支付令；（三）申请破产、申报破产债权；（四）为主张权利而申请宣告义务人失踪或死亡；（五）申请诉前财产保全、诉前临时禁令等诉前措施；（六）申请强制执行；（七）申请追加当事人或者被通知参加诉讼；（八）在诉讼中主张抵销；（九）其他与提起诉讼具有同等诉讼时效中断效力的事项。"

3. 诉讼时效中断的效力

诉讼时效中断，从中断或者有关程序终结时起，已经经过的时效期间全部作废，诉讼时效期间重新计算。

诉讼时效中断与诉讼时效中止，其立法宗旨均在于保护权利人利益，但二者有下列区别。

第一，发生诉讼时效中止的原因属于与当事人无关的客观情况，而发生诉讼时效中断的原因系当事人的行为，亦即取决于当事人的意思。

第二，诉讼时效中止，中止以前已经进行的时效期间为有效，仅在中止原因消灭后增加六个月的时效期间；诉讼时效中断，中断以前已经进行的时效期间为无效，中断原因消灭后重新计算时效期间。

第三，诉讼时效中止，中止的原因发生在时效期间的最后六个月内，才能发生中止的效力；诉讼时效中断，中断原因无论发生在时效期间的哪一时段，均发生中断的效力。

（三）诉讼时效期间的延长

诉讼时效期间的延长，是指诉讼时效期间届满后，人民法院根据当事人的申请，对诉讼时效期间予以延长的制度。《民法典》总则编第188条规定："向人民法院请求保护民事权利的诉讼时效期间为三年。法律另有规定的，依照其规定。诉讼时效期间自权利人知道或者应当知道权利受到损害以及义务人之日起计算。法律另有规定的，依照其规定。但是自权利受到损害之日起超过二十年的，人民法院不予保护；有特殊情况的，人民法院可以根据权利人的申请决定延长。"

关于诉讼时效期间的延长仅适用于最长时效期间，还是同样适用于普通时效期间，学界有不同的观点。一种观点认为，诉讼时效的延长，只能适用于二十年最长时效期间。其他时效期间，因有中止、中断的规定，不发生延长问题。但是，最高人民法院的态度是：（1）诉讼时效期间的延长，既适用于最长时效期间，也适用于普通时效期间和特殊时效期间。（2）这里的"特殊情况"，一方面即使考察了诉讼时效期间中断、中止等可以避免诉讼时效期间经过的事由后，仍然会导致诉讼时效期间经过，另一方面需要考虑权利

人对诉讼时效期间届满在主观上无过错，且有正当的理由。❶

五、诉讼时效完成的效力

【案例】

2010 年 9 月 8 日，王某某、魏某某（被告）夫妇向原告周某某出具借条一份，载明："今借到并收到现金壹拾万零捌仟陆佰元整￥108600 元，用期一个月，月利率 2%。"王某某、魏某某在"借款人"处签名、捺印，2012 年 8 月 29 日，王某某、魏某某再次在此借条上签字并捺印。

2018 年 7 月 27 日，周某某通过电话向魏某某索要借款，魏某某称回去商量商量，该其承担的其就承担。

2018 年 8 月 20 日周某某向法院提起诉讼，请求魏某某（王某某已去世）还款 108600 元整及相应利息（利息按照约定月利息 2% 计算）。

魏某某第一次庭审时主张其实际收到款项为 40400 元，第二次庭审时主张其实际收到款项 38000 元，具体怎么计算的利息其不清楚。周某某第一次庭审时主张魏某某借款 6 万元，扣了两年的利息，给了 40400 元，涉案借条上的 108600 元是以 40400 元为基数、按年利率 24% 计算至借条出具日；第二次庭审时主张按月息 2 分扣除一年利息实际给付魏某某 45600 元。

一审法院认为，关于周某某向魏某某实际给付的借款金额，双方均认可最初借款 60000 元，魏某某先主张实际收到 40400 元，后又主张实际收到 38000 元；周某某先主张实际给付 40400 元，后又主张实际给付 45600 元。《最高人民法院关于民事诉讼证据的若干规定》第 74 条的规定："诉讼过程中，当事人在起诉状、答辩状、陈述及其委托代理人的代理词中承认的对己方不利的事实和认可的证据，人民法院应当予以确认，但当事人反悔并有相反证据足以推翻的除外。"魏某某、周某某分别认可实际借款金额为 40400 元后，又各自反悔，但均未提交足以推翻"实际借款金额为 40400 元"陈述

---

❶ 沈德咏.《中华人民共和国民法总则》条文理解与适用（下）[M].北京：人民法院出版社，2017：1246.

的相反证据。因此，对双方关于实际借款金额为40400元的陈述，一审法院予以确认。双方在2010年9月8日的借条中约定月利率2%，不超出法律的规定，合法有效。

《中华人民共和国民法总则》第192条第2款规定："诉讼时效期间届满后，义务人同意履行的，不得以诉讼时效期间届满为由抗辩；义务人已自愿履行的，不得请求返还。"周某某于2018年7月27日向魏某某索要借款，魏某某称该其承担的就承担，视为在诉讼时效期间届满后同意履行，诉讼时效从该日重新起算。周某某于2018年8月20日提起本案诉讼，诉讼时效未届满。魏某某关于诉讼时效届满的抗辩，一审法院不予认定。

综上所述，魏某某与周某某之间的借贷行为系双方之间真实意思表示，合法有效，应予保护。魏某某作为涉案借款的共同借款人，在王某某去世后，应依法承担偿还借款的责任。周某某要求魏某某偿还借款40400元及相应利息，对其合理的部分，一审法院予以支持。判决：一、魏某某于判决生效之日起十日内偿还周某某借款本金40400元及利息（以40400元为基数，自2010年9月8日起至本判决确定的履行之日止，按月利率2%计算）；二、驳回周某某的其余诉讼请求。如果未按判决指定的期间履行给付金钱义务，应当依照《中华人民共和国民事诉讼法》第253条规定，加倍支付迟延履行期间的债务利息。案件受理费2689元，由魏某某负担。

被告魏某某不服一审判决提起上诉。

本案的争议焦点之一是周某某的诉讼请求是否超过诉讼时效。

二审法院认为，《中华人民共和国民法总则》第192条规定："诉讼时效期间届满的，义务人可以提出不履行义务的抗辩。诉讼时效期间届满后，义务人同意履行的，不得以诉讼时效期间届满为由抗辩；义务人已自愿履行的，不得请求返还。"魏某某一审时向法院提交的申请书中载明魏某某同意偿还40400元的借款，故魏某某又主张周某某的诉讼请求超过诉讼时效，本院不予支持。❶

---

❶ 改编自山东省济南市中级人民法院民事判决书（2020）鲁01民终4546号。

问题：请结合《民法典》诉讼时效完成的效力的规定对法院的判决作出评析。

【知识要点】

诉讼时效完成的效力，与各国民法规定的诉讼时效客体有关。如果民法规定的诉讼时效客体是实体权利，那么诉讼时效完成的效力即为实体权利的丧失。如日本民法规定的诉讼时效客体是债权等财产权利，因而时效完成，当事人的债权或者其他财产权利消灭。

根据《民法典》总则编第 196 条"下列请求权不适用诉讼时效的规定"的表述，我国民法规定的诉讼时效的客体是请求权。《民法典》总则编第 192 条第 1 款对诉讼时效完成的效力作了规定："诉讼时效期间届满的，义务人可以提出不履行义务的抗辩。"可见，根据我国民法，时效届满，实体权利并不消灭，仅使义务人产生抗辩权，此抗辩权是永久性抗辩。

此外，《民法典》总则编第 192 条第 2 款规定了时效完成后义务人同意履行或者自愿履行的法律效力："诉讼时效期间届满后，义务人同意履行的，不得以诉讼时效期间届满为由抗辩；义务人已自愿履行的，不得请求返还。"至于义务人在不知道时效完成的情形下作出"同意履行"或者"自愿履行"是否产生上述相同的法律效力，我国《民法典》则未予明确。《德国民法典》第 214 条的规定是："1. 在时效完成之后，债务人有权拒绝给付。2. 为满足已罹时效之请求权所为的给付，不得请求返还，纵使是在不知时效的情况下给付的，也不例外。对于依合同作出的认诺以及对于债务人提供的担保，适用相同的规定。"我国台湾地区"民法"第 144 条的规定是："时效完成后，债务人得拒绝给付。请求权已经时效消灭，债务人仍为履行之给付者，不得以不知时效为理由，请求返还；其以契约承认该债务或提出担保者亦同。"二者均规定权利人在不知时效完成的情况下给付或者承诺给付的不得反悔。

参考文献

［1］程啸.侵权责任法（第二版）［M］.北京：法律出版社，2015.

［2］德国民法典［M］.杜景林，卢谌，译.北京：中国政法大学出版社，2014.

［3］法国民法典［M］.罗结珍，译.北京：北京大学出版社，2010.

［4］胡长清.中国民法总论［M］.北京：中国政法大学出版社，1997.

［5］李宇.民法总则要义：规范释论与判解集注［M］.北京：法律出版社，2017.

［6］梁慧星.民法总论［M］.北京：法律出版社，2017.

［7］日本民法典［M］.刘士国，牟宪魁，杨瑞贺，译.北京：中国政法大学出版社，2018.

［8］瑞士民法典［M］.于海涌，赵希旋，译.北京：法律出版社，2016.

［9］沈德咏.《中华人民共和国民法总则》条文理解与适用（上）（下）［M］.北京：人民法院出版社，2017.

［10］施启扬.民法总则（修订第八版）［M］.北京：中国法制出版社，2010.

［11］史尚宽.民法总论［M］.北京：中国政法大学出版社，2000.

［12］史尚宽.亲属法论［M］.北京：中国政法大学出版社，2000.

［13］孙宪忠.中国民法总论［M］.北京：中国社会科学出版社，2009.

［14］王泽鉴.民法总论［M］.北京：中国政法大学出版社，2002.

［15］王泽鉴.人格权法［M］.北京：北京大学出版社，2013.

［16］王泽鉴.损害赔偿［M］.北京：北京大学出版社，2017.

［17］王泽鉴.债法原理（第一册）［M］.北京：中国政法大学出版社，2001.

［18］魏振瀛.民法［M］.北京：北京大学出版社，高等教育出版社，2017.

［19］朱庆育.民法总论（第二版）［M］.北京：北京大学出版社，2016.